KB077893

CHANGE
9

포노 사피엔스 코드
CHANGE
9

최재붕 지음

쌤앤파커스

문명 교체 시기에 도래한 팬데믹,
세상의 표준을 바꿀 기회

2020년 인류는 '코로나19'라는 거대한 바이러스 폭탄을 맞았습니다. 세계 각국의 문은 굳게 닫혔고, 모든 상점의 문이 닫히는 록다운 Lock Down 사태까지 닥쳤습니다. 그야말로 인류는 한 번도 경험해보지 못한 바이러스의 재앙 속을 하루하루 견디고 있습니다. 이제는 익숙해 질 법도 한 마스크 쓴 일상은 여전히 답답하고 낯설고 불편합니다. 마스크를 쓰지 않고 거리와 마트, 영화관을 드나들던 날들이 까마득하게 느껴지기도 하네요. '다시 그런 날이 올까?' 싶을 정도로 그 당연했던 생활이 이제는 간절합니다.

학자들은 세계사가 '비포before 코로나' 시대와 '애프터after 코로나' 시대로 구분될 만큼, 이것이 인류의 일상뿐 아니라 문명사적으로도 엄청난 전환점이 될 것이라고 예고했습니다. 중세 유럽을 휩쓸며 인구의 25%를 사망하게 한 페스트의 무거운 그림자처럼, 코로나19는 현 시대 인류에게 엄청난 공포를 드리운 것입니다.

　그런데 한 번 더 생각해봅시다. 역사적으로 페스트는 인류에게 크나큰 비극이었던 것이 확실하지만, 동시에 중세 암흑기를 끝장내는 계기가 되었습니다. 페스트로 죽어가는 사람들에게 교황과 면죄부는 아무런 대응도 할 수 없었고, 이에 깨달음을 얻은 인류는 신에 의존하던 문명을 버렸습니다. 그렇게 해서 열린 것이 인본주의에 근간을 둔 '르네상스 시대'입니다. 즉 페스트는 인류를 위협하는 재앙적 질병이 문명의 교체를 불러올 수 있음을 방증하는 살아 있는 역사입니다.

　코로나19가 인류에게 가져온 이 비극 역시 '위기와 기회'의 두 얼굴을 하고 있습니다. 이는 인류 역사에 큰 방점을 찍을 거대한 사건임이 분명합니다. 그러니 비포 코로나, 애프터 코로나 시대 등의 표현은 결코 과장이 아닌 것이죠.

　사실 코로나19가 터지기 전에도 인류는 '디지털 트랜스포메이션digital transformation'이라는 문명 교체로 혁명적 변화의 시기에 살고 있었습니다. 인류의 생활 공간은 빠르게 디지털 플랫폼으로 옮겨가고 있었고, 그로 인해 기존의 산업 생태계가 붕괴되고 다시 세워지는 과도기를 겪고 있었죠. 그 위기 속에 코로나19까지 덮친 것입니다.

　코로나19가 창궐하기 전까지는 기존의 문명과 디지털 문명이 서로 힘겨루기하는 모양새였다고 할 수 있습니다. 다시 말해 기존 오프라인 중심의 문명 체계에 익숙한 '기성세대'와 스마트폰 기반의 디지털 플랫폼 생활에 익숙한 '포노 사피엔스$^{phono\ sapiens}$ 세대' 간의 갈등이 팽팽한 상태였죠.

1년 전 제가《포노 사피엔스》라는 책을 출간했을 때만 해도 많은 사람이 새로운 문명이 도래한다는 것을 인지하면서도, 가능한 그 변화의 시기가 늦게 찾아오기를 바라고 있었습니다. 또 사회 시스템 전반으로도 지나친 변화를 경계하며, 규제를 통한 속도 조절을 시도하고 있었습니다. 그런데 코로나19 사태는 이러한 기성세대의 바람을 한 방에 쓸어가버렸습니다.

감염을 피하려는 인류는 비접촉 방식의 생활, '언택트^{untact} 시대'로 강제 이동할 수밖에 없었고, 이로 인해 디지털 문명으로의 전환은 선택의 문제가 아닌 '생존의 문제'가 되어버렸습니다. 그리고 이제 누구도 디지털 플랫폼에 기반한 포노 사피엔스 문명을 거스를 수 없게 되었습니다.

지구에서 인류가 번성할 수 있었던 가장 큰 이유는 생존할 확률이 높은 것을 선택해왔기 때문입니다. 현생 인류의 DNA에 새겨진 진화 본능은 애프터 코로나 시대를 맞아 포노 사피엔스 문명을 선택하라고 주문하고 있습니다. 이제 남은 것은 개인은 물론이고 사회와 국가가 새로운 문명 체계로 어떻게 슬기롭게 전환하느냐 하는 문제입니다. 제가 언급했던 '정해진 미래'가 예상보다 훨씬 빠르게 우리에게 찾아온 셈입니다.

코로나19 사태로 인류는 더욱더 스마트폰에 의존하고 있습니다. 록다운이라는 초유의 사태 속에서도 인류는 생존을 위해 먹고 마시고 일하고, 또 즐기는 일상을 유지해야 합니다. 그 모든 문제를 집 안에 가만히 앉아서도 해결할 수 있게 해주는 것이 바로 스마트폰이죠. 이제 인류에게 스마트폰은 스마트한 도구를 넘어서, 없어서는 안 될 몸의 한 부분, 즉 '인공장기'가 되었습니다.

도구는 필요할 때 잠깐씩 사용하는 장비입니다. 그래서 핸드폰은 전화할 때 쓰는 '도구'였죠. 반면 인공장기는 24시간 신체에 붙어 있어야 하고 동시에 다른 장기와 연결되어 인간의 일상을 바꾸는 역할을 합니다. 그런 관점에서 스마트폰은 명백한 인공장기라고 할 수 있습니다. 24시간 신체에 붙어 있으면서 사람의 생각과 습관, 행동 양식을 바꾸는 역할을 합니다. 이제는 간 밑에, 쓸개 밑에 스마트폰, '5장 6부'가 아닌 '5장 7부'의 새로운 인류가 탄생한 것이죠.

스마트폰 사용자 수는 이제 전 세계적으로 50억 명을 넘었습니다. 그리고 '스마트폰이 낳은 신인류' 포노 사피엔스는 73억 세계 인구의 3분의 2를 차지하며 이제 새로운 표준 인류가 되었습니다.

더구나 코로나19 사태는 포노 사피엔스 문명에 익숙한 사람들, 포노 사피엔스 문명을 기반으로 한 사회 시스템이 이러한 팬데믹 상황 속에서 안정된 사회를 유지하는 데 훨씬 유리하다는 것을 여실히 드러냈습니다. 즉 애프터 코로나 시대 속에서 생존하기 위해서는 사회 전체의 표준이 언택트 생활이 가능한 포노 사피엔스 문명으로 전환해야 한다는 사실에 동의할 수밖에 없게 된 것입니다.

물론 이것이 결코 반가운 일만은 아닙니다. 그러나 되돌릴 수 있는 일도 절대 아니죠. 스마트폰 사용은 인류의 자발적 선택에 의한 변화입니다. 스마트폰을 쓰는 이유는 일상생활은 물론 코로나19 같은 비상시에도 '이것이 생존에 유리하더라'라는 경험적 판단 때문입니다.

8만 년 역사의 호모 사피엔스는 언제나 '생존에 유리한 것을 선택함으로써' 지금의 생존과 번영을 이룰 수 있었다는 것을 기억해야 합니다. 이미 지구에 살고 있는 인류의 50억 명 이상이 스마트폰을 선택했습니다. 특히 우리나라는 95%의 스마트폰 사용률을 기록하며 세계 최상위권을 차지하고 있습니다. 우리나라가 다른 나라에 비해 코로나19에 슬기롭게 대처하며 감염 확산을 막을 수 있었던 것은 이와 같은 높은 스마트폰 사용률, 즉 포노 사피엔스 소비 생태계가 잘 구축되어 있었기 때문이라는 것을 결코 부인할 수 없습니다.

데이터는 명백하게 포노 사피엔스가 새로운 인류 문명의 표준이 되었음을 보여주고 있습니다. 4차 산업혁명이라고 불리는 이 시대 산업혁명의 본질은 바로 포노 사피엔스가 새로운 인류의 표준이 되는 현상입니다. 인류의 표준이 바뀌면 모든 것이 바뀝니다.

이제 우리가 해야 할 일은 새로운 표준에 맞추어 내 생각을 바꾸고 애프터 코로나라는 혁명의 시대에 맞는 새로운 도전을 시작하는 일입니다. 혁명의 시대는 변화와 도전을 거부한 모든 사람을 쓸어가버립니다. 쓸려나가기 전에 돛을 세우고 격랑의 시대로 용기 있는 항해를 시작해야 합니다.

그렇다면 이러한 변화의 소용돌이 속 포노 사피엔스 시대에 우리는 어떤 사람으로 살아야 할까요? 이 책은 이 질문으로부터 시작합니다.

《포노 사피엔스》에서는 새로운 문명의 축이 될 '포노'족들이 어떤 특징을 가지고, 어떤 삶의 패턴을 보이며, 세계 경제와 시장을 움직이고 있는지에 대해 주로 이야기했습니다. 즉 '포노'들이 이룩한, 앞으로 더욱 번성시킬 신문명이 다가오는 것을 지켜보며 그들의 양상을 '밖'에서 살펴보았다고 말할 수 있죠.

이제는 우리가 이미 그 '안'에 살고 있습니다. 피할 수도 없이 이미 맞이해버렸죠. 이 새로운 세상에서는 지금까지 살아오던 것 그대로는 '잘 살기' 어려워졌습니다. 우선 세상을 바라보는 시선과 생각의 기준부터 달라져야 합니다. 세상이 바뀌었으니 당연한 이야기겠죠. 학습 방식도 대상도 완전히 바뀌어야 합니다. 새로운 인류의 본질에 대해 탐색하고 어떤 근본적인 변화가 필요한지 고민해야 합니다. 단지 '스마트폰을 쓰는 인간'이 아니라, 근본적으로 변화한 인류와 이들이 이룩하고 있는 문명에 대한 깊은 성찰이 필요합니다.

다시 말해 완전히 다시 세워지는 '생각의 기준', 즉 그들의 새로운 언어인 '포노 사피엔스 코드'를 알아야 합니다. 그 코드를 이해하고 우리 삶에 적용해 변화해야 합니다.

이 책은 그 아홉 가지 키워드들을 소개하고 있습니다.

먼저, '메타인지'입니다. 나를 정의하고 있는 기준, 내가 알고 있는 것에 대한 정의부터 포노 사피엔스는 달라집니다. '검색하면 모든 것

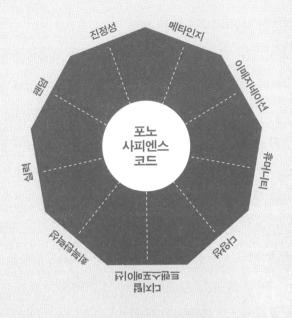

아홉 가지 포노 사피엔스 코드

'을 알 수 있다'는 생각은 나를 다른 존재로 정의하게 합니다.

두 번째 코드는 '이매지네이션'입니다. 내가 하는 모든 일은 메타인지에서 출발하는데 그라운드가 달라지니 상상력도 크게 달라지는 것이죠. 문제를 보는 관점조차 달라집니다. 달라진 상상력으로 인해 그 결과물 역시 완전히 달라집니다. 그래서 포노 사피엔스는 다른 세상을 창조합니다.

세 번째 코드는 '휴머니티'입니다. 포노 사피엔스는 지적 능력과 함께 대인관계망도 크게 바뀌었습니다. SNS라는 새로운 네트워킹의 세계가 열린 것이죠. 그런데 그곳은 오프라인의 세상보다 훨씬 더 감성에 대한 배려가 중시되는 공간입니다. 휴머니티가 과거 어느 때보다 중요한 덕목이 되었다는 메시지입니다.

네 번째 코드는 '다양성'에 관한 이야기입니다. 대중매체의 영향으로부터 벗어나 매일매일 자신이 선택한 플랫폼에 모여 함께 공유하며 생각을 나누는 인류는 자연스럽게 다양한 생각을 갖게 되었습니다. 그리고 그것이 새로운 표준 문명으로 자리 잡았습니다. 나와 다르다는 것은 화낼 일이 아니라 생각해보아야 할 일이 된 것입니다. 누군가를 비난하기보다 새로운 것을 배워야 할 때입니다. 모든 현상은 데이터가 입증하고 있습니다.

다섯 번째 코드는 '디지털 트랜스포메이션'입니다. 인류의 기본 생활 공간이 디지털 플랫폼으로 옮겨가면서 표준 생활이 바뀐 것이 디지털 트랜스 포메이션의 본질입니다. 생각의 기준 역시 디지털 플랫폼으로 옮겨와야 합니다. 행동도 생각도 다 그렇게 변해야 합니다.

여섯 번째 코드는 애프터 코로나 시대 가장 필요한 '회복탄력성'입니다. 인류의 표준이 바뀌면 실패 후 일어나기 위해 필요한 역량도 달라집니다. 더 많은 사람이 자주 실패할 수 있는 시대입니다. 실패의 위기를 기회로 전환하기 위해 꼭 갖추어야 할 역량이 회복탄력성입니다.

일곱 번째 코드는 '실력'입니다. 포노 사피엔스 시대에 가장 필요한 것은 학벌도, 혈연도, 지연도 아닌 실력입니다. 모든 권력이 소비자의 손끝으로 옮겨가며 나타나는 현상입니다. 실력이 모든 것을 결정하는 포노 사피엔스 문명에서 '진정한' 실력이 무엇인지 알아봅니다.

여덟 번째 코드는 실력의 가늠자인 '팬덤'입니다. 이 시대 소비자들이 스스로 만드는 자발적 팬덤은 막강한 권력이 됩니다. ARMY가 BTS를 만들어냈듯이 자본이 아니라 팬덤이 권력이 되는 시대, 기술이 아니라 팬덤을 만드는 기술이 새로운 가치의 기준이 되는 시대에 대해 이야기합니다.

마지막 코드는 포노 사피엔스 문명의 가장 중요한 덕목인 '진정성'입니다. 포노 사피엔스 문명에서 가장 크게 바뀌는 것은 모든 관계에서 진정성이 필수적이라는 것입니다. 개인 간의 관계도, 직장 내 인간관계도, 기업과 소비자의 관계도, 유튜버와 구독자의 관계도 모두 진정성이 생명입니다. 그래서 항상 포노 사피엔스 시대를 슬기롭게 살아내려면 진정성이 내 마음에 녹아 있어야 합니다. 기업 문화에도 녹아있어야 합니다. 포노 사피엔스 문명이 자리를 잡아갈수록 진성성은 더욱 강력한 무기가 될 것입니다. 그만큼 중요하고 오래 지속해야 하는 덕목입니다.

이 아홉 가지 코드는 우리에게 새롭지 않게 느껴질 수 있습니다. 휴머니티라든가 진정성, 실력 같은 것이 지금까지의 세상에서도 역시 중요했던 키워드였기 때문입니다. 그러나 이 키워드들은 과거에는 있으면 좋고 없어도 사는 데 지장 없는 것들이었습니다. 다시 말해, 휴머니티, 진정성, 실력이 없어도 학벌만 좋다면 취직하는 데, 승진하는 데 큰 지장 없었다는 말이죠.

하지만 이제는 달라졌습니다. 새로운 문명에서는 말 하나, 행동 하나, 모든 것이 투명하게 드러납니다. 포노 사피엔스 문명, 애프터 코로나 시대, 뉴노멀로 향하는 오늘날에는 이 키워드들이 인류의 니즈와 만나 새로운 의미와 방향성을 갖게 된 것입니다.

정부의 공식홈에서 제공되는 정보보다 더 빠르고 보기 쉬운 정보를 제공하기 위해 돈도 안 되는 앱을 개발하는 대학생들, 유튜브로 놀면서 수십 억 연봉을 버는 여섯 살짜리 꼬마, 불량 상품에 대한 고객 응대를 잘못하여 한순간에 몰락한 인터넷 쇼핑몰, 상어 캐릭터 하나로 세계적인 동요를 만들어낸 학습지 회사, 대형 기획사의 지원 없이 스스로 커져가는 팬덤을 형성하여 세계적인 스타가 된 보이밴드….

이런 사례들은 우리 사회가 무엇을 필요로 하고, 어디를 향해 열광하는지 보여주고 있습니다. 동시에 무엇이 도태되어 사라지고, 어떤 것이 비난받고 외면받는지도 보여줍니다. 신기하게도 이 모든 것들은 스마트폰을 통해 이루어진 것들이고, 스마트폰을 손에 쥔 사람들에 의해 형성되었습니다. 즉 '포노'들이 '축'이 된 세상은 그들의 언어와도 같은 새로운 코드에 의해 움직이고 있는 셈입니다.

이제 그 코드를 읽어야 합니다. 그를 통해 우리 삶의 아홉 가지 기준을 새롭게 정비하고 바꾸어야 합니다. '아, 그런 문화가 있지만 나와는 맞지 않아'라든가 '하던 대로 하며 살아도 돼'라는 안일한 생각으로 시시각각 교체되고 변화되어가는 문명의 흐름을 무시해서는 안 됩니다. 도태되고 사라지고 몰락하는 것은 결코 기업이나 시장에서만 일어나는 먼 이야기가 아닙니다.

월급이 따박따박 나오는 회사에 다니는 직장인도, 내 사업을 하는 자영업자도, 취업을 준비하며 파트타임으로 일하고 있는 아르바이트생도, 집에서 아이를 키우며 집안일을 돌보는 전업주부도, 심지어 오랜 세월 굳어진 기준 아래 일하는 정부나 공무원마저도 마찬가지입니다. 그들의 코드를 읽지 못하고 변화를 거부함으로써 맞이하게 될 쇠락은 누구도 피해갈 수 없는 숙명입니다.

최대한 빠른 시일 내에, 가능하다면 당장, 초등학교에서부터 우리 아이들에게 가르치는 모든 것을 수정해야 합니다. 지금까지 당연하다고 여겼던 상식, 기준, 생각의 근본… 그 모든 것을 다 흔들어야 합니다. 그래야만 이 아홉 가지 포노 사피엔스 코드를 받아들이고 실행할 수 있습니다. 애프터 코로나 시대에 세계 문명이 어디로 가고 있는지 명확하게 보고 그 변화 속에서 새로운 시대를 준비할 힘을 길러야 합니다.

저는 이 책을 통해 가장 빠르고 알기 쉽게 포노 사피엔스의 아홉 가지 코드를 전달하고자 했습니다. 아홉 가지 코드에 해당하는 당대 최신 이슈와 그에 따른 인류의 행동 양식, 진화된 대응법, 그를 통해 이루어지는 문명 교체의 단상들을 정리했습니다. 동시에 그 속에서 찾을 수 있는 인사이트와 포노 사피엔스 코드를 적용해 지속 가능한 성장을 이룩한 우리나라의 자랑스러운 기업들의 사례도 소개해두었습니다.

제가 수집하고 분석한 데이터는 오직 한 방향을 가리키고 있습니다. 새로운 문명, 포노 사피엔스 문명이 도래했다고 말이죠. 지금은 나, 그리고 우리 사회에 대한 근본적이고 깊은 성찰이 필요한 때입니다. 변화된 아홉 가지 코드를 읽는 것이 바로 그 시작입니다.

— 최재붕

목차

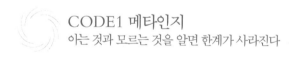

CODE2 이매지네이션
생각의 크기가 현실의 크기를 만든다

CODE3 휴머니티
자기 존중감은 모든 사람의 권리다

CODE4 다양성
다른 것이 가장 보편적이다

CODE8 팬덤
가장 큰 권력의 지지를 받다

CODE9 진정성
누구나 볼 수 있는 투명한 시대를 살고 있다

문명 대전환기의
비즈니스

자, 본격적으로 아홉 가지 '포노 사피엔스 코드'를 알아보기 전에 먼저 큰 그림을 파악할 필요가 있습니다. 국내는 물론 세계적으로 나타나는 혁명의 움직임이 사회적으로, 또 우리 일상에 어떻게 나타나고 있는지를 한번 쭉 살펴보겠습니다. 크게 나누어 금융, 방송, 유통, 일자리, 교육, 의식주입니다.

당연한 듯, 혹은 불편해하면서도 크게 의식하지 못한 채 우리는 많은 것들을 바꾸어왔고, 또 바꾸고 있습니다. 포노 사피엔스 문명 안에 우리는 구체적으로 어떤 변화와 진화 속에 살고 있을까요?

금융

물리적으로 인간의 생존에 가장 필요한 것은 일단 돈입니다. 그 돈을 관리하는 곳은 은행이죠. 그렇다면 우리나라 은행 업무의 표준은 어떻게 변했을까요?

2017년 46.5%였던 모바일 금융서비스 사용자 비율은 2018년 63.5%로 급등했습니다. 20, 30, 40대에서는 80%에 육박하는 비율을 보이고, 50대에서도 처음으로 50%를 넘어섰습니다. 60대가 18.7%, 70대가 6.3%를 기록했습니다.

이 통계가 말하는 바는 간단하면서도 엄청난 것입니다. 이제 대한민국 은행 업무의 표준은 '모바일뱅킹'이 되었다는 것입니다. 가까운 예로, 이제 점심시간에 나누어 낸 점심값을 동료에게 입금해주기 위해 ATM기를 찾거나 은행을 가는 일은 없습니다. 인터넷 쇼핑몰에서 산 옷값을 부치러 은행에 가지도 않습니다.

자, 그럼 이 새로운 표준에 맞추어 무엇부터 바꾸어야 할까요? 은행 업무를 소개하는 초등학교 교과서부터 개정해야 합니다.

"오늘은 은행에 대해 배워봅시다. 스마트폰을 열고 앱을 다운받고 계좌를 만드세요. 비대면 신청을 통해 계좌 신설이 바로 가능하죠. 그런 다음, 이체가 필요할 땐 이체로 들어가서…."

이렇게 말이죠. 우리가 배웠고 알고 있던 상식, 그러니까 "도장과 신분증을 들고 은행에 가서 계좌를 개설하고 통장을 받습니다."라는 말은 이제 이렇게 안내되어야 합니다.

"이것은 소수자 보호를 위한 보조 프로그램입니다."

실제로 시중 은행에서는 종이 통장 발급을 표준 업무에서 제외하고 있습니다. 그뿐만 아니라, 이미 은행 기본 업무의 창구 처리 비중은 10% 이하로 떨어졌습니다. 그 많은 시중 은행들이 가지고 있는 지점의 90%가 없어져도 된다는 뜻입니다. 실제로 카카오뱅크는 지점 하나 없이 서비스를 개시했고 2년 만에 1,100만 명의 고객을 모은 것은 물론, 곧바로 흑자 전환했습니다.

심지어 모든 계좌를 하나의 앱으로 관리하는 '오픈뱅킹 서비스'도 등장했습니다. 카카오뱅크보다 더 많은 가입자를 보유한 금융거래서비스 앱 토스Toss에서 오픈뱅킹을 시작한다고 하니 금융계에 또 한 번 지각변동이 예상됩니다.

돈 관리의 표준이 이렇게 바뀌고 있습니다. 스마트폰이 등장한 지 불과 10년 만의 말이죠. 머릿속을 정리해보겠습니다. 내가 대한민국 표준 국민이라면, 모바일뱅킹을 써야 합니다. 오픈뱅킹도 배워야 합니다. '돈 관리는 스마트폰으로 하는 것이다'라고 기준을 정해야 합니다. 그동안 알고 있던 상식을 다 바꾸어야 합니다. 코로나19의 위험을 무릅쓰고 마스크를 쓴 채 계속 은행에 방문하는 것은 이제 슬기롭지 못한 일이 되었습니다.

이것이 출발점입니다. 지금까지 보편적이고 당연했던, '생각의 기준'을 바꾸어야 합니다. 모바일뱅킹, 오픈뱅킹은 스마트폰 없이 사용할 수 없습니다. 대한민국 표준 국민은 스마트폰을 인공장기처럼 쓸 줄 알아야 합니다. 미래에는 더더욱 그렇습니다. 불편하고 화가 나도 어쩔 수 없습니다. 할 수만 있다면 적극적으로 배워야 합니다.

글로벌 문명에서는 그 변화가 더욱 극심하게 일고 있습니다. 중국은 거의 '무화폐' 경제 시대로 접어들었습니다. 심지어 중앙은행이 전자화폐 사용을 시작하겠다고 2019년 12월에 선언했습니다. 그저 지나가는 바람이라고 여겼던 블록체인 기반의 암호화폐가 15억 명의 표준화폐가 되는 것도 얼마 남지 않았다는 뜻입니다.

미국도 빠르게 금융서비스를 바꾸어가는 중입니다. 구글은 씨티은행과 공동으로 계좌개설서비스를 시작한다고 발표했습니다. 아마존도 계좌개설서비스를 준비하고 있습니다. 구글뱅크, 아마존뱅크의 등장입니다. 페이스북은 더 도전적입니다. 전 세계 20억 페이스북 가입자가 사용할 수 있는 블록체인Block chain 기반의 암호화폐 '리브라Libra'를 만들겠다고 하여 세계 금융계를 긴장시켰습니다. 페이스북 사용자 간 국경 없는 거래가 가능해지는 것입니다.

애플은 골드만삭스와 공동으로 애플카드라는 신용카드를 발급하기 시작했습니다. 이미 애플페이 사용자는 2,500만 명을 넘어섰습니다. 심지어 우버도 직불카드와 신용카드를 발급하겠다고 선언했습니다. 플랫폼이 형성된 기업에 고객의 편의를 위한 금융서비스를 만드는 것은 이제 상식처럼 번지고 있습니다. 우리나라도 네이버에서 이미 금융서비스를 시작했고 증권, 보험, 송금, 인증 등 다양한 분야에서 플랫폼들의 도전이 꿈틀대고 있습니다. 더구나 모든 소비자가 언택트 금융에 대한 선호도가 높아지면서 사업 가능성은 더욱 확대되는 중입니다.

기존 금융시스템을 지켜내고 싶은 유럽과 일본이 규제로 맞서고 있지만, 변화의 바람은 이미 포노 사피엔스 문명으로 넘어와버렸습니다. 남은 일은 내 마음의 표준을 정리하고 새로운 시대, 새로운 문명에 적응하는 일입니다.

방송

우리는 매일 음악을 듣고 뉴스와 방송을 보고 게임을 즐깁니다. 아마도 하루 중 가장 많은 시간을 미디어 소비에 할애하고 있을 것입니다. 그렇다면 미디어를 소비하는 대한민국 표준 문명은 어떻게 바뀌었을까요?

2019년에 대한민국 국민 1,000명에게 설문을 했습니다. "저녁 7시 이후 어떤 미디어를 즐겨보십니까?"라는 질문에 무려 57%가 '유튜브'를 즐겨본다고 답했습니다. 지상파를 즐겨본다는 사람이 19%, 케이블 TV가 9%로 합이 28%에 불과합니다. 3위는 5%를 차지한 넷플릭스였습니다. 저녁 7시 이후 대한민국 국민 10명 중 6명 이상의 마음을 사로잡는 건 TV가 아니라 스마트폰과 그 위에 펼쳐진 영상인 것입니다.

그러는 사이 지상파 방송국들은 돌이키기 어려울 만큼 어려운 상황이 되었습니다. 한때 7,300억 원을 넘었던 KBS의 광고매출은 이제 3,000억 원을 넘기지 못하고 있고, 심각한 적자경영을 견디다 못해 KBS 사장이 국회에 출석해 시청료 인상을 요구하는 일까지 벌어졌습니다. 하지만 더이상 시청료를 올리기는 어려운 상황입니다. 그나마

TV를 본다는 28%도 대부분 50대 이상이고 20~30대는 아예 TV를 보지 않는 세대가 되었기 때문입니다. 2020년 모 기업 신입사원을 대상으로 한 첫 강의 때 "하루에 TV 지상파 채널을 한 번이라도 보는 사람이 있나요?"라는 질문을 했는데 놀랍게도 올킬을 경험했습니다. 이렇게 되면 시청료 인상의 명분이 사라지는 것이죠. 보지 않는 TV의 시청료를 심지어 인상해서 낼 사람은 그리 많지 않을 테니까요.

코로나19로 '집콕'이 보편화되면서 유튜브와 넷플릭스 가입자는 폭발적으로 증가했습니다. TV를 즐기던 사람들조차 이 새로운 포노 사피엔스 문명의 콘텐츠에 관심을 갖기 시작합니다. 애프터 코로나 시대의 승자도 역시 유튜브와 넷플릭스입니다. 이들은 단지 미디어 플랫폼을 스마트폰 위로 바꾸었을 뿐만 아니라, 포노 사피엔스라는 신인류가 어떤 콘텐츠를 좋아하는지 고민하고 그들의 선택을 받기 위한 콘텐츠만을 제작했습니다. 기존의 방송 체계를 고집하는 지상파TV가 절대로 따라갈 수 없는 영역입니다.

수입은 큰 폭으로 줄고 조직의 몸집은 그대로니 적자가 늘어날 수밖에 없습니다. 결국 2019년 KBS, MBC는 드라마와 시사 프로그램 등 고비용 콘텐츠를 대폭 줄이고 비상경영 체제로 돌입했습니다. 어찌 보면 당연한 일입니다. 이미 미국에서는 2015년에 거대한 폭풍이 일어 미디어 산업 전체가 대규모 통폐합의 회오리에 휘말렸습니다.

유튜브는 당당히 전 세계 1위 미디어 플랫폼이 되었습니다. 매월 20억 명이 이용하고 있으며, 매일 10억 시간의 시청 시간을 기록하고 있습니다. 올해 처음 공개한 유튜브의 2019년 연매출은 18조 원을 넘었습니다. 코로나19로 인해 2020년의 연매출은 이보다 대폭 증가할 것이 명백합니다. 이는 미국 최고 지상파 방송국 광고매출의 3배 가까이 되는 금액입니다. 동시에 구글에 이은 세계 두 번째 검색 플랫폼이 되었습니다. 유튜브는 정말 다양한 영역에서 신인류의 놀이터가 되었고 엄청난 지식의 보고도 되었습니다.

넷플릭스는 지구의 대표 '콘텐츠 플랫폼'이 되었습니다. 2017년 넷플릭스 가입자 수가 미국 케이블TV 가입자 수를 넘어서면서 대중의 미디어 소비 방식에 혁명이 왔다는 것은 이미 잘 알려진 사실입니다. 넷플릭스는 2019년 기준 전 세계 1억 5,000만 명 이상이 유료로 즐기는 서비스가 되면서 포노 사피엔스의 대표적 콘텐츠 플랫폼으로 성장했고, 시가총액 170조 원을 넘는 엄청난 미디어 기업이 되었습니다.

우리나라의 유료 가입자 수도 200만 명을 넘었고, 앞서 언급했던 여론 조사에서도 4.8% 비율을 기록하며 유튜브와 TV에 이어 당당히 3위의 미디어 플랫폼으로 성장했습니다. 세계적인 록다운 사태가 벌어지고 나서 유럽 지역 가입자 수가 폭증하면서, 한때 서버 확충이 힘들어 넷플릭스 측에서 방송 해상도를 낮추는 해프닝까지 벌어졌습니다. 이러한 넷플릭스는 애프터 코로나의 최대 수혜자라 불리며, 2020년에는 시가총액이 디즈니를 넘어선 230조 원을 돌파했습니다.

이제 인류의 방송 소비는 TV라는 플랫폼에서 스마트폰으로 급속히 이동했다고 데이터가 분명히 이야기하고 있습니다. 1920년대에 처음 등장해 거의 100년간 인류의 희로애락을 함께하며 극진한 사랑을 받았던 TV가 그 왕좌의 자리를 스마트폰에 내어주게 된 것입니다. 이 미디어 소비 혁명은 연쇄적으로 산업계 전체의 재편을 가져오면서, 강력하고 빠르고 파괴적으로 인류의 시장 생태계를 바꾸는 기폭제가 되고 있습니다.

방송 산업의 혁명은 새로운 생태계에 적응하기도 전에 어느새 두 번째 단계로 진입하고 있습니다. 1억 5,000만 명의 콘텐츠 플랫폼으로 성장하면서 독보적인 기업이 될 것으로 예상했던 넷플릭스는 오리지널 콘텐츠의 강자, 디즈니의 강력한 도전을 받고 있습니다. 애니메이션에서는 픽사Pixar, 히어로물에서는 마블Marvel이라는 분야 최강자의 엄청난 콘텐츠 파워를 보유한 디즈니는 '겨울왕국 2'를 무기로 콘텐츠 전용 앱 디즈니플러스Disney+를 출시했고, 첫날 가입자가 1,000만 명을 돌파했습니다. 2020년 1분기에 2,500만 명이 넘어설 것으로 예상하고 있습니다.

콘텐츠 플랫폼에서 넷플릭스가 최고의 자리에 오를 수 있었던 것은 뛰어난 플랫폼 구축 기술, 즉 IT 기술의 우위가 핵심이었습니다. 그런데 클라우드 서비스가 보편화되고 IT 기술이 평준화되자 콘텐츠의 파워에 가려진 디즈니가 독립을 선언한 것입니다. 넷플릭스를 통해 유통하던 디즈니의 콘텐츠를 자기만의 플랫폼으로 이동하기로 한 것이죠. 플랫폼의 분리와 독립 그리고 통합 현상은 앞으로 더욱 가속화될 예정입니다.

넷플릭스처럼 다양한 콘텐츠를 모아 소비자들에게 제공하는 OTTOver The Top 플랫폼들은 이미 생존을 위한 새로운 경쟁을 시작했습니다. 우리보다 앞서가는 미국을 보면 얼마나 치열한 전쟁인지 알 수 있습니다. 절대 강자인 넷플릭스와 아마존의 '프라임 비디오'에 디즈니가 도전장을 내민 데 이어, 애플의 '애플 TV 플러스', AT&T의 '워너 미디어', 컴캐스트의 'NBC유니버셜' 등이 2020년 미디어 시장의 엄청난 격돌을 예고하고 있습니다.

2019년 국내에서도 지상파 3사 콘텐츠를 제공하던 푹^{POOQ}과 SK텔레콤의 옥수수^{OKSUSU}가 통합되어 국내 대표 OTT인 '웨이브^{WAVVE}'로 탄생하며 혁명을 예고한 바 있습니다. 좋은 콘텐츠를 많이 보유한 CJ-ENM과 JTBC가 연대를 통해 티빙^{TVING}을 기반으로 웨이브와 경쟁을 선언하면서, 전문가들은 2020년 우리나라 미디어 플랫폼 전쟁이 극에 달할 것으로 예측하고 있습니다. 글로벌 미디어 플랫폼 유튜브와 넷플릭스, 거기다가 디즈니까지 글로벌 플랫폼의 시장 잠식도 강력한 변수가 될 것으로 보입니다.

포노 사피엔스 시대의 미디어 산업 혁명은 말 그대로 숨돌릴 틈도 없이 활화산처럼 폭발적으로 시장 생태계를 바꾸는 중입니다. 그 불타는 시장에 코로나19는 태풍 같은 바람이 되어 모든 것을 태워버리고 쓸어갈 기세입니다. 명심해야 할 것은 이 미디어 산업의 혁명은 앞으로 거의 모든 산업으로 번지는 예고편과 같다는 것입니다. 더이상 주춤거리고 망설일 시간이 없습니다.

유통

미디어 소비 방식의 변화는 이미 유통으로까지 번졌습니다. 대한민국 온라인 소비 증가율은 속도가 엄청납니다. 2019년 11월의 온라인 매출은 12조 원을 넘었고 이것은 전년 대비 20.2% 증가한 것으로, 무려 2조 1,462억 원이 늘어난 결과입니다. 온라인 쇼핑 금액 중 65.9%가 모바일 쇼핑으로, 이것 역시 역대 최고 기록입니다. 2018년 온라인 쇼핑 전체 매출도 110조 원을 돌파했습니다. 음식 서비스 매출은 전년 동월 대비 100%가 넘게 증가했고, 서비스 분야 매출은 대부분 50% 이상의 신장률을 기록했습니다. 식음료와 화장품 구매는 33% 이상 증가했습니다. 생수 배달 서비스는 아예 제조기업에서 구축한 배달 앱과 배송팀이 등장하는 등 소비 방식까지 변하고 있습니다.

이 정도의 변화도 무시무시한데, 여기에 코로나19 사태가 터진 것입니다. 모든 국민이 아예 언택트 소비로 이동해버린 것이죠. 2019년 1분기 신세계 쓱닷컴 매출은 전년대비 42%가 상승했습니다. 쿠팡도 비슷한 상승률을 기록합니다. 쿠팡이 비교적 젊은 소비층의 플랫폼이었다면, 쓱닷컴은 비교적 높은 연령대의 플랫폼이었습니다. 그럼에도 이렇게 함께 폭증한 것은 그동안 오프라인 기반의 소비를 선호하던 세대까지 비대면 소비로 진입하고 있다고 분석할 수 있습니다.

이렇게 되면 유통 생태계의 재편을 피할 수 없습니다. 코로나19 사태가 진정되면 어느 정도 다시 돌아가겠지만, 문제는 이런 상황은 반드시 다시 온다는 것입니다. 뻔히 다시 올 위기에 대비하지 않는다면 그것만큼 한심한 일이 없겠죠. 소비를 책임지는 유통 산업의 생태계에서 존재하던 기업도, 일자리도 전부 바뀌게 된다는 뜻입니다. 그것도 아주 빠른 속도로 말이죠. 유통 분야에 있는 기업이나 일자리 숫자를 감안하면 엄청난 혁명적 변화가 이제 현실이 되고 있는 것입니다.

포노 사피엔스 문명이 가장 급격하게 파고든 대표적인 영역이 바로 '음식 배달 서비스'입니다. 정말이지 엄청나게 시켜 먹습니다. 시장 점유율 1위인 '배달의민족'은 2019년 거래금액 8조 5,000억 원을 돌파했습니다. 경쟁기업인 '요기요'와 '배달통'을 더하면 총금액은 16조 원을 넘어갑니다. 그런데도 시장 확대에 대한 기대치는 높아서 2019년 쿠팡까지 음식배달 사업에 뛰어들었습니다. 데이터는 음식배달이 점점 더 늘어날 것을 말하고 있습니다.

그사이 생태계는 변화하고 있습니다. 배달을 전담하는 '부릉', '배민 라이더스' 같은 대형 기업이 탄생했고 식당은 창업하면 배달 직원을 고용하는 것이 아니라 이 기업들과 배달 서비스 계약을 체결합니다. 식당의 매출 비중도 배달 비율이 증가하면서 배달 고객이 가장 중요한 고객층이 되었고 이제는 아예 배달만 전문으로 하는 식당도 크게 늘었습니다. 인테리어 비용도, 임대료도, 홀 서빙 인건비도 절약할 수 있으니 초기 창업자에게는 매우 매력적인 모델입니다.

이런 상황이 되니 '공유주방'이라는 새로운 사업이 등장했습니다. 빈 가게에 주방을 설치하는 비용도 절약하자는 것입니다. 택시도 공유하고 호텔도 공유하는데, 주방이라고 공유 못할 것도 없죠. 식당 창업을 꿈꾸는 청년은 공유주방 월세만 준비하고 고객을 매료시킬 레시피에만 집중하면 됩니다. 주방용품을 구매할 필요도 없이 공유주방에서 조리하고 장사는 배달 플랫폼을 활용합니다. 우리가 얼마나 배달을 많이 시키는지 우버의 창업자 트래비스 캘러닉Travis Kalanick은 우리나라에 와서 공유주방 사업을 시작했습니다. 음식을 먹는 트렌드가 바뀌자 이제 사업의 방식도, 일자리도 모두 바뀌게 된다는 것을 보여주는 대표적인 사례입니다.

물론 여전히 사람들은 맛있는 음식을 식당에 가서 먹습니다. 그러나 이제는 놀라울 만큼 많은 수의 사람들이 배달을 선호합니다. 그래서 과거의 상식이 아니라 데이터를 기준으로 세상의 변화를 판단해야 합니다. 더이상 우리가 알고 있는 상식은 상식적이지 못한 것으로 너무 많이 바뀌어버렸습니다.

배달의민족이 수수료 체계를 바꾸겠다고 발표하면서 일어난 논란은 대한민국 사회적 표준이 어디에 서 있는지 분명하게 보여주었습니다. 코로나19로 음식 배달은 폭증했습니다. 모두가 어려움을 겪고 있는 시기에 독점에 가까운 지위를 가진 배달의민족이 수수료를 변경하겠다고 발표한 것은 배려가 부족한 면이 있었습니다. 하지만 그것을 지역 공공 앱으로 대체하겠다고 나선 정치인들을 보면서 '그까짓 플랫폼이야 달랑 앱 하나일 뿐이지'라는 생각이 아직도 팽배하다는 것을 실감할 수 있었습니다.

결국 배달의민족은 2019년 독일계 글로벌 배달 기업 '딜리버리 히어로즈Delivery Heroes'에게 4조 8,000억 원에 매각되었습니다. 사실 이때 많은 사람이 "우리 민족이 게르만 민족이 되었다."고 비난하기도 했었지요. 그런데 정작 놀라운 것은 4조 8,000억 원이라는 매각 대금이었습니다. 어렵다고는 하지만 대한항공의 시가총액이 2조 원 정도고 현대중공업의 시가총액이 5조 7,000억 원 정도입니다. 우리나라 펀드라면 배달의민족에게 5조 원에 가까운 가치를 부여할 수 있었을까요? 그런데 글로벌 펀드는 배달의민족의 성장 가능성을 대한항공의 두 배이상, 현대중공업과 비슷한 정도로 평가한 것입니다.

사실 그동안 배달의민족은 4,000억 원 정도의 해외 자금을 유치해원활한 배달 생태계 구축에 투자해왔고 그것이 결실을 맺은 것입니다. 그런데 이런 배달의민족을 달랑 앱 하나로 보는 것입니다. 이것은 유튜브도, 인스타도, 페이스북도 언제나 베껴 만들면 되는 까짓 앱 하나로 보는 우리 사회의 인식을 그대로 보여준 사례입니다. 사회 지도층의 생각이 이래서는 포노 사피엔스 표준 사회로 가기 어렵습니다.

여러분은 어떻게 생각하시나요? 아무 플랫폼이든 조금 불편하다고사람들이 찾아와 시장을 바꿀 수 있다고 생각하시나요? 그렇다면 소비자가 왕이 되어버린 포노 사피엔스 문명에 대해 제대로 모르고 있는것입니다. 유튜브 같은 플랫폼은 누구든지 흉내내 만들 수는 있지만수십억 명의 사람들이 찾아오게 하기까지는 엄청난 노력과 투자가 필요합니다. 그래서 프로그램의 기술 수준이 아니라 플랫폼을 이용하는사람들의 숫자가 기업의 가치가 되는 것입니다.

소비자의 권익을 지키기 위해 독점에 대한 규제는 필요합니다. 그러나 문명의 표준을 제대로 이해하지 못한다면 후대에 엄청난 사회적 비용을 지불할 수밖에 없습니다. 우리가 늘 생각에 신중을 기해야 하는 이유입니다.

온라인 쇼핑몰의 경쟁도 갈수록 치열해지고 있습니다. 쿠팡은 공격적 경영으로 2019년 결제금액 17조 771억 원을 기록하며 전년대비 57%의 기록적인 성장세를 보였습니다. 물론 1등인 네이버의 20조 9,249억 원에는 못 미쳤지만, 이러한 성장세라면 2020년 챔피언에 등극할 것으로 예상됩니다. 이미 전년도에 더 높은 결제금액을 기록했던 '이베이 코리아eBay korea'를 훌쩍 뛰어넘어버렸습니다. 순위가 뒤바뀌고 있다는 것은 시장의 경쟁이 거세졌다는 뜻이기도 합니다.

거래 규모가 커지면서 투자도 급증해 이익은 줄고 적자 규모도 커지고 있지만, 투자 자본은 계속 쏟아지는 중입니다. 그만큼 시장의 성장세가 달콤하다는 것이죠. 신세계, 롯데 등 유통 대기업들도 온라인 쇼핑몰 구축에 기업의 사활을 걸고 조 단위의 투자를 확대하고 있습니다. 이마트, 롯데마트 등 대형 쇼핑몰의 매출이 급격한 속도로 줄고 있기 때문입니다. 이미 롯데는 무려 200개의 대형 매장을 폐쇄하기로 했고 빠르게 실천하고 있습니다. 대한민국 소비의 중심이 디지털 플랫폼으로 이동하면서 유통 산업의 생태계 자체가 변화하고 있는 것입니다.

코로나 19는 가뜩이나 어려운 유통업계의 고통을 더욱 심하게 압박하고 있습니다. 면세점 매출이 끊긴 대형 백화점들은 매출이 60~40%나 감소했고 수많은 의류와 화장품 매장들도 고통스러운 매출 감소를 견뎌내고 있습니다. 외출이 사라진 소비자들은 자연스레 소비를 줄였고 그나마 있는 소비도 온라인으로 옮겼습니다. 소비의 플랫폼만 오프라인에서 온라인으로 옮긴 것이 아닙니다.

소위 인플루언서라는 새로운 스타들이 등장하면서 인스타그램을 통해 멋진 옷이나 화장품을 소개하고 직접 판매하는 미디어커머스라는 신시장이 폭발적으로 성장합니다. 사실 중국에서는 왕홍^{网红}이라는 직업군이 형성되어 개인 방송을 기반으로 판매를 활성화하고 있었는데, 2017년 15조 원이던 왕홍시장 매출은 2019년 100조 원을 넘었고 2020년에는 왕홍을 비롯한 소셜커머스라는 신유통 채널이 무려 516조 원의 매출을 달성할 것으로 예상하고 있습니다. 우리나라 시장도 그대로 따라가고 있고 이렇게 되면 기존 기업들은 더욱 어려워질 것입니다. 새로운 비즈니스 모델을 따라 빠르게 움직이지 못하면 도태할 수밖에 없습니다.

우리보다 조금씩 앞서가는 미국도 시장혁명에 가속이 붙고 있습니다. 미국 마스터카드^{MasterCard}사가 2019년 11월 1일부터 12월 24일까지 매출 데이터를 기반으로 작성한 분석보고서에 따르면, 이 기간 미국 온·오프라인 매장 매출(자동차 판매 제외)은 총 1,022조 원을 기록했습니다. 전년 대비 3.4% 증가한 것인데, 그중 온라인 매출이 무려 18.8% 증가했습니다. 전체 매출 중 온라인 매출 비중도 14.6%로 역대 최고치를 갈아치웠습니다.

반면 오프라인 시장은 위기가 가속화되고 있습니다. 2019년 미국 소매점 약 9,300곳이 문을 닫았는데, 전년 대비 59% 증가한 수치입니다. 그사이 미국 유통의 대표주자 아마존은 무서운 속도로 성장하며 2019년 크리스마스 시즌에만 500만 명의 프라임 회원(연회비 119달러를 내는 회원)을 추가로 확보했습니다. 2020년 1월 1일 기준, 시가총액

1,058조 원을 기록한 아마존은 충분한 자금력을 바탕으로 미국 내 36곳의 대형 물류센터를 확보하고 더욱더 빠른 배송과 가격 경쟁력을 갖추게 되었습니다. 그리고 여기 코로나19라는 토네이도까지 덮쳤습니다.

2020년 코로나19의 미국 확산으로 미국 정부는 록다운이라는 미증유의 충격적인 통제를 실시했습니다. 사람들이 모이는 모든 장소를 폐쇄한 것입니다. 온라인 업체에 폭발적 성장의 기회가 되었고 오프라인 시장은 그야말로 파산의 직격탄을 맞았습니다. 100년이 넘은 백화점들이 줄줄이 파산 중입니다. 2018년 시어스Sears 파산 이후 코로나로 인해 J.C. 페니J.C. Penney, 니만 마커스Neiman Marcus 등이 2020년 5월 파산했고, 메이시스Macy's도 적자 누적으로 위기입니다. 한때 고성장을 자랑하던 패션계의 대표 기업들인 포에버21Forever21, 제이크루J-CREW 등도 파산해버렸고 이외에도 엄청난 호황을 누리던 패션 기업들이 줄줄이 파산을 예고하고 있습니다.

영국의 100년 넘은 백화점 데버넘스Debenhams도, 독일의 100년 넘은 백화점 카우프호프Kaufhof도 결국 파산 신청을 했습니다. 100년 된 백화점의 몰락은 100년 동안 큰 변화가 없던 유통에 이제는 거스를 수 없는 혁명의 시간이 왔음을 의미합니다. 백화점이 100년 넘게 성장할 수 있었던 것은 그만큼 시장의 변화에 빠르게 적응해왔다는 것을 의미합니다. 유사한 기업들과의 치열 경쟁에서 이길 수 있었다는 것입니다. 그런데 이번에는 경쟁이 아닙니다. 업종이 사라지는 변화입니다. 100년 만에 찾아온 인류의 소비 표준 변화가 만드는 파괴적 혁명이 유통으로 번지는 중입니다.

물론 월마트Wal-Mart 같은 오프라인 강자들도 순순히 물러설 기세는 아닙니다. 월마트도 온라인 주문과 방문 픽업을 연계해서 가격 경쟁력을 확보하면서 2019년 많은 고객의 선택을 받아 변신에 성공한 것으로 평가받고 있습니다. 오프라인 매출 하락에 전전긍긍하던 많은 기업도 온라인 유통 분야에 투자하면서 치열한 경쟁을 예고하고 있습니다. 반대로 아마존은 유기농 슈퍼마켓 체인점 '홀 푸드 마켓Whole Foods Market'을 인수하면서 오프라인 시장에 뛰어들었습니다. 바야흐로 온·오프라인 모든 전선에서 유통의 전면전이 시작된 것입니다.

애프터 코로나라는 위기 상황은 앞면에 '위기' 뒷면에 '기회'라고 쓰인 동전과 같습니다. 어떤 기업이 성장해 새로운 질서를 만들어낼지 아무런 확신도 할 수 없지만 분명한 것은 엄청난 속도로 달라질 것이고, 그 문명은 포노 사피엔스가 주도할 것이라는 점입니다.

이 혁명의 시대에 가장 필요한 인재는 새로운 시장에 대한 지식과 아이디어로 무장한 포노 사피엔스 인재입니다. 애프터 코로나 시대를 기회로 맞고 싶다면 신인류의 소비습관을 꿰뚫고 있는 도전적이고 창의적인 인재가 되어야 합니다.

일자리

자, 이렇게 혁명적인 시장의 변화가 현실이 되었으니 이 가운데 일자리 상황은 어떻게 변했을까요?

사실 이미 '일자리'에 대한 기준이 많이 바뀌었습니다. 가까운 은행 인력부터 살펴보면, 2020년 1/4분기에만 80개가 넘는 은행지점이 폐쇄되었습니다. 사람들이 더이상 찾지 않기 때문입니다. 지점 폐쇄를 통한 경비절감도 매력적이죠. 대부분 인터넷 뱅킹이 익숙하지 않은 나이 드신 분들이 지점을 이용했는데 코로나 이후로는 지점 방문자 수가 더욱 줄었고, 반면 카카오뱅크 같은 편리한 인터넷뱅킹 가입자가 급증했습니다.

그렇다면 앞으로는 어떤 은행원들이 필요할까요? 디지털 플랫폼을 구축하고 이를 기반으로 새로운 서비스를 기획 및 개발하는 인재가 필요할 것입니다. 지점에서 근무하는 인재상과 디지털 플랫폼에서 업무를 처리하는 인재상은 크게 다를 수밖에 없습니다. 디지털 플랫폼에서 어떻게 업무가 처리되는지, 거래는 어떻게 이루어지는지, 고객은 어떤 서비스에 매료되는지, 고객 문의 시 대응 서비스는 어떻게 개선해야 하는지, 심지어 친절하다는 건 어떻게 정의되는 것인지 은행 업무에 대한 모든 것이 새롭게 정의되어야 합니다.

그뿐만 아니라 수시로 찾아올 코로나 같은 감염병에 대비해 디지털 기반의 재택근무 능력도 뛰어나야 합니다. 그러니 프로그램 개발자 외에 일반 사원을 선발할 때도 디지털 플랫폼을 기반으로 한 비즈니스 기획 경험이 많은 사람, 디지털 업무 수행능력이 뛰어난 사람, SNS 마케팅 경험이 많은 사람 등이 절대적으로 필요하게 됩니다.

즉 포노 사피엔스 문명에 익숙한 인재와 포노 사피엔스 사업기획에 전문적 능력이 풍부한 인재가 필요합니다. 벤처기업에서 핀테크[fintech]

사업기획을 하며 한 3년쯤 블록체인 개발에 매진했던 인재는 어떨까요? 매력적입니다. 대학 시절 한 학기 동안 디지털 플랫폼을 기반으로 온라인 회의를 통해 SNS 마케팅과 브이커머스$^{Video Commerce}$ 사업기획에 참여했던 인재는 또 어떨까요? 고객 빅데이터 분석 프로젝트에 참여해서 머신러닝$^{Machine Learning}$으로 큐레이션 프로그램(고객 맞춤형 서비스 프로그램)까지 경험했던 인재도 상당히 매력적일 것입니다. 이런 인재들을 뽑아 앱뱅킹과 핀테크^{fintech} 사업기획, SNS 마케팅을 맡겨보고 싶지 않을까요?

지금처럼 학점에 토익점수는 얼마고 해외 어학연수 6개월 다녀왔다는 스펙으로는 충족시키기 어려운 조건들입니다. 기존의 금융 분야에 대한 지식을 배우는 것도 어려운 일인데 매력적인 인재가 되기에는 더욱 어려워졌습니다. 이제 기존의 사고방식과 교육방식만을 고집하기 어려워졌습니다. 포노 사피엔스 시대 금융 분야에 필요한 인재를 어떻게 키워내고 기존의 인력은 또 어떻게 혁신해야 하는지에 대한 고민이 필요합니다.

방송 분야에서는 어떤 전문 인력이 필요할까요? 우선 지상파 방송은 이제 몸집을 줄여야 합니다. 과거와 달리, 국민의 3분의 1도 보지 않는 프로그램을 지속하기 위해 세금성 재원을 계속해서 투입할 수는 없습니다. 줄일 수 없다면 역할이 달라져야 합니다. TV라는 일방향의 플랫폼에 방송을 내보내는 영역을 넘어 매력적인 콘텐츠 창작자의 역할을 더해야 합니다. 그래야만 생존할 수 있습니다.

사실 최근 지상파 방송이 변화하는 방향도 이와 일치합니다. 온라인에서 유행하는 포맷과 형식을 지상파가 쫓아가고 있습니다. 필요한 인재의 양상도 달라집니다. 콘텐츠의 플랫폼이 TV에 한정되어 있던 시절과는 제작 방향도, 비용도 전부 달라져야 합니다. 인력도 디지털 문명 시대에 맞는 형태로 필요합니다. 그래서 지상파의 위상도, 역할도, 조직도 모두 재검토되고 재배치해야 합니다. 말 그대로 모든 것을 바꾸는 수준의 혁신입니다. 이제 우리는 생각의 표준을 바꾸는 엄청난 도전을 시작해야 합니다.

콘텐츠 제작사들로부터 절대 강자이자 유일한 구매자였던 지상파 방송국들은 이미 그 위상이 많이 추락했습니다. 현재 제작사들에게 가장 매력적인 구매처는 '넷플릭스'가 되었습니다. 우리나라에서만 200만 명, 전 세계 1억 5,000만 명의 고정 고객을 보유한 플랫폼이니 당연한 현상입니다. 좋은 콘텐츠 제작을 위해서는 선투자가 필수적인데, 넷플릭스가 가장 적극적입니다. 광고수익이 줄어든 지상파는 당연히 투자에 소극적이겠지요. 2018년 7개에 그쳤던 넷플릭스 방영 우리 드라마는 2019년 11개로 대폭 증가했고, 이에 따라 드라마 제작 환경 역시 크게 달라졌습니다. 2020년에는 넷플릭스가 콘텐츠 제작에 20조 원을 투자한다고 선언했습니다. 디즈니, 애플TV 등과의 콘텐츠 전쟁이 더욱 격화되었기 때문입니다.

콘텐츠 제작 전문기업과 인력에는 새로운 일자리와 기회가 열렸습니다. 방송사가 독점하던 콘텐츠를 이제는 글로벌시장에서 더 큰 가치로 판매할 수 있게 되었으니까요. 이미 좋은 대본이 나오면 넷플릭스, 케이블TV, 지상파의 순으로 접촉을 한다고 합니다. 포노 사피엔스 시장에 쏟아진 자본은 시장의 질서를 재편합니다. 이제 콘텐츠 제작 기업들이 글로벌시장에서의 경쟁력을 갖추어야 하는 것은 두말하면 잔소리입니다. 더 많은 수입을 올리고 싶다면 말이죠. 코로나19 이후로 넷플릭스 가입자는 세계 모든 지역에서 폭증하고 있습니다. 그만큼 넷플릭스에서 방영되면 수익 구조가 더욱 좋아진다는 것입니다.

당연히 PD의 역할도 달라집니다. 지상파에서 높은 시청률을 기록한 PD는 이제 케이블TV나 유튜브 콘텐츠 제작사로 높은 연봉에 스카우트됩니다. 5년 전쯤 한 지상파 스포츠방송 PD가 라이엇 게임즈^{Riot Games}라는 게임회사('LOL' 개발회사)에 스카우트되는 일이 있었습니다. 이 소식을 들은 선배 PD가 "회사가 어려워져서 안 좋은 곳으로 가는구나. 내 마음이 무겁다."라고 위로의 말을 전했더니, 옆에 둘러서 있던 후배 PD들이 모두 웃으면서 이렇게 이야기했다고 합니다.

"고연봉으로 좋은 자리에 스카우트되어 가는 건데 무슨 소리 하시는 거예요."

그 당시 선배 PD는 게임방송 시장이 그렇게 크게 성장할 거라고 상상을 못했던 겁니다. 그런데 데이터는 이미 스포츠 분야에 혁명이 온 것을 보여주고 있었습니다. 2017년 롤드컵(LOL 챔피언을 뽑는 게임 월드컵) 결승전 시청자 수가 8,000만 명을 넘었습니다. 스포츠계 최고의 이벤트라는 2018 평창 동계올림픽 기간 중 최고 시청률이 나왔을 때 시청자 수가 1,000만 명에 불과했는데 말이죠. 게임방송 산업의 성장을 예상하고 미리 라이엇 게임즈를 선택한 젊은 PD의 도전은 성공적이었습니다.

2019년 1년 동안 LOL 게임 중계방송을 본 시청자만 10억 명을 돌파했습니다. 그리고 그 성장 속도는 어마어마합니다. 포노 사피엔스 시대에는 게임이 당당히 최고의 프로 스포츠로 자리 잡은 것이죠. 그리고 선구자가 된 PD는 지금 최고의 대우를 받는 게임방송계 슈퍼 인재가 되었습니다.

미디어시장의 변화에 따라 광고시장도 급격하게 변화합니다. 2019년 총 광고비 13조 9,000억 원 중 방송 광고비는 3조 4,000억 원, 온라인 광고비는 6조 5,000억 원으로 이미 크게 역전되었습니다. 2019년 우리나라 방송 광고비는 전년 대비 7.5% 감소한 반면, 온라인 광고비는 19.7% 증가한 것으로 나타났습니다. 인쇄형 광고비도 3.8% 감소하면서 디지털 시대 변화를 실감하게 합니다. 우리가 매일 소비하는 매체를 생각해보면 당연한 변화의 방향입니다.

문제는 인력 구성입니다. 현재 3만 8,000명의 광고시장 종사자 중 58%가 인쇄 광고시장에 종사하고 있습니다. 매년 20%씩 성장하는 온라인 광고 및 디지털 마케팅시장에는 인력이 부족하고, 반면에 인쇄형 광고시장에는 많은 실직자가 생길 것임을 이미 데이터가 예고하고 있습니다. 그래서 준비해야 합니다. 신입사원이든 기존 사원이든 모두가 새로운 도전을 시작해야 합니다. 위축되는 시장에서 걱정만 하고 있기보다는 시장의 변화에 따라 달라진 표준을 인지하고 내 마음속에서 새로운 시대를 받아들이는 근본적인 변화가 필요합니다. 도전의 방법을 찾는 오늘의 시도가 향후 10년을 결정하기 때문입니다. 늦었다고 생각할 때는 정말 늦은 것입니다. 지금 당장 시작해야 합니다. 조금이라도 빨리 생각의 방향을 전환해야 합니다.

방송시장만큼은 아니지만 유통 분야 인력시장도 급격한 변화가 이미 예고됩니다. 온라인 쇼핑의 소비 신장률은 20% 가까이 유지되는 반면, 대형마트나 슈퍼마켓은 3~5%씩 매년 감소하고 있으니 필요한 인력에 변화가 생기겠죠. 특히 방송 산업의 변화가 유통에 미치는 영향이 두드러집니다. TV를 보던 사람들이 유튜브로 몰려가면서 TV홈쇼핑 역시 매출이 줄어드는 현상이 나타났습니다.

2019년은 '미디어커머스Media Commerce'라 불리는 개인방송 유통 채널이 크게 성장한 해였습니다. 신세계, 롯데, CJ ENM, 현대 등 홈쇼핑의 큰손들은 너 나 할 것 없이 모바일 채널을 강화했고 실제 많은 매출이 모바일 채널을 통해 일어나고 있습니다. 2020년 들어 홈쇼핑 회사의 TV를 통한 매출 비중이 기어이 50% 이하로 내려가고 말았습니다. 이는 미디어 소비 습관의 변화가 물건 구매 습관의 변화로 이어지는 포노 사피엔스 시대의 특징을 그대로 보여주는 데이터입니다. TV홈쇼핑이라는 비즈니스의 기본 개념까지 재정의해야 하는 시대로 진입한 셈입니다. 재택근무하면서 온라인 쇼핑몰 운영과 미디어커머스 기획에 뛰어난 인재가 유통 분야에서 가장 각광받는 시대라면, 이에 맞추어 교육도 달라져야 합니다.

포노 사피엔스 문명의 색깔이 우리보다 훨씬 강한 중국은 이미 미디어커머스가 주류 유통 채널로 성장했습니다. 2019년 11월 11일 중국 광군제 당시 매출 45조 원의 50%가 라이브 개인방송을 통해 판매된 것으로 분석되고 있습니다. 중국의 인플루언서 왕홍이 만드는 시장은

2020년 5G의 도입과 함께 개별적 통신환경이 크게 개선되면서 더욱 증가할 것으로 예상합니다.

더구나 코로나19 이후 온라인 쇼핑이 급증하면서 미디어커머스는 재미와 쇼핑을 모두 만족시킬수 있는 최상의 솔루션으로 부상하고 있습니다. 이제 중국 소비의 표준은 개인방송을 보다가 온라인으로 즉각 구매하는 미디어커머스로 변화하고 있습니다. 이 변화를 이끄는 것은 바로 1995년 이후 태생인 'Z세대'입니다. 유통 분야에 꼭 필요한 인재가 되려면 이들의 소비 생활을 속속들이 알아내야 합니다.

시장 트렌드 변화에 맞추어 우리나라 대표 유통 대기업들의 변신 노력도 이어지고 있습니다. 신세계 그룹은 그동안 백화점, 마트, 홈쇼핑별로 개별 유지하던 온라인 쇼핑몰을 쓱닷컴으로 통합하고 회사를 별도 법인으로 독립시킨 후 1조 원의 자금을 투입하여 핵심 유통 채널로 키우고 있습니다. 롯데그룹도 2018년 8개의 별도 온라인 몰을 통합하고 '롯데온' 쇼핑몰을 출범시켰습니다. 앞으로 여기에 3조 원을 투자해 2022년 온라인 쇼핑몰 1위를 달성하겠다고 선언했습니다. 현재 온라인 유통의 절대 강자 네이버, 쿠팡, 이베이코리아, 티몬, 위메프 등도 절대 물러서지 않겠다는 각오입니다.

이로 인해 온라인 쇼핑몰의 매출은 크게 늘고 있지만 경쟁이 치열해지면서 적자 또한 빠르게 증가하는 추세입니다. 말 그대로 '쩐의 전쟁'이 유통업계에 번진 것입니다. 인재확보 전쟁도 이미 치열합니다. 2020년 5월, 신세계 정용진 부회장이 쓱닷컴에 집무실을 차렸습니다. 백화점과 이마트에 이어 쓱닷컴을 신세계의 미래 성장 동력으로 만들겠다는 선언입니다. 이제 온라인 유통 인재의 시대입니다.

가장 많은 일자리를 만들어내고 있는 유통 산업에서 일어나는 변화는 우리가 어떠한 미래를 준비해야 하는지 명확히 보여줍니다. 디지털 플랫폼에서의 거래가 어떻게 이루어지는지 상식적으로 알아야 합니다. 물건이 스마트폰을 통해 주문되기까지 어떤 경로를 거치게 되는지 마케팅팀은 새롭게 공부해야 합니다. 주문이 시작되면 물건은 어떻게 배송되고 반품은 또 어떻게 해결해야 하는지, 기존의 오프라인 유통에서는 생각할 필요도 없던 일들을 고민하고 최고의 솔루션을 찾아내야 합니다. 물류센터의 역할도 과거와는 전혀 다른 방식으로 리셋해야 합니다. 배송 체계도 새롭게 고민해야 합니다. 과거는 물건을 팔기만 하면 되는 시대였지만, 이제는 소비자가 쓰고 경험한 리뷰까지 챙겨 보고 신경 써야 합니다.

특히 CSR(Corporate Social Responsibility, 기업의 사회적 책임)이 크게 강화됩니다. 소비자가 권력인 시대이기 때문입니다. 광고 미디어의 플랫폼과 표현 방식, 스토리라인까지 과거와는 정말 많이 달라져야 합니다. 그래서 유통업계에도 급격한 변화에 따른 새로운 인재가 절실해지는 것입니다. 포노 사피엔스 시대를 꿰고 있는 능력 있는 인재는 유통업계에서도 스카우트 대상입니다. 미래를 준비하려면, 또 오래 일하고 싶다면 공부해야 합니다. 그것도 학교가 아니라 스스로 구글링을 통해 학습해야 합니다. 내가 일하고 있는 전문 분야의 변화는 오직 내가 찾아야 제대로 보이기 때문입니다.

물론 모든 인력이 다 포노 사피엔스 인재로 교체되어야 하는 것은 아닙니다. 기존 업무를 수행하는 사람들도 여전히 중요합니다. 그러나 기존 업무를 수행하는 방식도 이제는 재택근무 방식으로 바뀌어야 합니다. 업무의 처리 방식 변화에 맞추어 인재의 기준이나 평가 기준도 변화가 필요한 것은 당연합니다. 정해진 미래를 준비하지 않는다면 기업도 도태될 수밖에 없기 때문입니다. 신입 직원만 디지털 문명에 대한 적응력이 필요한 것은 아닙니다. 사실 더 시급한 건 디지털 업무 추진 방식에 익숙하지 않은 고참 직원들입니다. 이들이 빠르게 새로운 업무 방식에 적응해야 합니다. 어려워도 강제로 배워야 합니다. 우리는 이제 오래 살아야 하고, 그래서 오래 일해야 합니다. 필요한 인재가 되려면 이제는 포노 사피엔스라는 새로운 표준 문명을 배워야 합니다.

방송국에서 유튜브 기반의 콘텐츠를 제작한다고 처음에 나섰던 한 PD는 방송제작에 갖고 있던 편견을 깨는 것이 가장 힘들었다고 합니다. 다행히 '박준형'이라는 인물을 만나 '와썹맨'이라는 히트작을 낼 수 있었고, 뒤이어 제작한 '워크맨'도 큰 호응을 얻었습니다. 이제는 PD부터 그 팀의 모든 스탭들까지 각광받는 슈퍼 인재로 평가받고 있습니다. 불과 3년 사이 미디어 플랫폼이 방송에서 유튜브로 급선회하면서 일어난 일들입니다.

지금도 80%의 방송 산업 종사자들은 여전히 기존 방식의 업무에서 벗어날 생각이 없습니다. 하지만 오래 일하고 싶다면, 업의 환경이 바뀐 만큼 새로운 길을 모색하는 노력이 필요합니다. 방송은 소비자가 떠나면 아무것도 남지 않습니다. 폐허에 홀로 앉아 눈물만 흘릴 수는 없습니다. 지금부터 내가 하는 세부 업무에서 새로운 길을 찾아 탐색을 시작해야 합니다. 과거의 영화를 내려놓고 새로운 도전의 길을 나서야 합니다. 사실 혁명은 이제 막 시작입니다. 기존의 축적된 지식은 튼튼한 밑천이 됩니다.

이미 기존 방송 제작진들이 탄탄한 기본기를 바탕으로 유튜브라는 플랫폼에 속속 히트작을 내놓고 있습니다. JTBC 스튜디오 룰루랄라의 '와썹맨', '워크맨'은 물론이고 메가 히트를 기록한 EBS의 '자이언트 펭TV', 김태호 PD가 만들어낸 '유산슬', 방송에서 힘을 키운 백종원 씨의 유튜브 채널 론칭 등이 그 예입니다.

미디어 산업의 파워는 콘텐츠의 힘입니다. 그리고 그 힘은 지상파 방송이든 유튜브든 결코 배신하지 않습니다. 과거의 달콤했던 권력에 의존하지 않고 진정 이 시대가 바라는 콘텐츠만 만들어낸다면 지상파 부활의 길은 얼마든지 열려 있습니다. 한물간 장르라 여겨졌던 트로트를 '미스 트롯', '미스터 트롯' 등의 프로그램으로 부활시킨 것만 보더라도 답은 콘텐츠 창조에 있습니다.

바야흐로 채널이 아니라 실력이 권력인 시대가 온 것입니다. 코로나가 다시 온다 해도 콘텐츠 크리에이터들은 영향을 받지 않습니다. 늘 만들던 대로가 아닌, 포노 사피엔스들의 미디어 소비 패턴에 따라 그들이 열광하게 만들면 되기 때문입니다. 표준을 달리하면 길이 보입니다.

교육

일자리의 개념이 달라지면 교육도 당연히 달라져야 합니다. 포노 사피엔스 문명은 교육의 표준도 크게 바꾸어 버렸습니다. 코로나19로 고통받던 대구에서 '코로나나우'라는 사이트를 개발한 사람은 16세 중학교 3학년 학생인 최형빈 군과 이진형 군입니다. 어린 나이에 사이트 개발을 한 실력도, 전 세계 사이트의 정보를 모아 국민들에게 정확한 코로나 정보를 알려주고 싶다는 그 마음도 기특하고 놀랍습니다. 이 아이들은 오픈소스로 배우고 SNS 커뮤니티를 통해 학습해서 실력을 갖추었습니다. 포노 사피엔스 문명의 방식으로 능력을 키우고 거기서 배운 대로 공익을 위해 기여한 것이죠.

전 세계 소프트웨어 개발자들은 이미 오랫동안 그들이 개발한 소스 코드를 공유하며 소위 지식 공유 문화를 만든 지 오래되었습니다. 아이들은 어느새 이 문명을 통해 코딩을 배우고 자라 '코로나 맵', '코로나 알리미' 같은 앱을 개발하는 청년이 됩니다. 질병관리본부에서 확진자의 동선과 거주지를 텍스트 기반 데이터로 발표하자 26세 대학생 이동현 군은 이를 이용해 보다 직관적으로 확진자 위치 확인이 가능한 스마트폰 기반 코로나 맵을 만들어 국민들에게 제공했습니다. 코로나 알리미라는 정보 시스템을 만든 대학생들도 등장합니다. 이들은 '멋쟁이사자처럼'이라는 동아리 활동을 통해 코딩을 배우고 프로그램 개발 능력을 익힌 대학생들입니다. 2013년 처음 시작되어 90개 대학이 참여하는 전국적인 연합동아리 '멋쟁이사자처럼'은 IT 비전공자 학생들이 스스로 배워 아이디어도 실현하고 창업도 할 수 있도록 자원봉사로 운영하는 교육 단체입니다. 이제는 동아리의 취지가 사회 기여도가 높다고 판단한 구글, 아마존 같은 거대 기업들의 지원을 받고 있습니다. 이런 지식 공유와 사회 기여는 소프트웨어 개발 커뮤니티에서 오래된 전통이자 표준 문명으로 자리 잡았습니다.

지식을 습득하는 방식이 달라지면 교육에 대한 생각의 표준도 달라집니다. 1995년 이후 태어난 Z세대 아이들은 유튜브를 통해 검색하고 공부도 합니다. 유튜브의 세계는 국경도 없고 영역의 경계도 없습니다. 이 플랫폼을 통해 최고의 콘텐츠가 선택받는다는 것을 알아챈 아이들은 일찌감치 유튜브로 학습하기 시작합니다.

그 선택의 습관은 학원 학습으로도 이어집니다. 최고의 인터넷 강의 강사는 '일타강사'라는 명성을 누리며 수백억 원에 스카우트되기도 합니다. 한 명의 일타강사가 많게는 수십만 명의 학생을 모을 수 있기 때문입니다. 영상학습에 익숙한 아이들이 성적향상을 위해 더 좋은 교육 콘텐츠를 선택하는 것은 당연한 생존 본능입니다. 그래서 코로나 사태로 학교에서 온라인 강의를 시작했을 때 학생들의 기대치는 엄청 높았던 반면, 교사들이 보여준 수준은 한참 못 미칠 수밖에 없었던 것입니다.

코로나 사태로 인한 강제 온라인 수업 실시 이후, 이와 관련하여 340명의 교사들을 상대로 한 설문 조사 결과 내용이 흥미롭습니다. 응답자의 60%가 '온라인 학급을 운영한 경험이 없다'고 답했고 학생들과의 소통, 영상제작, 라이브 수업의 어려움을 토로했습니다. 심지어 20~30대 교사들조차 온라인 학습 운영에 어려움을 호소하고 있었고,

교사들을 위해 영상 제작 방법, 온라인 수업 운영 사례, 온라인 수업 툴 활용법 등을 가르쳐야 한다고 입을 모으고 있습니다. 우리 교육 시스템이 얼마나 아이들의 표준과 달리 운영되고 있는지를 보여주는 결과였습니다.

강제적인 온라인 수업이 실시되자 선생님들은 강의하는 대신 과제를 내주고 그것을 채점하는 것으로 수업을 대체하기까지 합니다. 부모님들이 나의 수업을 지켜본다는 부담감 때문이라고 하니 온라인 교육 상황이 얼마나 두려운지를 실감할 수 있겠죠. 그런데 이런 상황이 지속된다면 어떨까요? 아이들이 왜 학교에 다녀야 하는지에 대해 고민하게 될 것입니다. 오직 수능점수 획득이 교육의 목표라면 더이상 학교에 다닐 필요가 없어지는 것이죠.

코로나가 지속되면 공교육에 대한 신뢰는 붕괴되고 더 많은 아이들이 진짜 공부는 유튜브와 인터넷 플랫폼에서 하는 것이라고 믿게 될 것입니다. 과연 코로나 사태 이후에도 우리 어른들은 아이들에게 기존의 교육 방식이 더 우수한 것이고, 유튜브나 인강에 의존하는 너희들의 학습 방식은 틀린 것이라고 강요할 수 있을까요? 교육의 콘텐츠와 학습 방식 자체에 혁명적인 변화가 필요하다는 증거입니다.

코로나19 사태로 드러난 학교의 무능함은 사실 사회 전체의 표준이 바뀌지 않았기 때문에 생겨난 것입니다. 교사를 뽑는 기준은 오로지 시험, 임용고시입니다. 그것도 어찌나 경쟁이 치열한지 재수, 삼수는 기본입니다. 그러니 교사가 되기 위해 온라인 콘텐츠를 제작하고 실습하고 혁신을 고민할 시간이란 애당초 존재하지 않죠. 그렇게 선발된 교사는 자기 경험에 비추어 아이들에게 인생에 가장 중요한 것은 시험 잘 보고 성적을 잘 받는 것이라고 가르칠 수밖에 없습니다. 자신들 역시 그 어려운 시험을 통과해 그 자리에 서 있으니 말이죠.

유튜브로 스스로 학습한 아이들이 놀라운 코딩 실력을 보이고 드론 조종대회에서 초등학교 4학년 학생이 1등을 해도 우리의 표준 시스템은 그저 일탈로 여길 뿐입니다. 6세 꼬마가 재미 삼아 인공지능 프로그래밍을 하는 동영상이 유튜브에 올라와도 교사들은 관심을 둘 수조차 없습니다. 그런 걸 배운 적도 없거니와 종일 같은 수업에 산더미 같은 행정 업무로 시달리는데, 그런 것을 안다 해도 아이들에게 소개해 줄 틈이 없습니다.

학교는 점점 더 아이들이 배우고 싶어하는 방식이나 내용과 멀어지고 세대 간 생각의 차이는 더욱 커지게 됩니다. 거기다 극성스러운 학부모들은 조금이라도 혁신적인 수업을 시도하려고 하면 대학입시와 무슨 관련이 있느냐고 항의를 퍼붓습니다. 이 모든 현상은 수능 만능의 교육 표준이 그 원인입니다. 포노 사피엔스 시대에는 그 중요성이 많이 쇠퇴한 암기형 시험에 우리 사회가 아직도 목숨을 걸고 있기 때문입니다.

그런데 온라인 수업을 하고 보니 수능 성적을 올리는 게 목표라면 학교 교실보다 일타강사나 인터넷 유료 강좌가 훨씬 유리하다는 것을 학생도 부모도 알아버렸습니다. 어느 것이 더 도움이 될지 아이들은 알고 있습니다. 결국 우리 교육에 혁신이 절실하다는 것을 이번 코로나를 통해 우리는 부끄러운 마음으로 분명히 깨달았습니다.

교육의 혁신을 보여주는 사례는 이미 많이 존재합니다. 온라인 공개

수업 'MOOC(무크)'는 지식 공유의 한 축이 되어 점점 더 그 지평을 넓히고 있습니다. 우리나라의 'K-MOOC'도 많은 교수들이 참여하며 교육 분야를 확대하고 있습니다. 이제 유튜브에는 양질의 교육자료들이 빠른 속도로 늘어갑니다.

프랑스의 IT 교육기관인 '에꼴Ecole42'는 최고의 IT 인재를 양성하고 있지만, 수업도 교수도 없습니다. 교육 단계별로 프로그램을 완성하도록 요구하고 그 답을 스스로 잘 찾아내면 다음 단계로 갑니다. 이렇게 3년을 교육하면, 이곳의 학생들은 엄청난 문제해결 능력을 갖춘 창의적 인재로 성장합니다. 세계 최고의 IT 플랫폼 기업들이 에꼴42 졸업생들을 앞다투어 스카우트해갑니다. 자신의 기업을 성장시키는 데 꼭 필요한 능력을 갖추었기 때문이죠. 에꼴42의 성공은 교육의 중심이 어디로 가야 하는지를 여실히 보여줍니다.

세계 최고의 명문 대학들보다 입학이 어렵다는 '미네르바 스쿨'도 좋은 본보기입니다. 이 대학은 아예 캠퍼스가 없습니다. 학생들은 세계 7개 도시에 산재한 기숙사를 옮겨다니며 온라인 수업을 받습니다. 수업의 절반은 에꼴42처럼 문제해결형 프로젝트 수업으로 진행됩니다. 성적은 암기형 시험이 아니라 프로젝트 결과 발표로 평가받습니다. 우리나라 기숙사에서 수업을 받는 학생들은 네이버나 카카오를 찾아가 새로운 앱 기반 서비스를 기획하고 만들어가며 프로젝트를 경험한다고 합니다. 그리고 프로젝트 결과물은 학생들의 이력서에 포트폴리오로 추가됩니다.

이렇게 교육받은 인재들을 세계적인 플랫폼 기업들이 탐내는 것은 당연한 이치입니다. 여전히 암기를 기반으로 하는 전문 지식은 중요합니다. 그러나 포노 사피엔스 문명 교체기에 필요한 것은 그 전문 지식을 기반으로 어려운 문제를 해결할 수 있는 진정한 실력입니다. 지금까지의 교육은 획일화된 콘텐츠를 학습시켜 성적과 스펙을 만들고 그것을 바탕으로 줄을 세워 잘 형성된 사회 시스템에 편입시키는 게 목표였다면, 이제 진짜 실력을 키우는 교육으로의 전면적인 수정이 필요하게 된 것입니다.

이미 세계 경제의 주류가 된 포노 사피엔스 산업 생태계가 원하는 인재상이 기존과 달라진 만큼 피해갈 수도 없습니다. 교육의 혁신은 우리 사회 전체가 짊어진 미래 세대에 대한 책임입니다. 슬기로운 생각을 바탕으로 교육의 문제도 풀어내야 합니다.

의식주

2019년 최고의 화제를 낳은 벤처기업은 '배달의민족(이하 배민)'입니다. 무려 4조 8,000억 원에 독일기업 딜리버리 히어로즈(이하 DH)에 매각되면서 벤처기업 매각 최고가를 기록했습니다. 배민 김봉진 대표는 DH의 최대 주주 중 한 명이 되었고, 동시에 우리나라를 포함한 아시아 11개 국가의 배달사업 전체 경영권을 확보하면서 새로운 도전을 시작했습니다. 배달의민족이 그동안 보여준 음식배달 플랫폼으로서의 경쟁력을 글로벌 투자 자본이 높이 산 결과입니다.

그런가 하면, 신선식품을 '전날 밤까지 주문하면 새벽에 배송받을 수 있다'는 새로운 개념으로 판을 바꾼 기업도 있습니다. 2014년 설립된 주식회사 컬리^Kurly의 '마켓컬리'입니다. 디지털 플랫폼 위에 '샛별배송'이라는 새벽배송 서비스를 얹어 2015년 29억 원에 불과했던 매출을 2019년 4,000억 원 이상으로 끌어올리며 신선식품 소비 트렌드에 엄청난 혁명을 가져온 기업입니다. 마켓컬리의 등장 이후 온라인 쇼핑의 대표 기업 '쿠팡', '헬로 네이처'는 물론 신세계, 롯데 등 대형 유통기업까지 모두 뛰어들며 식품의 소비 트렌드를 바꾸었습니다.

이로 인해 2015년 100억 원에 불과하던 우리나라 새벽배송 시장 규모는 2019년 8,000억 원을 넘었습니다. 저녁 11시 이전에 먹고 싶은 게 생각나면 스마트폰을 열어 주문하고, 아침에 문을 열면 바로 먹을 수 있는(오전 7시 이전 배송 완료) 이 신박한 서비스는 소비자들의 열화와 같은 성원에 힘입어 대한민국 대표 서비스로 성장했습니다. 아이들의 학교 준비물을 깜빡 잊어버렸어도, 갑자기 저녁 때 먹방을 보다가 백합국이 먹고 싶어도, 바로 해결해주는 새벽배송은 매력이 철철 넘치는 서비스입니다.

바로 이것입니다. 이제 우리는 먹고 싶은 게 생기면 스마트폰을 켭니다. 치킨도, 떡볶이도, 자장면도 스마트폰 앱으로 배달시킵니다. 아침식사 준비도, 점심식사 준비도, 야식도 배달 서비스로 해결합니다. 즐거운 경험은 SNS를 타고 급속히 번지면서 포노 사피엔스 소비의 새로운 식생활 트렌드로 자리 잡고 있습니다.

식사문화의 변화가 느껴지시나요? 코로나 사태 이후 우리 국민의 건강을 유지시키는 데 큰 공헌을 한 것도 바로 이 음식배달 서비스 생태계입니다. 주문이 폭증했는데도 모두 해결해냄으로써 우리 국민은 일단 사재기에 대한 필요성을 거의 느끼지 않았습니다.

의류 소비도 달라지고 있습니다. 우리나라 의류 소비 40%가 온라인으로 옮겨갔습니다. 의류 소비가 달라지자 성공 벤처도 뜨겁게 성장합니다. 2019년에 우리나라 열 번째 유니콘이 바로 의류 유통에서 탄생했습니다. 바로 '무신사'입니다. '무지하게 신발 사진이 많은 곳'이라는 뜻의 무신사는 신발 거래 사이트로 성장하고, 패션의 전 분야로 확장하더니 창업 15년 만에 2조 가치의 기업으로 성장했습니다. 2019년 거래액이 무려 9,000억 원을 넘어섰고 2020년에는 1조 5,000억 원을 예상하고 있습니다. 무신사는 포노 사피엔스 시대 의류 소비의 트렌드 리더가 되었습니다.

디지털 플랫폼에서 창업한 동대문 기업 '스타일난다'는 창업 13년 만에 6,000억 원 가치의 기업으로 성장했고, 동대문 의류만 모아 파는 의류쇼핑 앱 '지그재그'는 창업 4년 만에 2018년 누적 매출액 1조 3,000억 원을 기록했습니다. 여성 전용 쇼핑몰 'W컨셉'은 2019년 매출이 2,000억 원을 돌파했고 '29CM', '스타일쉐어'도 각각 매출 1,000억 원을 돌파하며 새로운 패션 기업들의 시대가 도래했음을 알리고 있습니다.

이들 기업은 모두 디지털 플랫폼에서 엄청난 팬덤을 만들어 성장한 포노 사피엔스 문명의 대표 기업입니다. 라이브 방송이나 인스타그램을 보고 물건을 구입하는 미디어커머스도 크게 성장 중입니다. 이제

옷을 사고 싶을 때 폰을 여는 시대로 표준이 이동하고 있음을 소비자 데이터가 입증하고 있습니다.

집을 구하는 방식도 달라졌습니다. 이제 집을 구할 때도 디지털 플랫폼을 활용합니다. 1인 가구가 크게 늘면서 앱 서비스 '직방'과 '다방'은 집 구하는 대표 플랫폼이 되었고 기업 가치도 수천억 원에 이르고 있습니다. 2019년에는 부동산 투자를 위한 법도 바뀌었습니다. 이제 많은 사람이 펀드를 모아 부동산 개발을 할 수 있는 시대가 열렸습니다. 온라인 플랫폼에서 펀드를 모집해 개발 시행사업을 하는 방식은 이미 해외에서도 많은 국가가 운영하고 있습니다. 우리는 이미 집도, 빌딩도 디지털 플랫폼을 통해 거래하고 개발하는 새로운 문명 시대에 진입했습니다. 의식주衣食住라는 인간의 기본 소비 생활의 표준이 디지털 플랫폼으로 이동한 것입니다.

스마트폰이 등장한 지 불과 13년 만에 인류는 마치 인공장기처럼 이 도구를 활용하며 새로운 문명 세계, 새로운 시장 생태계를 만들어가고 있습니다. 그리고 우리나라는 전체 인구 95% 이상의 사람들이 이 도구를 사용하면서 신문명 흡수에 가장 빠른 적응력을 보이는 나라가 되었습니다.

우리나라가 다른 나라들에 비해 상대적으로 코로나 사태를 잘 극복하고 있는 것은, 국민 모두 접촉 없이 생활할 수 있는 언택트 소비 생태계가 잘 만들어져 있기에 가능했습니다. 애프터 코로나 시대에는 언택트 문명이 표준이 됩니다. 우리가 이 문명을 관찰자의 입장에서 벗어나 주관자로 다시 보아야 하는 이유입니다.

코로나 전후의
글로벌시장

2017년, 스마트폰 탄생 10년이 되자 글로벌시장의 판도가 바뀌었습니다. 세계 5대 기업(시가총액 기준)은 애플, 구글, MS, 아마존, 페이스북이 되었습니다. 여기에 중국의 거대 플랫폼 기업들이 가세합니다. 온라인 유통으로 성장한 알리바바Alibaba와 메신저 앱 위챗WeChat으로 중국인을 사로잡은 텐센트Tencent가 바로 그들입니다. 이 기업들 사이에 이름을 올린 기업은 버크셔 헤서웨이Berkshire Hathaway인데, 7대 플랫폼에 투자해 거액을 벌어들인 투자금융 회사입니다.

결국 세계 최고 기업들은 모두 플랫폼 기업, 다른 표현으로 하면 '포노 사피엔스 문명을 창조한 기업'들이 차지하게 되었습니다. 이 기업들이 코로나19 이전과 이후로 어떤 행보를 보였는지, 더 자세히 알아보도록 하겠습니다.

BEFORE 코로나

(2020년 1월 1일 기준)

2020년 1월, 애플의 시가총액은 1,500조 원을 넘어서며 또 한 번 세계 경제를 놀라게 했습니다. 2019년 12월 4일 애플이 시가총액 1,402조 원을 기록하자 우리나라 증권시장은 충격에 빠졌는데, 같은 날 우리나라 코스피 상장기업 전체 총액 1,384조 원(12월 5일 종가 기준)을 훌쩍 뛰어넘었기 때문입니다.

시가총액은 투자 자본이 생각하는 기업의 미래 가치라고 할 수 있습니다. 실적, 성장동력, 기업환경, 기대치 등 시가총액에 반영되는 모든 기준에서 우리나라 코스피 상장 모든 기업의 가치 합계가 애플 하나보다도 못하다는 평가가 나온 것입니다. 이날 각종 경제지와 신문 경제면의 헤드라인은 '코스피 굴욕의 날'이었습니다. 우리 경제의 암울한 미래를 현실로 느끼게 한 하루였죠.

실제로 2019년 1년 동안 애플의 주가는 66% 상승한 반면, 우리나라 코스피 지수 상승률은 2.5%에 그쳤습니다. 글로벌 투자 자본 입장에서 우리나라에 투자하고 싶은 기업이 별로 없었다는 뜻입니다. 대한민국 기업의 미래에 대한 냉정한 자본의 평가라고도 할 수 있습니다.

애플 다음을 잇는 2위 기업은 MS였습니다. 2018년 12월, 16년 만에 세계 1위로 복귀한 MS는 1,400조 원이 넘는 시가총액으로 애플과 앞서거니 뒤서거니 하며 세계 최고의 기업 반열에서 경쟁 중입니다.

이제 MS의 주력 상품은 우리가 생각하는 윈도우즈나 MS오피스가 아니라 클라우드 서비스 애저^Azure^입니다. 디지털 플랫폼 기반의 경영에 핵심이 되는 클라우드 서비스, 빅데이터 분석, 머신러닝을 제공하는 애저는 클라우드 서비스 시장 점유율 1위를 기록하며 포노 사피엔스 시대 비즈니스 혁신을 선도하는 서비스로 자리 잡았습니다.

3위는 포노 사피엔스 시대의 대표 플랫폼 기업 구글이었습니다. 구글은 검색엔진에서 출발해 유튜브를 성공적으로 인수하면서, 세계 최고의 광고기업이 되었습니다. 유튜브는 2019년 광고 매출을 18조 원이라고 발표했죠. 매출의 86%(2018년 기준)를 광고 수입으로 올리는 기업이니 현재 분류로는 광고기업이 맞긴 하지만 안드로이드와 구글, 크롬, 지메일^Gmail^을 통해 포노 사피엔스 시대의 대표적 생활 플랫폼으로 성장한 기업이라고 보는 것이 더 정확해 보입니다.

물론 아직 매출이 많지 않지만 빅데이터, 인공지능, 자율주행 등 4차 산업혁명 시대를 이끄는 전 분야에서 선두 주자로 최고의 경쟁력을 확보하고 있는 미래 혁신 대표 기업입니다. 구글도 2020년 1월 시가총액 1조 달러를 돌파하며 '1조 달러 기업'에 이름을 올렸습니다. 견실한 광고 매출에 더해 높은 기술력이 실적을 만들 때가 되었다고 자본의 평가를 받은 것입니다.

4위는 포노 사피엔스의 유통기업 아마존이었습니다. 아마존은 포노 사피엔스의 소비 방식을 창조한 대표 플랫폼 기업입니다. AWS(아마존 웹서비스)는 여전히 세계 1, 2위를 다투는 클라우드 서비스로 아마존의 캐시카우 역할을 하고 있고, 온라인 유통 산업은 갈수록 더 견고하게 확장되고 있습니다.

2020년 국제전자제품박람회^{CES}에서 아마존은 새해에만 20%가량의 물류센터를 증설하겠다고 발표한 바 있습니다. 로봇 '키바'를 기반으로 운영되는 이 자동화 물류센터는 아마존에 더 많은 매출과 혁신의 힘을 더해줄 것으로 기대됩니다. 이미 빅데이터 분석과 머신러닝의 도입으로 오프라인 유통기업들에 비해 강력한 가격 경쟁력을 확보한 아마존이 전 북미 지역에서의 물류 자동화와 장거리 자율주행 배송, 드론 택배까지 현실화한다면 유통 지배력은 더욱 거세질 것으로 예상됩니다.

5위는 페이스북이었습니다. 2020년 1월 1일 기준 시가총액은 687조 원입니다. 앞선 4개 기업에 비하면 아직 작은 기업이지만 성장 가능성은 무궁무진합니다. 특히 마크 주커버그$^{Mark\ Zuckerberg}$가 헐값에 인수한 인스타그램은 페이스북과 함께 엄청난 속도로 발전하며 세계인의 핵심 플랫폼으로 성장했습니다. 아직 매출의 97%를 광고에 의존하는 페이스북은 사업 다각화를 통해 기업 가치를 높이는 데 주력하고 있습니다.

특히 2019년 세계 최대 메신저 앱인 '와츠앱'을 기반으로 하는 플랫폼 사업과 암호화폐 기반의 '페이먼트' 비즈니스에 투자를 시작했습니다. 그러면서 블록체인 기반의 코인화폐 리브라를 만들겠다고 예고했는데, 이는 동종업계를 충분히 놀라게 할 만합니다. 우리의 토종 메신저 앱 '카카오'가 뱅킹(카카오뱅크)과 페이먼트(카카오페이)에 진출한 사례를 보더라도 페이스북이 당연히 욕심낼 만한 사업입니다.

페이스북, 인스타그램, 와츠앱을 보유한 마크 주커버그는 세계인의 생활양식을 바꾼 주인공이자 전 세계 기업인들이 가장 주목하는 CEO

중 한 명이 되었습니다. 그 시작은 남녀 간에 소개팅을 시켜주는 웹사이트에 불과했는데 말이죠. 이미 2010년 26세의 나이에 〈타임〉이 선정한 '올해의 인물'이 되었던 이 청년은 이제 36세의 나이로 새로운 인류 생활의 플랫폼을 디자인하며 재창조하고 있습니다. 윈도우즈를 만든 빌 게이츠가 컴퓨터의 시대를 열었고, 이후 스티브 잡스는 포노 사피엔스 문명의 창조자가 되었습니다. 플랫폼 문명의 리더가 된 주커버그는 또 어떤 미래를 만들지 기대가 됩니다.

6위는 중국의 전설이 된 알리바바^{Alibaba}였습니다. 1999년 영어교사였던 마윈이 세운 이 회사는 숱한 신화 같은 이야기를 남기며 600조 원이 넘는 기업으로 성장했습니다. 2014년 미국 나스닥에 상장시키며 글로벌기업으로 자리 잡은 알리바바는 중국 온라인 쇼핑의 80%를 차지하는 유통 거인으로 성장했습니다. B2B, B2C, C2C에 이어 D2C^{Direct to Customers} 시장인 왕홍 마켓까지 거의 모든 유통의 창조자이자 지배자가 알리바바입니다. 특히 온라인 거래를 쉽게 하기 위해 도입한 알리페이^{Alipay}는 이제 알리바바의 주력 사업입니다.

마윈은 "나는 천재를 이끌었던 바보였다."라는 말을 남기고 2019년 창업 20주년을 맞아 회장직에서 물러났습니다. 그의 뒤를 이어 회장 자리에 오른 장융은 재무통의 CEO로 알리바바의 글로벌시장 진출을 통한 또 한 번의 도약을 준비하고 있습니다. 물론 온라인시장이 급성장하면서 경쟁도 치열해졌지만, 중국의 원조 유통 플랫폼으로의 위상은 여전히 견고합니다. 우리나라 금융 벤처기업에 가장 많은 투자를 하는 기업이기도 합니다.

7위는 세계적인 투자가 워런 버핏^{Warren Buffett}이 운영하는 버크셔 해서웨이로, 앞서 언급한 플랫폼 기업들에 투자하여 거액을 번 것으로 유명합니다.

8위는 다시 플랫폼 기업 차지입니다. 중국의 대표 플랫폼 텐센트입니다. 마화텅 회장이 창업한 이 기업은 메신저 앱을 플랫폼으로 성장시킨 대표 기업입니다. 'QQ'라는 PC용 메신저 앱으로 처음 사업을 시작한 이 기업의 모토는 '카피^{copy}'입니다. "카피는 제2의 창조."라는 말은 텐센트가 입증했다고 해도 과언이 아닙니다. 마화텅은 직원들에게 "고양이를 보고 카피하되 호랑이를 그려라."라며 좋은 것은 대놓고 빨리 베껴서 사업화하라고 강조해왔습니다.

실제로도 텐센트의 서비스 대부분은 카피해서 만들어낸 것입니다. 스마트폰 메신저 앱의 세계 최강인 '위챗'도 도입 초기 카카오톡을 그대로 베껴서 론칭했습니다. 물론 카카오에 지분을 투자해놓고 말이죠. 엄청난 속도로 다양한 앱 서비스를 도입한 텐센트는 특히 게임 분야에서 거대한 성공을 거두며 세계 1위 게임 기업으로 도약했습니다.

그 매출을 바탕으로 전 산업 분야로 투자를 확대했고 가장 힘이 된 것은 10억 명이 쓰고 있는 메신저 앱 위챗입니다. 이미 텐센트가 투자한 기업만 200개가 넘습니다. 유통, 방송, 금융, 보험 등 오히려 진출하지 않은 분야를 찾기가 힘든 지경입니다. 특히 위챗페이^{WeChat Pay}는 알리바바의 알리페이와 쌍벽을 이루는 중국의 대표적인 결제 수단이 되었습니다.

이제 중국시장은 알리바바와 텐센트의 플랫폼 전쟁 상태라고 해도 과언이 아닙니다. 여기에 다양한 벤처기업들이 속속 등장해 우후죽순처럼 자라면서 중국 경제에 활력을 불어넣고 있습니다. 제조업이 주춤하는 중국 사회에서 1,000조 원이 넘는 글로벌 투자 자본을 유치한 이들 기업이 혁신을 선도하는 것은 당연한 일입니다.

그런데 여기서 재미있는 사실은, 이 두 기업군을 키운 것이 놀랍게도 중국 공산당이라는 것입니다. 구글도, 유튜브도, 카톡도 다 못 쓰게 막으며 애지중지 이들을 키운 거죠. 그래서 중국 문명의 표준은 디지털 문명, 중국 인민의 표준은 포노 사피엔스라고 이야기하는 것입니다. 법과 제도가 이들의 성장을 뒷받침하지 않았다면 이들은 결코 세계적 기업으로 성장할 수 없었을 것입니다.

제일 분명한 사례가 바로 우버 서비스 도입입니다. 중국 정부는 2012년 우버를 전격 허용하면서 국내 토종 기업 디디다처Didi Dache와 콰이디다처Kuaidi Dache를 설립해 우버와 경쟁하게 했습니다. 그러나 정부의 지원을 받는 데다 국내 택시산업 사정을 잘 아는 중국 기업을 우버차이나가 쉽게 이기기는 어려웠습니다. 결국 우버차이나는 지분을 처분하고 철수했습니다. 그렇게 시장이 평정되자 디디다처, 콰이디다처를 통합해 디디추싱Didi Chuxing이라는 거대 택시 플랫폼을 설립했습니다. 이는 중국 공산당의 전형적인 시장 공략 전략입니다.

어느새 중국은 스마트폰으로만 택시를 타는 문화로 이동해버렸습니다. 우리는 아직도 까마득한 이야기인데 말이죠. 정치적으로 보자면 우버나 택시 중 어느 것이 더 낫다고 할 수는 없습니다. 명백한 것은 소비자의 선택이라면 편리함의 측면에서 새로운 문명이 유리하다는 점입니다. 우리도 어느 쪽 문명에 서 있을 것인지 결정해야 합니다.

중국이 포노 사피엔스 문명으로 전환하자, 영향권에 있는 동남아시아 국가들도 빠르게 움직입니다. 태국, 베트남, 인도네시아 등 과도한 비용 탓에 디지털 문명에 뒤처져 있던 동남아 국가들은 중국을 모범답안 삼아 포노 사피엔스 사회로 빠르게 진화하고 있습니다. 거대시장으로 부상하는 인도도 엄청난 속도로 스마트폰 사용자와 문명이 확산 중입니다.

AFTER 코로나

(2020년 5월 6일 기준)

코로나19 사태로 이들 7대 플랫폼에도 당연히 폭풍이 몰아쳤습니다. 그런데 이들에게는 위기가 아니라 높이 비상하는 '기회의 바람'이었습니다. 전례 없던 격리 생활이 시작되면서 인류는 생존을 위해 강제로 디지털 플랫폼으로 삶의 공간을 옮겼고, 이로 인해 7대 플랫폼은 가입자와 매출이 크게 증가했기 때문입니다. 애플, 마이크로소프트, 구글, 아마존, 페이스북, 알리바바, 텐센트는 세계 7대 기업으로서의 입지를 더욱 공고히 다졌고, 시가총액 합계는 불과 네 달 만에 거의 1,000조가 늘어 7,778조 원이 되었습니다. 5월 6일 기준 각 기업의 시가총액과 순위는 다음과 같습니다.

마이크로소프트가 1위에 오르고 애플, 아마존, 구글까지 4개 기업의 시가총액이 1,000조 원을 넘었습니다. 텐센트도 버크셔 헤서웨이를 밀어내고 7위가 되었습니다. 이제 우리나라 코스피 시가총액 합계보다 높은 기업이 3개나 됩니다. 그사이 코스피 시가총액은 2,000포인트 빠졌습니다. 자본은 '제로섬 법칙'을 따릅니다. 7,700조의 돈이 플랫폼에 몰리면 다른 기업의 주가는 떨어지기 마련이죠. 코로나로 인해 자연스럽게 기업 생태계가 바뀌는 것입니다.

애프터 코로나 시대에 이들이 폭풍 성장한 이유는 명확합니다. 인류는 그 짧은 경험을 통해 포노 사피엔스가 생존에 훨씬 유리하다는 걸 눈치챈 것입니다. 비대면 산업을 육성해야 한다고 우리 정부가 '한국판 뉴딜 정책'을 발표한 것도 이와 같은 맥락입니다.

자본의 투자는 기업을 성장시키고 일자리를 만들어냅니다. 7,700조 원이 쏟아져 들어오면 시장을 빠르게 움직이는 힘이 됩니다. 포노 사피엔스 문명과 관련된 기업들이 우후죽순처럼 성장하는 것은 당연한

순위	기업	국가	시가총액(원)
1	마이크로소프트	미국	1,676조
2	애플	미국	1,578조
3	아마존	미국	1,419조
4	구글(알파벳)	미국	1,128조
5	페이스북	미국	722조
6	알리바바	중국	640조
7	텐센트	중국	617조

세계 7대 기업 시가총액 순위(2020. 5. 1 기준)

일입니다. 자본은 냉정합니다. 앞으로 성장 가능성이 있는 쪽에 투자가 일어나기 마련입니다. 자본이 주목하는 것은 애프터 코로나 시대의 포노 사피엔스 기업들의 성장 속도입니다. 놀라운 속도로 사용자가 증가하니 자본도 빠르게 이동합니다. 거대 자본이 투자된 방송, 금융, 유통, 교통, 교육 등 인류의 일상과 관련된 모든 분야에서 변화의 속도는 상상 이상입니다.

더욱이 포노 사피엔스 관련 디지털 비즈니스는 베끼기가 쉽습니다. 앞선 국가에서 성공한 기업들을 그대로 카피해서 새로운 시장에 적용하기만 하면 되니까요. 대부분 비즈니스 모델에는 특별한 특허권이 없습니다. 그래서 그 확산 속도는 무섭기까지 합니다. 한 번 사용해본 사람들은 또 금세 적응합니다. 디지털 플랫폼에서 스마트폰을 이용해 음악을 듣고, 방송을 보고, 밥을 사 먹고, 물건을 사고, 금융 거래를 하고, 심지어 이제는 교육에도, 업무에도 스마트폰을 활용합니다. 이렇게 되면 모든 상식이 바뀔 수밖에 없습니다.

코로나19는 사람들에게 포노 사피엔스 문명을 강제로 경험하게 작용했고, 이로 인해 포노 사피엔스 문명은 무서운 속도로 상승 중입니다. 그 기대치는 다시 7대 플랫폼의 시가총액을 끌어올립니다. 2020년 상반기 마지막 날 7대 플랫폼의 시가총액을 다시 한번 정리해 보았습니다. 2개월도 채 가기 전에 또 900조 원이 증가해 무려 8,604조 원을 기록했습니다.

코로나 사태 이후 많은 사람들이 투자에 관심을 갖고 참여하고 있습니다. 코로나 위기로 부침을 거듭하고 있는 주식시장에서 큰 수익을

순위	기업	국가	시가총액(원)
1	애플	미국	1,879조
2	마이크로소프트	미국	1,796조
3	아마존	미국	1,603조
4	구글	미국	1,141조
5	페이스북	미국	752조
6	텐센트	중국	735조
7	알리바바	중국	698조
8	버크셔 헤서웨이	미국	514조
9	존슨앤존슨	미국	438조
10	삼성전자	한국	358조

세계 7대 기업 시가총액 순위(2020. 6. 30. 기준)

남길 수 있다는 희망이 이들을 끌어들인 것입니다. 포노 사피엔스 시대에는 주식 거래도 쉽고 주식 관련 정보를 얻기도 쉽습니다. 그들이 개인 투자에 열을 올리는 것도 당연합니다. 우리나라도 이 개인 투자자들을 '동학 개미'라고 부르며, 이들 덕분에 코로나 사태 이후에도 주식 폭락을 막을 수 있는 것이라고 분석합니다.

그런데 이들이 선택한 기업군이 바로 포노 사피엔스 문명의 표준 기업들이라는 것입니다. 미래에도 성장할 것으로 기대되는 기업들은 글로벌시장에서도 포노 사피엔스 기업들이고, 국내에서도 플랫폼 기업들입니다. 네이버는 시가총액 45조 원으로 당당히 우리나라 모든 기업 중 4위를 차지합니다(2020년 7월 20일 기준). 우리나라 3대 통신 기업인 'SK텔레콤', 'KT', 'LGU플러스'의 시가총액 합계는 30조 원이 채 되지 않습니다. 카카오의 시가총액도 28조 원으로 29조 원의 현대자동차와 순위 다툼 중입니다.

카카오는 4,800만 명이 넘는 사용자를 보유한 국민 메신저 카카오톡을 기반으로 거의 모든 영역으로 사업을 확장 중입니다. 이미 투자한 자회사가 97개가 되는 거대 기업그룹이 되었습니다. 지금 이 두 기업은 알리바바와 텐센트를 벤치마킹하며 플랫폼 기반의 사업확대에 총력을 기울이고 있습니다.

특히 아시아시장을 개척하며 글로벌 플랫폼으로의 도약을 꿈꾸고 있어 성장에 대한 기대치가 그 어느 때보다 높습니다. 그런데 우리 사회 경제 뉴스를 보면 여전히 제조업 중심의 소식만 가득합니다. 코로나 이후 얼마나 힘든지, 어떤 점이 문제인지를 부지런히 분석하며 생존 전략을 모색합니다.

그런데 세계 7대 플랫폼의 약진에 관한 특별방송도, 이들의 비즈니스 모델이 어떻게 변화했는지에 대한 탐사보도도 없습니다. 이해는 갑니다. GDP의 28%를 제조업이 차지하는 우리나라 입장에서 보면 제조 관련 뉴스를 주로 다루는 것이 당연합니다. 또 비즈니스 모델이 무엇인지 잘 모르겠는 플랫폼 소개는 노력이 많이 필요한데 전문가도 찾기가 쉽지 않습니다. 반면 제조 분야는 늘 하던 일이니 편안합니다. 그러다 보니 우리는 세계의 자본이 투자하고 있는 포노 사피엔스 관련 기업에 대해서는 깊이 이해하고 공부할 기회를 잃어가고 그런 모호한 기업들보다는 여전히 제조업에 집중해야 한다고 믿게 됩니다. 문제는 이 기업들의 일자리가 계속해서 줄어들고 있다는 것이죠.

애프터 코로나 시대에 대한 자본의 메시지는 더욱 극명하게 나타나고 있습니다. 포노 사피엔스 문명에 대한 투자는 불과 6개월 사이에 1,800조 원이 증가했습니다. 시가총액은 미래에 대한 기대치입니다. 전 세계 동학 개미들은 포노 사피엔스 문명에 대한 기대치를 더욱 높게 평가하고 있습니다. 심지어 자동차도 테슬라Tesla가 세계 1위 자동차 기업이 되었습니다. 시가총액 300조 원을 돌파하며 250조 원에 머문 일본의 '토요타'를 제친 것입니다. 모든 조종은 터치 패널touch panel로 하고, 차 운전과 관리에 필요한 소프트웨어는 수시로 업데이트해 사용하는 테슬라의 자동차는 포노 사피엔스들의 '드림카'입니다. 이 회사는 오프라인 판매도 없애고 모든 거래는 스마트폰으로 하도록 거래 표준도 바꾸어버렸습니다.

8,600조 원의 돈은 시장을 바꾸는 실질적인 힘이 됩니다. 교통, 유통, 방송, 광고, 호텔, 교육, 의료 등 거의 전 분야에서 혁명적 변화가 예고됩니다. 2009년 등장한 우버는 세계 인구 45억 명이 사용하는 모빌리티mobility 서비스가 되었습니다. 이제 우버를 사용하지 않는 나라는 대한민국, 일본, 이탈리아, 스페인, 독일 등 5개 나라만 남았습니다. 가장 바꾸기 어렵다는 의료에도 원격진료가 활발히 도입되고 있습니다. 코로나19라는 비상사태가 전환점이 되고 있는 것도 분명합니다. 교육도, 방송도, 광고도, 호텔도 어느 것 하나 비즈니스 모델의 변화가 없는 영역이 없습니다.

특히 애프터 코로나 시대의 변화는 더욱 과격해지고 있습니다. 2020년 8월이 되자, 또다시 1,000조 원의 자본이 늘어 7대 플랫폼의 시가총액 합계는 9,600조 원을 돌파했습니다. 이제 혁신은 선택이 아닌 생존의 문제가 되고 있는 것이죠. 소비자의 표준 행동이 포노 사피엔스로 바뀌는 것에 더해 9,600조 원의 자본이 혁명의 속도를 높여가고 있습니다. 우리 마음의 표준, 우리 사회의 표준을 바꾸어야 하는 이유는 많이 있습니다. 그러나 생존보다 중요한 이유는 없을 것입니다. 코로나 사태 이후 파산한 수많은 기업들을 보면서 이제는 문명의 전환이 생존의 문제가 되었음을 절실하게 느끼게 됩니다. 내 마음의 표준을 바꾸는 일은 나와 우리 가족, 그리고 우리 사회의 생존을 결정하는 문제입니다. 신중하게 잘 생각하고 풀어가야 하는 이유입니다.

Metacognition

아는 것과 모르는 것을 알면
한계가 사라진다

CODE 1

메타인지

스마트폰이 우리 뇌처럼 신체의 일부고 검색이 허용되는 상황이라면, 어떤 질문이나 잘 모르고 있던 정보 앞에서도 나의 메타인지는 '그건 알 수도 있겠네'라고 생각하기 시작합니다. 메타인지에 근본적인 변화가 생기는 것이죠.

이건 작은 출발에 불과합니다. 스마트폰을 통해 지식 네트워크에 접속하면 학습 능력은 폭발적으로 향상됩니다. 그리고 이것을 오랫동안 익숙하게 익힌 사람이라면 자기가 무엇을 할 수 있는지에 대한 영역이 더욱 확대됩니다. 더 뛰어난 지적 능력과 성취도를 가진 사람이 되는 것이죠.

그래서 검색할 줄 아는 능력, 검색을 통해 원하는 것을 빠르게 알아내는 능력은 매우 중요한 '지적 능력'이 됩니다. 학교에서, 학원에서 정해진 내용을 배우고 외우는 기존 학습 방식에 '스스로 찾아 학습하기', '검색해서 알아내기'라는 새로운 영역의 학습 방식이 등장한 것입니다.

'더 많은' 사람이
맞다고 생각하는 것이
표준이다

세계적인 경제 상황에 변화의 바람이 불고 있다는 사실은 잘 알겠습니다. 그런데 그게 우리와 무슨 관계가 있을까요? 아니, 그런 세계적인 변화에 맞추어 우리는 어떤 준비를 하고 어떻게 변화해야 할까요? 근본적으로 생각과 삶에 어떤 변화를 시작해야 할까요?

지금 여기서 바로, 알려드리겠습니다. 일단 지금껏 당연하다고 생각했던 인간에 대한 보편적인 기준과 사회에 대한 시각을 다시 정리해야 합니다. 우선 나의 일상이 어떻게 변해 있는지 확인해보는 것이 그 시작입니다.

아침에 눈을 뜨는 시점부터 살펴보겠습니다. 일단 스마트폰에서 울리는 알람으로 깨어날 것입니다. 눈 비비며 일어나 시끄럽게 울리는 알람을 끄고, 곧바로 밤새 온 메시지가 없는지 확인하고 SNS 앱 아이콘을 누를 것입니다. 밤사이 타임라인에 새로 올라온 소식들을 확인하고 포털에 뜬 뉴스도 훑습니다. 새벽에 자느라 놓친 토트넘 경기의 손흥민 골을 다시 보기 합니다. 세상사가 궁금하면 현재 실시간 검색어 1위에 무엇이 떠 있는지 보면 해결이 됩니다. 오늘 날씨는 어떤지 날씨 앱으로 확인하고 옷차림을 결정합니다.

너무나 익숙한 우리의 아침 모습입니다. 그런데 이 모든 과정에서 나의 선택이 발생합니다. 오래전으로 갈 것도 없이, 딱 10년 전만 해도 우리나라 국민의 70%가 신문이나 아침 TV 뉴스를 통해 이런 정보를 얻었습니다. 밤새 일어난 뉴스와 화제, 날씨 등을 알기 위해 아침 뉴스와 신문을 챙겨보는 것으로 시작했던 때가 기억나실 겁니다. 그러나 이제는 각자 알아서 원하는 정보를 챙깁니다.

그래서 생각이 달라집니다. 신문은 다양한 정보를 담고 있지만 제한된 공간에서 제한된 내용을 다룹니다. 반면, 스마트폰에서의 선택 범위는 거의 무한합니다. 개인의 선택에 의해 정보 습득의 표준이 각기 다르다는 것은 생각의 표준 역시 달라진다는 것을 의미합니다.

일할 때도 마찬가지입니다. 필요한 정보가 있을 때 과거에는 전문가에게 물어보거나 도서관을 찾아야 했다면, 이제는 대부분 검색을 통해 해결할 수 있습니다. 암기만으로 지식을 습득하던 시대에서 검색이 정보 습득의 능력이 되는 시대가 되었습니다. 검색만 허용된다면 단편적인 암기형 지식은 누구나 가질 수 있는 동등한 능력이라고 할 수 있습니다. 디지털 서비스 활용 능력과 검색 능력은 인류의 매우 중요한 지적 능력이 되었습니다.

외국어 번역도 실시간으로 가능한 시대입니다. 계좌 이체를 하기 위해 ATM기를 찾는 것이 아니라 스마트폰에서 은행 앱을 찾습니다. 대화는 대부분 SNS를 통해 해결합니다. 메신저로 실시간 대화와 회사 업무를 공유하는 것은 기본이고 밴드, 트위터, 페이스북, 인스타그램, 유튜브를 통해 서로 소통하고 의견을 교환합니다. 사람과 사람이 만나 인연을 맺고 네트워킹하는 방식이 아예 통째로 바뀌었습니다.

하루 중 카카오톡 같은 메신저 앱을 통해 타인과 대화를 몇 번이나 하는지 한 번 체크해보십시오. 음성 통화를 통한 소통보다 메신저를 통한 소통이 아마 몇 배는 더 많을 것입니다. 그렇다면 이제는 이것이 소통의 표준이 된 것입니다. 사실 세상이 표준이라고 말하는 것의 쉬운 말은 '많은 쪽'입니다. 더 많은 사람이 당연하게 쓰고 있는 것, 더 많은 사람이 맞다고 생각하는 것이 표준이 됩니다.

그렇다면 새로운 소통 방식의 표준인 SNS에 대해 얼마나 잘 알고 있고 얼마나 잘 사용하고 있는지 생각해보겠습니다. 메신저를 거리낌 없이 잘 사용하고 계십니까? 텍스트뿐만 아니라 이모티콘이나 사진 첨부 기능, 연락처 공유 기능 등도 적절히 활용할 수 있습니까? 인스타그램이나 페이스북을 하고 있다면 친구는 얼마나 있습니까? 적절한 사진이나 일상을 통해 사람들과 교감하고 있습니까?

만일 이런 것들을 잘 사용할 줄 모르거나, 이런 것에 시간을 보내는 것은 '인생의 낭비'라고 치부해버렸다면 다시 생각해볼 필요가 있습니다. 하루 종일 메시지만 보내고 있고, SNS에 '좋아요'가 몇 개 달리는지에 목숨을 걸어야 한다는 뜻이 아닙니다. 내가 현재 세상과 그리고 사람들과 소통하는 방식에 문제가 없는지, 나의 주변 사람들은 어떤 생각을 가지고 있는지, SNS에서는 어떤 방식으로 소통이 일어나는지 챙겨야 합니다. 사람들이 눈살을 찌푸리거나 세상에 물의를 일으키는 이야기는 어떤 것이고, 좋은 영향을 끼치는 이야기와 선한 파장을 일으키는 소통은 어떤 것인지 가리고 살피면서 잘못된 것은 피하고 잘한 것은 배우는 등 이 세계의 새로운 소통 방식에 대해 스스로 습득하고 학습하는 일종의 노력이 필요합니다.

사실 그동안 우리나라 기성세대는 이런 디지털 문명으로의 변화를 부작용의 관점에서만 바라보았습니다. 지성인이라면 종이 신문 한두 개는 보아야 하고 저녁 8시 뉴스는 기본, SNS는 멀리하는 것이 잘하는 것이라 믿어왔습니다. 스마트폰으로 무언가를 하는 것은 불편하다는 이유로 '나는 아날로그형 인간'이라며 일부러 외면해왔습니다. 50대의 절반, 60대의 80% 이상이 스마트폰 뱅킹을 거부해온 것만 보아도 알 수 있습니다.

그런데 코로나19 사태로 인해 인류 표준의 변화가 강제로 가속화되었습니다. 이러한 디지털 문명을 거부했던 세대조차 강제로 디지털 문명, 포노 사피엔스형 생활을 경험하게 되었기 때문입니다.

《사피엔스》의 저자 유발 하라리^{Yuval Harari}는 현생 인류가 지구상에 번성하게 된 가장 큰 이유로 우수한 지적 능력과 커뮤니케이션에 기반한 협업의 힘을 꼽았습니다. 그리고 생존에 유리한 변화를 선택하라는 DNA의 진화 명령은 이를 더욱 강력하게 발전해왔습니다. 포노 사피엔스로의 진화는 지적 능력과 커뮤니케이션에 혁명적 변화를 가져온 사건입니다. 지적 능력과 커뮤니케이션 능력에 근본적인 변화가 생겼다면, 인류의 표준도 당연히 달라집니다. 표준을 따라 생각의 기준 역시 변화를 겪습니다.

세대 간 차이라고 덮어버릴 일이 아니라, 새로운 표준이 등장한 세계를 인정하고 문명을 바라보는 시각을 바꾸어야 합니다. 그래야 새로운 시대를 살아갈 수 있습니다. 애프터 코로나 시대, 인류의 표준은 이제 포노 사피엔스입니다.

검색할 수 있다면
'내 지식'이 된다

표준이 바뀌면 '메타인지'를 바꾸어야 합니다. 인간의 가장 큰 특징 중 하나는 메타인지입니다. 위키백과에서는 메타인지를 다음과 같이 정의합니다.

> 메타인지 🔍

메타인지(meta認知, metacognition): '인식에 대한 인식', '생각에 대한 생각', '다른 사람의 의식에 대한 의식' 그리고 더 높은 차원의 생각하는 기술이다.

즉 '내가 무엇을 모르고 있는지를 아는 능력', 나를 객관적으로 판단할 수 있는 '또 하나의 자아적 인식'이라고 이야기합니다. 더 높은 차원의 생각, 하늘에서 나를 내려다보는 것과 같은 생각입니다. 메타인지가 높은 사람들이 목표에 대한 성취도가 높다고 알려져 아이들의 메타인지를 어떻게 높이느냐에 대한 사람들의 관심이 높습니다. 내가 과연 누구인지 멀리 떨어져 객관적으로 바라보고 판단할 수 있는 능력이 뛰어나야 부족한 것을 빠르게 채우고 능력을 개발할 수 있다는 것입니다.

포노 사피엔스가 인류의 표준이 되었다면, 메타인지에 대한 기준도 달라져야 합니다. 지적 능력부터 살펴보겠습니다. 우리는 학교에서 학습하고 시험과 각종 평가를 통해 지적 능력을 확인해왔습니다. 그래서 시험 성적은 자신을 판단하는 중요한 잣대였습니다. 사회에 나가 성공하려면 학교에서 시험을 잘 봐야 합니다. 공부하고 이해해서 그것을 누군가에게 설명할 수 있을 만큼의 능력을 갖게 되면 메타인지는 그것을 내가 '아는 것'으로 인지합니다. 그런데 포노 사피엔스는 지적 영역을 확대할 수 있는 '검색'이라는 새로운 능력을 지녔습니다. 잘 모르고 있는 것도 검색하면 찾아서 알 수 있다는 것을 뇌는 이미 알고 있습니다. 잘 모르는 것은 물론이고 아는 것도 검색을 통해 확인합니다. 마치 뇌 속에 있는 지식을 꺼내어 보듯이 말이죠.

그렇다면 나를 바라보는 객관적 메타인지도 달라집니다. 내가 지금 모르고 있을지 몰라도, 검색을 통해 찾아내면 알 수 있을 거라고 생각하는 것이죠. 내 지적 능력에 대한 판단 기준이 엄청나게 확대된 것입니다.

지적 능력뿐만 아니라 삶의 여러 방면의 능력도 확대됩니다. 회사

업무를 예로 들어보겠습니다. 소위 일을 잘하는 것, 업무 능력이 출중하다는 것은 '모든 것'을 다 잘하는 사람이 듣는 이야기가 아닙니다. 그들은 자기가 뭘 할 때 잘하고, 뭘 할 때 남들보다 좀 느리거나 부족한지 정확히 알고 있습니다. 일단 메타인지가 높죠. 이미 많은 사람이 자신의 장단점을 파악하고 있을 수는 있지만, 차이가 생기는 것은 다음부터입니다.

나의 특장점과 부족한 점을 알았을 때, 이들은 부족한 점을 메꾸기 위해 시간을 할애하지 않습니다. 대신, 잘하는 것을 더 잘 해내는 쪽으로 방향을 틀고, 그렇지 못한 부분은 그걸 잘하는 사람과 일을 나누거나 아웃소싱합니다. 공고를 올리고 사람을 뽑고… 이런 거추장스러운 과정은 필요 없습니다. 소셜 네트워크상에는 인적 자원이 상당히 풍부하니까요. 많은 사람들이 SNS를 비롯한 온라인 플랫폼을 통해 자신의 포트폴리오를 공유해놓습니다. 마치 지식을 검색하듯, 나에게 필요한 인력을 언제든지 찾아내어 활용할 수 있죠. 나를 객관적으로 판단할 수 있는 메타인지와 더불어 '인간관계망'과 '검색'이라는 능력을 갖춘 포노 사피엔스들은 이렇게 일을 합니다.

메타인지를 설명할 때 많이 나오는 질문이 이런 것입니다. '엘살바도르에서 세 번째로 인구가 많은 도시는?' 이런 질문을 받으면 '그런 걸 어떻게 알아. 모르지'라는 판단이 서죠. 그래서 '몰라요'라고 즉각 대답합니다. 이것이 메타인지입니다. 내가 모르는 것이 무엇인지 멀리 떨어져서 나를 바라보는 또 하나의 내가 정확히 아는 것입니다.

그런데 검색을 해보면 어떨까요? 엘살바도르의 주요 도시를 검색하고 그곳의 인구수를 비교하면 쉽게 답을 찾을 수 있습니다. 스마트폰이 우리 뇌처럼 신체 일부이고 검색이 허용되는 상황이라면, 나의 메타인지는 '그건 알 수도 있겠네'라고 생각하기 시작합니다. 메타인지에 근본적인 변화가 생기는 것이죠.

이것은 작은 출발에 불과합니다. 스마트폰을 통해 지식 네트워크에 접속하면 학습 능력은 폭발적으로 향상됩니다. 그리고 이것을 오랫동안 익숙하게 익힌 사람이라면 자기가 무엇을 할 수 있는지에 대한 영역이 더욱 확대됩니다. 더 뛰어난 지적 능력과 성취도를 가진 사람이 되는 것이죠. 그래서 검색할 줄 아는 능력과 검색을 통해 원하는 것을 빠르게 알아내는 능력은 매우 중요한 '지적 능력'이 됩니다. 학교에서, 학원에서 누군가에게 정해진 내용을 배우고 외우는 기존 학습 방식에 '스스로 찾아 학습하기', '검색해서 알아내기'라는 새로운 영역의 학습 방식이 등장한 것입니다.

그 힘은 무서울 정도로 강력합니다. 물론 현재의 학습 방식도 매우 중요합니다. 선생님으로부터 지식을 전수받는 것은 절대적으로 필요하기 때문입니다. 핵심 지식을 암기하고 뇌를 활성화하는 것 역시 여전히 중요합니다. 그런데 습득한 지식을 기반으로 스스로 호기심의 문을 열고 새로운 지식의 세계로 나아갈 수 있는 환경이 형성되면, 거기에서 멈추지 않고 개인의 능력치에 큰 차이가 생겨나기 시작합니다.

대표적인 사례가 있습니다. 바로 '드론 천재'로 알려진 초등학생 '진도영' 군의 이야기입니다. 진도영 군은 초등학교 4학년 시절 공군참모총장배 전국대회에서 가장 빠르게 드론을 조종해 챔피언이 되었습니다. 심지어 그 기록은 고등부를 뛰어넘었습니다. 5학년이 되자 코딩(프로그램) 드론에 푹 빠졌습니다. 드론에 프로그램을 더하면 카메라로 물체를 인식해 스스로 날아다니는 인공지능 드론을 만들 수 있습니다. 지금 초등학생인 진도영 군은 드론과 코딩, 인공지능을 배우고 있습니다. 그 출발은 열정적인 선생님입니다. 학생들에게 드론을 가르치는데 온 힘을 쏟은 선생님 한 분이 아이들의 호기심을 폭발시켰고 거기에 재능이 더해진 것입니다.

하지만 이것만으로는 초등학생이 드론 조종으로 성인을 이기기는 쉽지 않습니다. 결정적 도움을 준 것이 유튜브입니다. 유튜브에는 높은 수준의 드론 조종법이 모두 있습니다. 영상학습에 익숙한 요즘 아이들답게 진도영 군은 고난도의 조정법을 유튜브를 통해 빠르게 익히기 시작했습니다. 코딩도 인터넷을 통해 배웠습니다. 많은 사람이 개발해 공유해놓은 오픈소스open source를 이용해 드론을 날려보고, 거기에 또 자신의 호기심을 실현하여 더합니다. 사물을 인식하는 인공지능 프로그램은 구글의 오픈소스를 이용해 작성했습니다.

2015년 '구글 브레인Google Brain'에서 공개한 오픈소스 '텐서플로TensorFlow'는 누구나 손쉽게 사물 인식 프로그램을 짤 수 있도록 지원합니다. 특히 2019년 공개된 '티처블 머신러닝Teachable Machine Learning 2.0'은 6세 꼬마도 인공지능 프로그램을 만들 수 있을 만큼 쉽게 만들어져 있다고 하여 유명해졌습니다. 무료로 누구나 쓸 수 있는 이 프로그램은 머신러닝과 딥러닝을 활용해 이미지를 학습하고 구분하는 능력을 제공합니다. 말하자면 드론이 날아다니면서 교장 선생님을 만나 "교장 선생님 안녕하세요."라고 인사할 수도 있고, 내가 좋아하는 보라를 만나면 "보라야 안녕?"이라고 인사하는 지능을 갖게 되는 것이죠. 저조차 만들고 싶어집니다.

유튜브에 검색해봅니다. 키워드는 '6세 꼬마도 배우는 인공지능 프로그램'입니다. 사과와 토마토를 구분하는 프로그램을 어떻게 짜는지 아주 친절하게 설명하는 유튜브 영상[1]이 있습니다. 여기서 사과와 토마토를 교장 선생님 사진으로 바꾸어봅니다. 프로그램은 열심히 학습하며 교장 선생님의 얼굴을 익힙니다. 이렇게 유튜브 영상을 따라 공부하다 보면 불과 하루 만에 간단한 인공지능 프로그램을 완성하게 됩니다. 코딩에 익숙한 진도영 군은 이렇게 스스로 배워갔습니다. 초등학생이 드론 조종, 코딩 드론 그리고 인공지능 프로그래밍까지 유튜브를 통해 학습하는 시대가 열린 것입니다.

1. 세상에서 가장 쉬운 인공지능 만들기 1탄 | Teachable Machine으로 AI 과일도감 제작하기
https://www.youtube.com/watch?v=USQGTW34lO8

가상화폐는
메타인지로 만들어졌다

이렇게 인터넷과 유튜브를 통해 스스로 학습이 가능하다는 것을 경험한 진도영 군의 메타인지는 어떻게 변화할까요? 자신을 객관적으로 평가할 때 '내가 알고 있는 것'과 '인터넷을 통해 학습하면 배울 수 있는 것'에 대한 정의가 크게 확대될 것은 분명합니다. 그래서 더 멋진 일에 도전하고 또 성취하게 됩니다.

과거에는 어떤 분야에 호기심이 있고 재능이 있다고 하더라도 이런 공부를 하기가 어려웠습니다. 메타인지도 '이건 할 수 없는 거야'라고 판단할 수밖에 없었습니다. 높은 수준의 전문 지식을 습득하기 위해서는 비싼 학교에 다녀야 했고, 좋은 선생님이 필요했고, 이로 인한 많은 자본의 투입이 필요했습니다.

그런데 이 모든 것이 포노 사피엔스 문명에서 해결되었습니다. 혹시

진도영 군이 강남의 어느 사립초등학교에 다닐 것이라고 생각하셨나요? 아닙니다. 진도영 군은 익산 용성초등학교 학생입니다. 이 학교는 전교생이 12명으로, 기존의 교육 방식이라면 드론이나 코딩 드론, 인공지능 모두 꿈도 못 꿀 교육환경입니다. 정말 달라진 것이죠. 인터넷으로 스스로 공부할 수 있는 능력만 갖추고 있다면 누구에게나, 어디에서나 새로운 세계가 열리는 것입니다.

초등학교 시절 이런 방식의 학습을 경험한 아이들의 메타인지는 크게 달라집니다. 관심 분야에 대한 전문 지식도 크게 높아집니다. 그래서 새로운 세계에 쉽게 도전할 수 있습니다. 지금 세계에는 이런 도전을 통해 스스로 자신의 능력을 발전시킨 인재들이 넘쳐납니다.

'이더리움Ethereum'의 개발자 비탈릭 부테린Vitalik Buterin이 그 대표적 사례입니다. 1994년생인 부테린은 어린 시절 수학 영재라 불렸던 똑똑한 아이였습니다. 2012년 '국제정보올림피아드'에 참가해 동메달을 따기도 했죠. 이미 고등학생이던 2011년부터 다양한 비트코인 관련 기고문을 쓰며 전문가로서 활동했습니다. 수학 영재가 프로그래밍, 특히 비트코인에 깊이 꽂혀 스스로 학습하기 시작한 것입니다.

물론 기초를 제공한 수학 전문 지식은 스탠퍼드, MIT, 옥스퍼드 등 명문 대학의 수학 교수들로부터 받았습니다. 'MOOC(온라인 공개 수업)'라는 지식 공유 시스템을 통해서 말이죠. 선생님은 부테린의 재능과 호기심을 키워 인터넷의 바다로 데려갔습니다. 그리고 마음껏 헤엄치며 배울 수 있도록 길을 열어주었습니다. 마치 진도영 군의 드론 선생님이 학생들에게 해주었듯이 말입니다. 그리고 부테린은 고등학교 3학년 시절 '이더리움'이라는 2세대 비트코인을 개발했습니다. 비트코인에 계약서 첨부가 빠져 있다는 걸 알아채고 일반 거래에서도 쓸 수 있는 계약서가 포함된 블록체인을 창안한 것입니다. 그리고 캐나다 워털루 대학교 전산과 1학년에 입학하고, 바로 이더리움을 출시했습니다. 선풍적인 인기를 얻으며 출발한 이더리움의 코인 총금액은 26조 원(2020년 2월 기준)을 넘어 비트코인을 잇는 세계 2위의 블록체인 기반 코인이 되었습니다.

오랜 경험의 축적이 필수라는 금융 분야에서 이제 블록체인은 가장 각광받는 새로운 기술로 인식되고 있으며, 부테린 같은 수많은 젊은 프로그래머들이 끊임없이 여기에 도전하고 있습니다. 코인 비즈니스의 확대는 포노 사피엔스 문명이 이제 거대한 생태계 단계로 확장되고 있음을 보여줍니다.

부테린의 사례는 SNS를 통해 소통하고 오픈소스를 기반으로 공부하는 프로그래머들이 얼마나 성장할 수 있는지를 제대로 증명해 보였습니다. 그는 17세 때부터 비트코인 매거진의 공동 창간자로 다양한 기고문을 올리며 활동했습니다. 이는 소셜 네트워크에서 전문가로 인정받는 계기가 되었죠. 그리고 그것이 이더리움을 확산시키는 가장 큰 힘으로 작동한 것은 두말할 필요가 없습니다.

오픈소스로 공부하며 다양한 프로젝트를 수행하는 '오픈소스 커뮤니티'는 이제 전 세계로 확산해 거대한 생태계를 이루고 있습니다. 많은 기업이 오픈소스 프로젝트를 수행하기 위한 소프트웨어 서비스를 제공하고 그를 통해 새로운 사업들이 쏟아져 나옵니다. 오픈소스 기반의 신규 프로젝트는 다양한 사람들이 참여해 수행합니다. 오픈소스 플랫폼을 통해 세계적인 프로그래머들이 작성한 모듈을 학습하고, 거기에 자기 아이디어를 얹어 새로운 프로그램으로 업그레이드해나갑니다.

이 과정을 통해 새로운 프로그램들이 탄생하고 동시에 많은 개발자가 자기 실력을 향상시킵니다. 어려서부터 프로그램에 관심이 많고 재능 있는 사람들은, 이 오픈소스 환경을 통해 스스로 역량을 키우고 좋은 개발자로 성장할 수 있습니다. 미국 실리콘밸리에서 근무하는 우수한 개발자의 30%는 대학 졸업장이 없는 것으로 알려져 있습니다. 소셜 네트워크에 의한 교육이 적어도 소프트웨어 개발자 양성에는 매우 효과적이라는 것이 입증된 셈이죠.

이것이 포노 사피엔스 문명의 혁신적인 교육 방식입니다. 이들이 무언가 개발하려고 할 때 스스로 알고 있는 것의 한계, 즉 메타인지를 어떻게 정의할지 한번 생각해보십시오. 무언가 배우려면 책을 찾고, 전문학교나 학원을 찾아 직접 배워야 했던 보편적인 교육 방식에 더해 새로운 학습 방법이 형성되었습니다. 이것은 기존 방식보다 매우 빠르고 효율적입니다. 이런 학습 방법은 거의 모든 분야의 지식으로 확대 가능합니다.

어려서부터 이런 환경에서 함께 학습한 사람들이 모여 지금의 디지털 생태계를 구축했다고 해도 지나친 표현이 아닙니다. 애플, 구글, 아마존, 페이스북, 네이버, 카카오처럼 거대하게 성장한 플랫폼들은 물론이고 우버, 에어비앤비Airbnb, 배달의민족, 쿠팡 등 신흥 유니콘 벤처들의 핵심 인재들은 모두 이런 방식으로 학습하며 맨손으로 시작해 성공을 이루어냈기 때문입니다.

창업 후 불과 20년도 안 되는 기간에 수백조 원, 수십조 원의 가치를 가진 기업을 만드는 일은 쉽지 않습니다. 그뿐만 아니라 비즈니스 모델조차 당시로는 상상하기 어려웠죠. 이들이 프로젝트를 시작했을 때 '거대한 성공'을 꿈꾸고 실천할 수 있었던 것은 출발점에서의 그라운드, 즉 메타인지가 달랐기 때문에 가능했습니다. 세상에 없던 플랫폼 비즈니스들은 바로 이렇게 탄생한 것입니다.

상상력의 그라운드, 메타인지

지금까지 우리 사회는 정형화된 인재, 조직 사회에 잘 적응하는 인재를 길러내는 교육 시스템을 만드는 데 주력해왔고 지금까지 매우 성공적으로 발전시켜 왔습니다. 'OECD 국제학생평가프로그램PISA' 결과에 따르면 우리나라 청소년들의 평균적인 학업 성취도는 선진국 대비 상위권입니다. 그만큼 과목별로 지식을 전수하는 시스템이 훌륭하다는 뜻입니다. 또 과학 실력을 겨루는 국제 과학 분야 올림피아드에서도 최고의 성적을 내고 있습니다. 이런 성과에 힘입어 우리나라 교육 시스템이 개발도상국으로 수출되는 뉴스도 심심찮게 들립니다.

그런데 문제는 성인이 된 이후, 이를 더 크게 발전시키지 못한다는 것이죠. 대부분 어려서부터 정해진 지식을 습득하고 암기해 시험으로 평가받는 데 익숙해 있기 때문에, 스스로 문제를 정의하고 해결해야 하는 능력은 떨어지는 것입니다. 이는 우리나라 사람이라면 익히 알고 있는 '주입식 교육', '암기형 교육', '객관식 위주의 시험 출제' 등의 폐해입니다. 어려서부터 여러 가지 문제에 대해 호기심을 느끼고 깊이 생각하면서 자기 주도적 학습을 해야 창의적인 인재로 성장한다는 이론은 누구나 알고 있지만, 현재 우리나라 교육 시스템으로는 그런 능력을 개발하기 쉽지 않습니다. 좋은 인재가 되려면 좋은 대학을 가야 하고, 좋은 대학을 가려면 시험을 잘 봐야 합니다. 시험을 잘 보려면 주어진 지식을 잘 암기해야 하는 것은 물론이고, 수십 번에 걸쳐 유사한 문제를 풀고 훈련해야 합니다. 이 사회에 필요한 인재를 기르겠다고 정성스럽게 만든 정형화된 교육 시스템이, 정작 사회에서 필요한 역량은 키우지 못하는 부작용을 낳게 된 것입니다.

오랫동안 우리는 이 문제를 해결하려고 학생부 종합 전형 등 다양한 방안을 찾아 노력했지만 근본적인 해결책을 만드는 데 실패했습니다. 아시는 것처럼 또 다른 스펙은 또다시 다른 방식으로 만들어졌고, 계층간 사회적 갈등만 부추기게 되었습니다. 어쩌면 이것은 공정성이라는 우리 사회의 가장 근원적 가치를 지키자는 여론에 밀려 영원히 가기 힘든 길이 될 수도 있습니다.

그렇다면 어떻게 해야 이 문제를 풀 수 있을까요? '성공'과 '인재'에 대한 기준을 바꾸는 수밖에 없습니다. 공부를 잘해 명문 대학에 들어가는 것이, 명문 대학을 졸업해 대기업에 입사하는 것이 성공이라는 인식이 변화해야 한다는 이야기입니다. 세상에는 아주 다양한 인재가 존재한다는 것을, 명문 대학과 대기업이 아닌 다른 방향과 방법으로도 성공할 수 있다는 확실한 믿음이 필요합니다. 그러기 위해서는 '명문 대학 합격'으로 성공한 사람뿐 아니라 '엄청난 실력'으로 성공한 사람에 대한 많은 학습이 필요합니다.

우리 사회는 공부와 시험이라는 잣대로만 아이들의 미래를 재단할 것이 아니라, 다양한 기준을 찾아내고 제시해야 합니다. 명문 대학 입학, 공무원, 대기업사원, 건물주 같은 꿈이 아니라 자기가 좋아하는 일을 하면서 성공할 수 있는 길을 열어주고 응원해야 합니다. 어려서부터 어떤 것을 좋아하고 어떤 일에 재능을 보이는지 탐색하고 경험하게 하고 그 호기심을 끌어내 스스로 지식의 세상으로 날아가게 도와주어야 합니다. 과거와는 달리, 포노 사피엔스 문명에는 스스로 헤엄칠 바다가 크고 넓게 형성되어 있기 때문입니다.

앞서 말했듯, 우한에서 발생한 코로나 바이러스 때문에 국민들이 모두 공포에 떨고 있을 때, 정부도 생각하지 못한 인터넷 위치기반 확진자 방문지 및 진료소 확인 사이트 '코로나 알리미'라는 앱을 개발한 대학생들이 있습니다. 코로나 알리미는 코로나19 확진 판정을 받은 사람들이 어디 어디를 다녔는지 위치기반으로 지도상에 정확하게 표시해주는 서비스를 제공해줌으로써 위험 지역을 피할 수 있게 해주었습니다. 순식간에 수백만 명의 사용자가 접속하고 활용하면서 개발자인 3명의 고려대학교 학생들이 크게 주목받게 되었습니다. '질병관리본부(이하 질본)'에서는 엄청난 예산을 쏟아부어 '확진자들이 어디어디로 다녔습니다'라는 내용을 텍스트로 홈페이지에 계속해서 업데이트 했습니다. 하지만 그것만으로는 시민들이 확진자의 정확한 위치를 직관적으로 파악하기 어려웠죠. 이 3명의 학생들은 질본이 제공하는 데이터를 기반으로, 지도 위에 위치를 표시하는 방법을 찾아냈고 그것을 디지털 플랫폼에 올렸습니다. 하룻밤 만에 말이죠. 더욱 놀라운 건 셋 중 누구도 소프트웨어 전공자가 아니었다는 것입니다. '멋쟁이사자처럼'이라는 대학연합 동아리 출신이라고 밝힌 이 학생들은 창업을 위한 IT 기술을 동아리 선배들과 동아리에서 구축한 교육 콘텐츠를 통해 학습했습니다.

그럼, 이들이 활동했다는 '멋쟁이사자처럼'을 한번 검색해볼까요? 2013년, "기술적 장벽 때문에 생각을 표현하지 못한 비전공자분들과 감동의 순간을 만들어가고 싶습니다."라는 모토로 서울대학교에서 시작된 '비전공자들을 위한 자발적 IT 교육 동아리'입니다. 아하, 그래서 우리 비전공자들이 이런 멋진 디지털 서비스를 개발할 수 있었던 거네요. 일명 '멋사'는 2019년 기준 90개 대학의 학생들이 참여할 정도로 많은 인기를 얻고 있습니다. 창업에 필요한 프로그래밍 공부를 효율적으로 하기 위해 자발적으로 비영리 교육 동아리를 만든 우리 청년들이 참 기특합니다.

더 멋진 것은 돈이 안 되는 일인 것을 뻔히 알면서도, 굳이 밤샘 노력과 자비를 바쳐 시민을 위한 공익 서비스를 만든 그 마음입니다. 많은 언론에서 칭찬이 쏟아졌습니다. '잘했네. 우리 청년들 대단하다'에서 그쳐지는 대신, 이런 일들이 어떤 과정을 통해 이루어졌는지 좀더 깊이 살펴보겠습니다.

이들은 창업을 꿈꾸는 3총사입니다. 많은 청년이 그러하듯 '배달의민족'처럼, '쿠팡'처럼, 디지털 플랫폼에서 새로운 사업을 성공시켜보고자 뭉친 학생들입니다. 그래서 '멋쟁이사자처럼'에 가입하고 코딩 실력을 키웠습니다. 앞서간 선배들이 만든 교육 자료를 보고, 동아리에 공개된 오픈소스를 활용해 이것저것 프로그램을 만들었습니다. 그러면서 창업 아이템을 찾았습니다. 먼저 투자자본 대비 크게 성공한 사업 아이디어들을 검토했습니다. 그것을 바탕으로 배울 것을 학습하고 거기에 자신들만의 아이디어를 만들어냅니다.

1995년 이후 탄생한 Z세대에게 성공한 기업들은 모두 디지털 플랫폼 기반의 벤처들입니다. 당연히 그 길을 따라 자신만의 길을 가기 시작합니다. 이 모든 학습 과정 또한 디지털 플랫폼에서 이루어집니다. 그래서 디지털 플랫폼에서의 생활은 일상이자 상식이 됩니다.

사업 아이디어도 거기서 나옵니다. Z세대에서는 삶의 공간이 디지털 플랫폼으로 옮겨간 것이 명백합니다. 반면 지금 우리 사회는 아직 중간지대에 머물고 있습니다. 인터넷 플랫폼을 적극적으로 활용하긴 하지만, 표현의 방식은 과거 신문이나 방송의 보도 형식에 의존합니다. 질본 게시판에 확진자 이동 경로를 텍스트 기반으로 알려주는 것이 그 단적인 예시입니다. 심지어 그 자료를 기관별로 발표합니다. 질본도, 서초구청도, 성남시도 모두 따로따로 자기 홈페이지에 발표합니다. 늘 기관별로 자료를 준비하고 그것을 언론에 공식 발표하면 할일이 끝나는 것처럼, 홈페이지에 공식 자료를 올리기만 하면 끝난다고 생각하는 것입니다.

이것을 경험하는 Z세대는 불편하기 그지없습니다. 서로 기준이 다르기 때문입니다. 기존 문명은 '정부가 할 일은 했으니 나머지는 알아서 하라'가 표준이었지만, 포노 사피엔스 시대에는 '소비자 관점에서 가장 편리한 방식을 찾아내는 것'이 표준입니다.

디지털 플랫폼은 지도기반, 위치기반이 상식입니다. 그것을 또 시각적으로 보여주어야 합니다. 플랫폼이라면 모든 데이터를 한곳에서 확인해야 하는 것도 상식입니다. 그래야 포노 사피엔스들이 몰려드니까요. 코로나 알리미를 만든 '멋쟁이사자처럼'의 3총사도, 코로나 맵을 만든 스물일곱 살 대학생 이동훈 씨도 질본이 홈페이지에 올린 보도 형식의 확진자 이동 경로 자료를 보자마자 당연히 위치기반 디지털 플랫폼을 떠올렸을 것입니다.

그리고 자신들이 축적했던 경험을 바탕으로 맵 위에 위치를 표시하는 서비스를 기획했습니다. 매일 내비게이션을 이용하는 사용자라면 누구나 쉽게 이해하고 활용할 수 있는 방식으로 말이죠. 당연히 서비스 프로세스도 소비자 중심으로 기획합니다. 목적지를 입력하면 주변 지역 확진자 동선이 모두 보일 수 있도록 말입니다.

기획이 완료되면 서비스 구축에 얼마나 많은 시간이 걸릴지 생각해 봅니다. 여기서 메타인지가 작동합니다. 몇 달씩 걸릴 일이라고 판단했으면 아무리 필요해도 시도도 하지 않았을 것입니다. 확진자 이동 경로는 지금 당장 필요한 서비스니까요. 데이터는 질본 홈페이지에서 그대로 제공받아 쓸 수 있고, 인터넷에서 지도 맵을 이용해 위치를 표시하는 것은 창업을 준비하면서 이미 익힌 프로그램이니 하룻밤 고생하면 만들 수 있겠다는 판단이 선 것입니다.

'멋쟁이사자처럼' 3총사도, 이동훈 씨도 실제로 하루 만에 개발을 완료하고 대국민 서비스를 시작했습니다. 이 모든 일은 그동안의 개발 경험을 통해 오픈소스를 활용하면 된다는 것을 '인지'하고 있었기 때문에 가능한 일이었습니다.

그렇다면 돈과 인력이 훨씬 풍족한 정부 기관에서는 왜 이런 서비스를 생각하지 못하고 그저 텍스트 기반의 자료만 올린 것일까요? 이 청년들은 단 하루 고생하여 개발할 수 있었던 서비스인데 말이죠. 능력이 없어서가 아닙니다. 기획 단계에서 가졌던 근본적인 생각의 기준이 달랐기 때문입니다. 또 업무를 해결할 수 있는 능력에 대한 한계와 속도가 크게 달랐습니다.

우선 공무원은 언론 보도자료를 준비하는 것이 업무이고 그것을 홈페이지에만 올리면 된다고 기준을 설정합니다. 아이디어 회의를 하다 보면 위치기반 웹서비스를 하면 좋겠다는 의견도 나오겠지요. 그렇지만 과거의 경험을 떠올려 보면 발주에, 입찰에, 시스템 구축까지 기본적으로 적어도 몇 달은 걸린다는 의견이 힘을 얻게 되고, 그때가 되면 이미 필요 없는 시스템이 될 테니 바로 포기합니다. 즉 자기가 생각하는 문제해결 능력에 있어 한계를 설정하는 메타인지가 포노 사피엔스 개발자 그룹과는 큰 차이를 보이게 되는 것입니다.

포노 사피엔스들의 디지털 플랫폼 기획 및 개발 능력은 날이 갈수록 빠르게 성장 중입니다. 경험이 축적될수록 불가능의 영역이 줄어드는 것은 물론이고, 실제 실행 능력도 매우 빨라졌습니다. 오픈소스라는 지식의 보물창고가 점점 커지면서 어떤 문제든 비슷한 문제에 대한 해결책이 이미 거기 있을 것이라고 믿기 때문입니다.

이렇게 되면 암기와 문제풀이 방식의 기존 교육 시스템에 익숙한 인재와, 검색과 SNS를 통해 자발적 학습을 경험한 인재 사이에 엄청난 능력 차이가 발생하게 됩니다. 상상력의 그라운드인 메타인지에서 큰 차이가 나기 때문입니다. 신종 코로나 확산으로 고통받던 시기에 우리나라를 비롯한 세계 각국에서 인터넷 맵기반, 위치기반의 확진자 이동경로 서비스가 등장한 것도 이러한 인재들이 전 세계에 확산되어 있기에 가능했던 일입니다. 이들의 방식이 인류의 생존에 유리한 것도 이번 코로나 사태를 통해 명백해졌습니다.

인터넷을 통해 학습하고, 소셜 네트워크를 통해 소통하고, 오픈소스 전문자료를 활용해 디자이너, 엔지니어, 마케터, 개발자가 함께 협업하는 프로젝트를 경험해본 사람은 능력의 한계 자체가 달라집니다. 어려서부터 이런 교육을 받으면 그 한계는 더욱 커지겠죠.

하지만 우리 아이들은 여전히 학교와 학원에 갇혀 있습니다. 이 시대에도 아이들을 학교와 학원에 가두어두는 것은 우리의 기본적인 의식이 과거의 관습에 갇혀 있다는 증거이기도 합니다. 어떤 프로젝트를 기획하고 추진할 때는 기준이 매우 중요합니다. 기준이 달라지면 모든 것이 달라지니까요. 동시에 그 일을 어떤 방식으로 얼마간의 기간에 완성할 수 있는지 정확하게 예측하는 것도 매우 중요합니다. 같은 데이터를 바탕으로 '질본 게시판'을 만들 것인지, '코로나 알리미'를 만들 것인지는 바로 이런 기획 과정에 의해 달라집니다.

다시 말해 우리의 능력을 측정하는 메타인지가 얼마나 중요한지를 보여주는 것입니다. 디지털 플랫폼 기반 생활이 인류의 표준이 되었다면, 이렇게 모든 일의 기준 역시 달라져야 합니다.

　나 스스로 다르게 배우고 훈련해야 합니다. 내 생각의 기준을 바꾸는 어려운 길을 가야 합니다. 이런 과정을 통해 메타인지가 변화할 수 있습니다. 그곳이 출발점입니다.

PHONO INSIGHT 1

핑크퐁

'아기상어^{baby shark}'는 2016년 1월에 유튜브에 등록된 이래 60억 뷰(2020년 8월 기준)를 기록한 유튜브 역사상 두 번째로 많은 조회 수의 주인공입니다. 2020년에 들어와서도 한 달에 2억 뷰씩 꾸준히 증가 중입니다. 다시 말해, 나온 지 4년이 넘은 지금까지도 전 세계 아이들이 끊임없이 즐겨듣는 노래라는 겁니다.

이 노래를 만든 회사는 '스마트스터디'입니다. 스마트스터디에서 만든 캐릭터 브랜드가 바로 '핑크퐁'입니다. 유튜브 채널 핑크퐁의 구독자 수는 3,100만 명을 넘었고 통합 조회 수도 130억 뷰를 넘어섰습니다. 전 세계 유튜브 채널 44위에 해당하는 엄청난 기록이죠.

기록만으로 보자면 '유아계 BTS'라고 부를 만합니다. '삼성출판사'라는 오래된 회사로부터 분리한 신생 회사가 어떻게 이렇게 단기간에 놀라운 기록을 만들었는지 궁금합니다. 스마트스터디의 실력은 어떻게 만들어진 걸까요?

스마트스터디는 2010년 김민석 대표가 설립하였습니다. 스마트폰 시대로 접어들면서 종이 학습지 사업에 한계를 느끼고,

학습지를 태블릿에 구현하는 것을 목표로 사업을 시작했지만 실패했습니다. 당시 엄마들은 아이들에게 휴대폰이나 태블릿을 주는 것이 마치 아이의 인생을 망치는 길처럼 여겼기 때문입니다. 그걸로 게임이나 할까 봐 안 사준 거죠.

그래서 그는 학습지 사업을 포기했습니다. 대다수의 기업들처럼 기존의 사업에서 도구만 바꾸려다가 실패한 것입니다. 소비자들이 어떤 형태로 새로운 문명에 대응하고 있는지 분석하고 거기에 맞는 비즈니스 모델을 개발한 것이 아닌, '종이가 태블릿으로 바뀌면 되겠네'라는 단순한 접근이었던 거죠.

학습지 사업 실패 후 그는 미취학 아동들이 즐기는 뮤직비디오를 만드는 일에 주목했습니다. 아이들이 즐기는 콘텐츠로 취향을 저격해 그것을 보면서 자연스럽게 학습할 수 있는 포맷을 만들기로 한 것입니다.

물론 이 영역에서 경쟁은 치열했습니다. 그래서 그는 엄청나게 많은 영상을 만들어내 소비자들과 접점 시간을 늘려가는 것에 주안점을 두었고, 그 플랫폼으로 유튜브를 선택했습니다. 당시만 해도 자사 플랫폼이나 네이버 등 동영상 플랫폼이 다양하게 경쟁하던 시대였고, 유튜브가 얼마나 빠르게 확산될지는 누구도 장담할 수 없던 시대였습니다. 하지만 그는 미국 및 유럽의 대세를 보고 유튜브를 선택했습니다. 변화에 대한 적극적인 대응을 선택한 것이죠.

그러다 유튜브에서 크게 터진 것이 바로 아기상어입니다. 콘텐츠가 많아야 한다는 것은 유튜버들에게 상식입니다. 고객과 접촉 시간이 많아지면 데이터가 쌓이고, 그것을 통해 고객이 좋아하는 것과 무관심한 것의 차이를 정량적으로 구별해낼 수 있기 때문에 더 좋은 콘텐츠를 제작하는 데 큰 도움이 되기 때문입니다. 스마트스터디도 그런 과정을 통해 킬러 콘텐츠를 향한 실력을 탄탄하게 축적해나갔습니다.

일단 아기상어 영상이 터지고, 이것을 영어를 비롯한 다양한 언어로 번역해 세계 무대로 확산했습니다. 그러면서 시작된 것이 '베이비샤크 챌린지baby shark challenge'입니다. 베이비샤크 노래와 춤을 따라부르는 것을 영상으로 찍은 다음, '#babysharkchallenge'라는 해시태그를 붙여 올리는 일종의 챌린지를 유튜브에서 주도한 겁니다. 이 챌린지는 아기상어가 세계로 확산되는 발판이 되고 있습니다.

가장 먼저 열광한 것은 인도네시아라고 합니다. 거의 열풍에 가까운 베이비샤크 챌린지가 일어나고 유튜브 채널마다 너도나도 베이비샤크 챌린지 영상을 올려댔습니다. 이 열풍은 말레이시아로 번지고 다시 필리핀으로 퍼져 동남아 전체에 거대한 팬덤을 형성했습니다.

그리고 북미로 건너가 엄청난 팬덤fandom을 만들었습니다. 메이저 시장인 미국에서 성공했고, 그에 힘입어 유럽과 남미로 확산하면서 세계 2위 유튜브 콘텐츠에 오르게 된 것입니다. 확산 경로를 보면 K-pop을 그대로 따라간 셈입니니다. 특히 국내 인기 걸그룹 '레드벨벳'이 베이비샤크 챌린지에 동참하면서 세계 K-pop 팬들에게 엄청난 광고효과를 발휘했습니다.

이렇게 소비자들이 직접 참여하여 스스로 퍼뜨리는 방식을 밈^{meme}이라고 합니다. 유튜브에서 가장 강력한 팬덤 형성 방식으로 알려져 있습니다. BTS도 세계의 많은 청년이 커버댄스를 찍어 올리면서 팬덤이 거대해진 것으로 유명합니다.

현재 스마트스터디의 CFO를 맡고 있는 이승규 씨는 한 강연을 통해 다른 콘텐츠들과 비교했을 때 핑크퐁이 가지는 가장 큰 차이점을 '고객에 집중해 만들어낸 디테일'이라고 말했습니다. 핑크퐁의 모든 콘텐츠는 아주 단순하고 반복적인 리듬 위주의 음악을 사용합니다. 음악을 들으면 아이들이 움찔움찔 저절로 리듬을 타게 되도록 디자인한 것이죠.

최근 사업기획에 있어 심리학과 진화론을 적용하는 사례가 크게 늘고 있습니다. 소비자가 자기도 모르는 사이에 빨려들도록 디자인하기 위한 것이죠. 특히 유아들은 발달 상태에 맞추어 그들만이 즐길 수 있도록 해주는 것이 필요합니다.

차별화도 적절했습니다. 사실 상어는 위험한 동물이라 아이들을 위한 캐릭터로는 잘 등장하지 않습니다. 그럼에도 남자아이들은 유독 위험한 동물을 좋아한다는 데 착안한 것입니다. 물론 다작을 통해 데이터로 확인한 결과입니다. 남자아이들의 공룡 사랑은 놀라울 정도죠. 그래서 핑크퐁의 비디오에는 공룡도, 상어도 자주 등장합니다.

특히 아기상어에는 포악한 상어가 등장해 물고기들을 쫓아다니는 장면까지 나와 어른들도 섬뜩함을 느끼기까지 합니다. 역설적으로 이런 설정이 팬덤을 만드는 데 기여했습니다. 무섭지만 호기심이 일어나는 심리를 잘 이용한 것이죠.

또 하나 성공의 비결로 꼽은 것은 바로 '미취학 아동들이 가정에서 어떤 역할을 하고 있는지'에 주목한 것이었습니다. 그 또래 아이들은 가정에서 온 가족의 사랑을 독차지하는 귀염둥이입니다. 베이비샤크 챌린지는 거기서 시작됐습니다. 귀염둥이가 춤추는 동영상을 싫어할 사람은 없을 테니까요. 심지어 콘텐츠 안에 가족 구성원을 모두 집어넣습니다. 모든 가족을 참여하게 해서 귀염둥이를 중심으로 즐길 수 있게 만든 것입니다.

물론 가장 큰 기여를 한 것은 끊임없이 떠오르게 만드는 중독성 높은 후렴구 부분입니다. 얼마나 중독성이 강한지 미국에서 아기를 가진 부모님들이 가장 무서워하는 노래 1위로 뽑혔다고 할 정도니까요. 아기들이 한 번 들으면 온종일 다른 것은 아예 못 듣게 해서 부모들도 하루종일 그 노래만 듣는 고통을 감내해야 한다는 겁니다. 재미있죠.

이 모든 것들이 하나가 되어 폭발적인 팬덤을 만들어냈습니다. 킬러 콘텐츠를 만드는 데 있어서 디테일과 고객이 만들어내는 데이터가 얼마나 중요한지를 아기상어의 성공이 보여줍니다.

팬덤이 형성되자 고객들이 자발적으로 콘텐츠를 만들어 올리고 스토리를 확산해나갔습니다. 밈 현상이 시작된 것이죠.

여기에 멋진 스토리도 더해졌습니다. 2019년 미국 메이저리그 베이스볼 워싱턴 내셔널즈Washington Nationals 팀의 간판 타자인 헤라르도 파라Gerardo Parra는 한동안 슬럼프에 빠져 있었습니다. 그래서 자기가 등장할 때 나오는 주제곡을 바꾸었는데, 바로 '아기상어'였습니다. 두 살배기 딸이 즐겨듣는 노래라 선택했던 것이죠. 주제곡을 바꾼 그날, 그는 곧바로 2타수 2안타를 기록했습니다. 심지어 그의 활약에 힘입어 내셔널즈 팀은 2019년 메이저리그 챔피언의 자리에 올랐습니다. '아기상어'를 전 미국 국민이 듣게 된 것이죠.

2019년 또 하나의 사건이 발생했습니다. 미국에서 터진 한 총격 사건에서 세 살짜리 아이가 총에 맞았습니다. 그런데 아이는 죽지 않았습니다. 바로 아기가 안고 있던 아기상어 인형에서 총알이 발견된 것입니다. 아기상어가 아이의 목숨을 구한 것이죠. 아기상어의 명성은 더욱 높아졌습니다. 가장 인기 있는 미국의 토크 프로그램인 '앨런 쇼The Ellen DeGeneres Show'에도 아기상어가 등장하고 '레이트 레이트 쇼The Late Late Show'에서는 아예 아기상어로 뮤지컬 공연을 했습니다. 이 두 토크쇼는 BTS가 출연해 우리에게 잘 알려진 프로그램들입니다. 이외에도 수많은 스토리가 자발적으로 형성되면서 거대한 팬덤을 만드는 데 크게 기여했습니다. 수많은 셀럽과 지상파 방송이 참여하고 거기에 시민들까지 동참하면서 세계적인 유행이 될 수 있었습니다.

팬덤이 만들어지면, 이를 지속시키면서 사업 아이템으로 확대하는 것이 필요합니다. 지금까지 '아기상어'는 2,500개가 넘는 로얄티 계약을 맺었습니다. 인형, 문구, 옷 할 것 없이 정말 많은 상품이 기획되어 팔려나갔습니다. 그리고 그 열풍을 확산하기 위해 콘서트도 기획되었습니다. 해외에서는 매년 100회 이상 콘서트가 열립니다. 그때마다 엄청난 상품들이 함께 판매되는 것은 당연하죠.

스마트스터디의 본업은 학습 콘텐츠를 판매하는 것이었기 때문에, 팬덤을 확보한 캐릭터를 기반으로 다양한 학습 콘텐츠를 만들어 비즈니스를 확대해나갔습니다. 이렇게 해서 매출을 폭발시켜나갔던 것이죠. 2019년 아기상어 사운드 인형은 아마존 '인형/장난감 부문' 1위를 했고, 아기상어 시리얼도 마트 '시리얼 판매' 1위를 기록했습니다. 미국의 미키마우스나 일본의 헬로키티 같은 해외 캐릭터를 부러워했던 우리가, 미국 본토에서 가장 강력한 캐릭터 브랜드를 갖게 되었다니 놀라운 일입니다.

스마트스터디는 2019년에 매출 1,000억 원을 돌파했습니다. 매출의 80%가 해외 매출입니다. 북미에서만 50%의 매출을 기록합니다. 영업이익은 무려 44%. 캐릭터 산업이 왜 알짜 산업인지 데이터가 보여주네요. 핑크퐁의 성공은 우리 산업계에 다양성이 더해지고 있음을 보여주는 좋은 사례입니다.

자, 그럼 스마트스터디의 성공 비결을 정리해보겠습니다. 우선 변화하는 환경에 적극적으로 대응했습니다. 실패한 후에는 빠르게 새로운 방식으로 접근하고 다시 도전했습니다. 또 요즘 아이들이 좋아하는 것을 철저히 분석해 알아내고 거기에만 집중했습니다. 일반적으로 아이들이 좋아하는 콘텐츠가 무엇인지는 수십 년간 쌓아온 노하우로 알 수 있었습니다. 거기에 포노 사피엔스 문화를 적합하게 접목한 것이 성공의 열쇠였습니다.

무엇보다 팬덤이 일어나기 시작했을 때 팬덤의 증폭과 사업화로 이어가기 위한 모든 노력을 다했습니다. 유튜브는 물론이고 TV, 라디오, 신문 등 스토리에 목말라하는 모든 매체를 이용해 일어난 팬덤을 증폭시켰습니다. 소위 요즘 이야기하는 '애자일Agile 경영'을 실천하는 것입니다. 다양한 분야로 사업을 확대하는 것도 여기에 해당합니다.

단, 이 모든 것의 중심에 오직 고객이 있어야 합니다. 필요하다면 심리학이나 진화론도 동원해 고객이 진정으로 원하는 디테일을 찾아내야 합니다. 그것이 대한민국의 작은 콘텐츠 기업이 불과 10년 만에 세계 2위의 팬덤을 만들어낸 비결입니다. 우리는 이제 모든 가능성이 열려 있는 시대를 경험하고 있습니다.

Imagination

생각의 크기가
현실의 크기를 만든다

CODE
2

이매지네이션

얼마나 많은 경험을 했느냐가 상상력의 폭을 결정합니다. 메타인지가 폭발적으로 성장하는 것이죠. 프로그래머, 디자이너, 엔지니어, 마케터 등 다양한 전문가가 얼마만큼 다른 분야의 지식을 잘 이해하고 있는지에 따라 해결책의 수준이 하늘과 땅 차이로 달라집니다.

그래서 훌륭한 인재의 조건은 얼마나 많은 프로젝트를 직접 참여해서 수행해보았는지에 따라 결정됩니다. 세계 최고의 기업들이 성적이나 학벌보다 다양하고 다층적인 실무 중심의 면접을 통해 인재를 선발하는 이유이기도 합니다.

세계 최고 대학들은 이렇게 문제해결 능력을 키우는 프로젝트 기반의 수업을 크게 늘리고 있습니다. 세계 최고의 기업들이 원하는 인재상이 달라졌기 때문입니다. 일반 기업들도 마찬가지입니다.

상상력은
경험 안에서 탄생한다

우리는 매일 디지털 플랫폼을 통해 풍부한 정보를 접합니다. 그것도 이제 대부분 영상 정보입니다. 뇌에 입력된 정보는 많은 일을 합니다. 인간은 정보를 뇌에 복제해 생각을 만들기 때문입니다. 입력된 정보는 사람의 미래를 결정하는 중요한 힘을 길러냅니다. 대표적인 능력이 바로 이매지네이션imagination, 즉 상상력입니다. 위키백과에서는 상상력을 이렇게 정의합니다.

상상력(想像力, imagination)은 눈에 보이는 것이 없고 귀나 다른 감각기관에서 느낄 수 있는 것이 없을 때, 정신적인 이미지와

감각과 개념을 형성하는 능력이다. 상상력은 지식을 이해하고 경험의 의미를 아는 데 도움을 준다. 이것을 통해 사람들은 세계를 이해할 수 있고, 무슨 일이 일어나는 과정을 배울 수 있다. 상상력을 키우는 기본적인 훈련은 이야기를 듣는 것이다.

정보의 습득은 상상력을 만들어내는 가장 중요한 수단입니다. 인류는 수많은 경험을 통해 학습하고, 거기에 상상력을 더해 많은 이야기를 만들어왔습니다. 그것이 원동력이 되어 인류의 발전을 이룩했습니다. 상상하던 모든 일에 지식과 기술을 더하고, 끊임없이 도전하면서 그렇게 오늘날의 문명을 완성한 것입니다.

영화 '인터스텔라'에서 주인공 쿠퍼는 멸종 위기에 처한 인류를 구하기 위해, 인간이 살 수 있는 새 행성을 찾아 우주로 떠납니다. 그와 같은 마음으로 화성 식민지 건설을 상상하는 사람이 있습니다. 여러분도 잘 알고 계신 '일론 머스크Elon musk'입니다. 그는 화성에 지구의 식민지를 건설하는 것이 최종 목표라고 말했습니다. 요지는 20년 안에 8만 명이 거주할 수 있는 시설을 화성에 만들겠다는 것이었습니다. 대략 예상하는 화성 식민지 건설 비용은 360억 달러로 화성 거주 자원자 1인당 50만 달러가 드는 셈입니다.

SF영화에나 나올 법한 이야기를 하는 그에게 사람들은 허무맹랑한 이야기라고 말하며 그를 '괴짜' 취급했습니다만, 그의 이 어마어마한 상상력은 실제 현실로 이루어지고 있습니다.

2012년 5월 그는 국제우주정거장ISS에 화물을 실은 드래곤 우주선을 보내 도킹시키는 데 성공했고, 그 이후로도 계속된 여러 시도 끝에 2020년 6월에는 최초의 민간 유인 우주왕복선 발사에 성공했습니다. 그는 트위터를 통해 "달과 화성 여행 등을 위해 바다 위에 떠 있는 우주선 발사기지를 건설 중이다. 해상 발사기지를 통한 첫 극초음속 우주 비행 시험은 2~3년 내에 이뤄질 것이다."라고 말했습니다.

머스크의 상상력이 현실화되어가자 이미 현실화된 또 다른 그의 상상력, 전기자동차를 만드는 제조업체 '테슬라'의 주가가 치솟고 있습니다. 2010년 상장 이후 약 10년 만에 주가는 4,000%나 올랐죠. 2020년 상반기 우리나라에서 팔린 전기차 10대 중 3대는 테슬라였고, '테슬라 모델3'는 지금 없어서 못 판다고 합니다. 머스크는 전기자동차 외에 진공큐브 속을 달리는 고속열차, 인간의 뇌와 컴퓨터를 연결하는 뉴럴링크Neuralink 사업 등도 추진하고 있습니다.

이 모든 것의 시작은 머스크의 상상력이었습니다. 물론, 상상하는 것에만 그쳤다면 그는 미친 공상가에 불과했을 것입니다. 하지만 그는 자신의 상상력을 실현하기 위해 끊임없이 노력해왔죠. 행동으로 옮기고 실패하고 다시 시도했습니다.

상상을 현실로 만들기 위해 도전하는 노력은 한 개인에게 있어서도 마찬가지입니다. 우리는 늘 자신의 미래를 상상합니다. 대부분은 더 멋지고 더 부자로 사는, 행복한 미래를 상상합니다. 그리고 그것을 실현하기 위해 최선을 다합니다. 상상이 현실이 되려면 실제로 그것을 만드는 힘이 필요하기 때문입니다.

사이코사이버네틱스Psycho-Cybernetics라는 단어가 있습니다. '정신적인 자동유도장치'라는 의미로서, 성형외과 의사였던 미국의 맥스웰 몰츠 _{Maxwell Maltz} 박사가 만든 단어입니다. 1960년 몰츠 박사가 출간한 《사이코사이버네틱스》는 전 세계적으로 3,000만 부가 판매된 베스트셀러입니다. 인간의 뇌는 미사일의 자동유도장치와 같아서, 자신이 목표를 정해주면 그 목표를 향해 자동으로 자신의 행동을 유도해나간다는 것이 사이코사이버네틱스의 개념입니다. 따라서 자신의 잠재의식에 멋진 미래, 성공한 모습을 상상력을 통해 입력하면 그러한 미래를 향해 나의 행동이 자동으로 유도된다는 주장입니다.

인간의 잠재의식은 상상과 실제를 잘 구별하지 못하기 때문에, '나는 이렇게 멋진 사람이야'라고 상상하면서 뇌 속에 지속해서 주입하면, 실제로 그렇게 알고 '멋지게 행동'한다는 이론입니다. '나는 멋지다'고 생각하면 정말 멋지게 행동하게 되고, '나는 못났다'고 생각하면 정말 스스로 못난 사람처럼 행동하고 반응하게 된다는 이론은 많은 실험을 통해 여러 차례 밝혀졌습니다.

성공한 요식업 사업가로 출발해 이제는 '골목 식당'이라는 프로그램으로 더 잘 알려진 백종원 씨가 이런 이야기를 한 적이 있습니다.[2]

"원래부터 착한 놈이 어딨어요(웃음)? 제가 사실 입도 거칠어요. 그런데 방송하려니 도리가 없어요. 겸손한 척, 착한 척, 순화해야지. 방송에서 하던 대로 밖에서도 말하니, 처음엔

2. '김지수의 인터스텔라', 2020.02.01, 〈조선일보〉

직원들이 '어디 아픈가' 했대요(웃음). 참 이상한 게, 사람들이 저의 '척'을 진심으로 받아주니까, 자꾸 '이런 척' '저런 척' 더 하고 싶어져요. 그렇게 출연료, 광고료 여기저기 기부도 하면서 마음 부자가 되어가요. 저 원래 그런 놈이 아닌데, 점 점 '척'대로 되어가요(웃음)."

백종원 씨 마음속에서 사이코사이버네틱스가 작동한 것이 아닐까 생각해봅니다. 원래는 거칠게 살면서 이익이 남는 일에 집중해왔고 그렇게 해서 연 매출 2,000억 원을 넘는 요식 산업을 크게 일구어냈는데 성공하고 났더니 보다 보람 있는 일을 찾게 되었다는 것입니다.

시작은 우리나라 요식 산업을 바꾸어보자는 것이었습니다. 그래서 '골목 식당' 같은 방송을 시작해 어려운 영세 요식업자들을 돕기 시작 했습니다. 방송이다 보니 사업할 때와는 달리 착한 척, 좋은 뜻으로 하는 척을 당연히 해야 했고 그게 습관이 되다 보니 정말 '그런 놈'이 되어간다고 이야기합니다. 생각은 이렇게 사람을 바꾸고 또 사회를 바꾸는 힘입니다. 우리의 미래를 결정하는 것은 시간이 아니라 목표 유도 장치인 '상상력'입니다.

상상은 경험을 토대로 만들어집니다. 축적된 지식을 바탕으로 그림을 그려나가는 과정입니다. 상상을 현실로 만들어가는 힘은 현재의 능력에 기초합니다. 그래서 많은 사람이 멋진 미래를 상상하고 그것을 현실로 만들기 위해 열심히 노력하죠. 적지 않은 노력의 과정을 거쳐 그곳에 이르게 됩니다.

인류의 표준이 포노 사피엔스로 바뀐 지금, 우리가 상상하는 미래와 그것을 실현하기 위한 노력의 기준도 바뀌어야 하지 않을까요? 무엇이 멋진 미래일까요? 과거와 다른 멋진 미래에 대한 기준은 어떻게 세워질까요? 그것을 실현하기 위해 나는 어떤 노력을 해야 할까요?

뒤바뀐 꿈판,
과거의 인재는
설 땅이 없다

성공적인 미래를 설정하기 위해서는 우선 본받을 만한 롤 모델이 필요합니다. 이 시대 청년들이 가장 손꼽는 롤 모델은 정치인을 제외하면 애플의 창업자 스티브 잡스, 마이크로소프트의 창업자 빌 게이츠, 테슬라 CEO 일론 머스크, 알리바바의 창업자 마윈, 텐센트의 창업자 마화텅 등입니다. 대부분 포노 사피엔스 시대의 문명을 창조하고 이끄는 기업과 그 기업을 세운 사람들이죠.

이들을 롤 모델로 삼으면, 그다음은 그들처럼 되는 상상을 하는 것입니다. 그럼 이 상상을 실현하기 위한 방법은 자연스럽게 그려집니다. 바로 그들이 걸어간 길을 따라가보는 것이죠. 이들이 만들어낸 비즈니스 아이디어들은 모두 기존 교육 시스템과 디지털 플랫폼 기반의 자발적 학습이 잘 버무려져 만들어진 결과물입니다. 이는 우리에게 성공을 향한 노력의 기준, '어떻게 해야 성공할 수 있는지'에 대한 또 다른 길이 필요해졌다는 뜻입니다.

물론 기존의 교육 시스템에서 엘리트로 자라는 인재는 여전히 중요합니다. 과학 영재로 선발되어 열심히 공부하여 훌륭한 과학자가 되고 세상을 바꾸는 연구로 노벨상을 타는 것도 좋은 꿈입니다. 의사, 변호사가 되어 사회에 꼭 필요한 의술과 법률 서비스를 제공하는 꿈도 중요합니다. 좋은 대학을 나와 대기업에 취업하거나 공무원이 되어 사회에 기여하는 것 역시 반드시 필요합니다. 공부보다는 사업이 적성에 맞아 어려서부터 장사로 성공하겠다는 꿈을 꾸는 것도 마찬가지입니다. 가수나 영화배우가 되어 스타가 되고 싶은 꿈도, 만화가가 되고 싶은 꿈도, 정치인이 되겠다는 꿈도 여전히 아름답고 훌륭한 꿈입니다.

문제는 그 꿈을 이루는 방법과 기준이 달라졌다는 것입니다. 내가 꿈꾸는 미래의 인재상도, 그것을 만들어내는 과정도 모두 달라졌다는 것이죠. 기존의 교육 시스템을 잘 활용하는 동시에 포노 사피엔스 문명이 만들어낸 혁신적인 생태계 또한 잘 이용해야 합니다. 이미 전통적인 교육 시스템에도 혁신의 바람이 불고 있습니다. 목표 유도장치인 상상력에 대대적인 손질이 필요하다는 뜻입니다.

우리 아이가 과학 영재라면 어떤 꿈을 꾸도록 이끌어야 할까요? 과거에는 매년 발표되는 과학 분야 노벨상 수상자들이 유일한 롤 모델이었다면, 지금은 조금 더 넓힐 수 있습니다. 예를 들어 테슬라를 만든 일론 머스크라든가, 윈도우즈를 만든 빌 게이츠도 있습니다. 너무 유명한 사람들인가요? 시각을 바꾸어보면 동물에 대한 연구를 시작으로 환경보호에 전 생애를 바친 제인 구달 같은 훌륭한 과학자도 있습니다. 1965년 케임브리지 대학에서 박사학위를 받은 그녀는 침팬지와 고릴라에 대한 깊은 연구를 바탕으로 동물과 환경에 대한 보호가 결국 인류를 보호하고 지속 가능한 공동체로 만들어가는 길임을 전 세계에 알린 사람입니다.

조금 더 최근 이슈에 대해 집중해보겠습니다. 요즘 과학 영재들의 관심은 뭐니 뭐니 해도 인공지능입니다. 그렇다면 이세돌을 이겨서 유명해진 인공지능 프로그램 알파고의 개발자는 누구일까요? 알파고는 구글이 인수한 영국 벤처 '딥마인드DeepMind Technologies Limited'의 작품입니다. 딥마인드의 창업자 데미스 하사비스Demis Hassabis는 13세에 세계 체스대회에서 2위를 하고, 15세 때 고교과정을 마친 전형적인 천재입니다. 그런데 그는 여기서 조금 다른 길을 갑니다. 게임에 빠진 것이죠. 천재적인 머리로 이미 고등학생 시절에 게임 역사에 한 획을 그은 명작 '블랙 앤 화이트Black and white'라는 게임을 개발했습니다. 이후 케임브리지 대학에 진학해 컴퓨터 공학을 전공한 후 다시 게임 개발자로 업계에 복귀해, 비디오 게임 개발사를 세워 '리퍼블릭: 혁명Republic: The Revolution' 과 '이블 지니어스Evil Genius'라는 게임도 제작했습니다. 그 와중에 세계 두뇌게임 올림피아드인 '마인드 스포츠 올림피아드' 5회 연속 세계 챔피언에 올랐고요.

비디오 게임 회사로 어마어마한 성공을 이루었지만, 하사비스의 지적 호기심을 만족시키기엔 부족했습니다. 그는 다시 새로운 과학 분야인 '인지신경과학'에 도전합니다. 가장 어려운 학문에 매력을 느낀

것이죠. 33세 때 영국 유니버시티 칼리지 런던^{UCL}에서 인지신경과학 박사학위를 딴 후, 신경과학을 응용한 인공지능 회사 딥마인드를 창업했습니다. 그리고 인공지능 바둑 프로그램인 알파고^{AlphaGo}를 개발, 2016년 〈네이처^{Nature}〉에 실린 알파고 관련 논문은 인공지능 분야에서 가장 큰 영향력을 일으킨 논문이 되었습니다. 이후 딥마인드를 구글에 4억 달러에 매각하면서 그는 거대한 부자가 되었습니다.

조금 더 젊은 롤 모델을 보겠습니다. 앞서 등장하기도 했던 비탈릭 부테린도 훌륭한 롤 모델입니다. 그는 2012년 국제정보올림피아드에서 동메달을 따고, 수학과 컴퓨터 프로그래밍 천재로 이름을 알렸습니다. 블록체인을 기반으로 한 비트코인과 유사한 암호화폐들이 쏟아져 나오고 있고, 그 많은 천재 프로그래머들은 지금 그 분야에서 큰 놀이판을 벌이고 있습니다. 게임에 대한 관심을 통해 하사비스의 알파고가 탄생했다면, 비트코인을 통해 부테린의 이더리움이 탄생한 셈입니다. 이렇게 천재들의 놀이터가 달라졌습니다. 이들은 인터넷 문명을 기반으로 학습하면서 상상의 나래를 펼쳤고 자기 꿈을 그려나갔습니다. 그리고 그 상상의 나래가 본인의 성공은 물론이고 우리 사회에 가장 큰 변화를 이끄는 기폭제가 되고 있습니다. 이것이 사회가 과학 영재들에게 기대하는 바이고, 그에 따라 우리나라의 과학 영재들이 노는 꿈판도 달라져야 합니다.

Imagination

초등학생이
인공지능 프로그래밍하는
세상

이번에는 우리나라 어른들이 상상하는 가장 보편적인 성공을 살펴보겠습니다. 좋은 대학을 나와 공무원이 되거나, 안정적인 대기업에 취업하는 것이 대부분일 것입니다. 부모들이 대부분 아이들에게 기대하는 미래죠. 그래서 부모님 말씀에 순종적인 아이들은 좋은 대학에 들어가기 위해 열심히 공부합니다. 성실하게 시험공부를 하는 것은 오랜 전통이기도 합니다.

예로부터 시험을 잘 보려면 시험공부 말고 다른 짓을 하면 안 됩니다. 게임이다, SNS다, 유튜브다 이런 건 정말이지 독입니다. 그래서 많은 부모님이 스마트폰을 자제시키거나 멀리하게 합니다. 게임도 못하게 합니다. 그리고 비싼 돈을 들여 학원에 보내고 끊임없이 문제풀이 훈련을 시킵니다. 그리고 이러한 노력은 좋은 성적으로 보답을 받게 되고 갈수록 '더더더'를 외치게 됩니다.

　좋은 대학만 가면 멋진 미래가 보장되니 이 방법은 언뜻 훌륭해 보입니다. 문제는 이러한 시험성적 중심의 교육이 만들어내는 사고 체계의 획일성입니다. 성적만 좋으면 모든 것이 다 해결된다고 믿으면 세상의 모든 기준을 시험으로, 그리고 그 시험을 통해 내가 합격한 대학이나 회사의 수준으로 평가하게 된다는 것이죠. 어쩌면 이것이 매우 보편적인 우리 사회의 인재 평가 방식인지도 모르겠습니다. 그래서 시험이 모든 것의 잣대라고 굳게 믿게 됩니다.

　그런데 사실 수능은 사회에서 필요한 실력을 측정하는 수단은 아닙니다. 말 그대로 수학능력시험, 즉 무언가 중요한 것을 배울 준비가 잘되어 있는지를 테스트하는 과정이죠. 따라서 수능시험을 잘 본다고 해서 실력 있는 인재가 되었다고는 할 수 없습니다. 문제는 그다음입니다. 대학에 가서 어떤 공부를 어떻게 하느냐에 따라 매우 큰 차이를 만들어냅니다. 과거처럼 여전히 수업 잘 듣고 시험 잘 보기만 해서는 사회에서 원하는 인재가 되기 어려워졌습니다. 영어 시험점수 잘 따놓고 학원 가서 자격증 따고 어학연수 다녀오면 경쟁력 있는 인재가 되던 시대는 지나갔습니다. 인재의 표준이 달라진 것입니다.

　이제 기업에서는 새로운 상상력을 가진 인재들을 필요로 합니다. 과거처럼 말 잘 듣고, 조직생활에 잘 적응하고, 맡겨진 임무만 완수하면 되는 시대라면 여전히 시험성적 좋고, 학벌 좋은 친구를 뽑으면 됩니다. 그런데 기업의 표준이 달라지는 시대를 만났습니다. 인류의 놀이터가, 삶의 터전이 디지털 플랫폼으로 옮겨간 탓입니다. 모든 것을 새롭게 정의하고 시도해야 하는 시기입니다. 그러므로 학교에서 배우는 내용 이상을 경험한 인재를 요구합니다. 금융에서는 어떤 변화가 있는지, 유통에서는 어떤 변화가 있는지, 제조업에서는 어떤 변화가 있는지 검색을 통해 학습하고 필요한 능력을 스스로 키워온 인재를 찾는 것입니다.

이때 어려서부터 검색을 통해 지식을 습득하고 유튜브를 통해 학습하는 습관을 지닌 학생이 여러모로 유리합니다. 빅데이터다, 인공지능이다, 데이터 마케팅이다 온갖 생소한 용어가 나올 때마다 익숙하게 찾아내고 유튜브를 통해 전문적인 내용까지 단기간에 흡수할 수 있기 때문입니다. 이들에게는 스스로 신지식의 세계를 탐험하는 경험이 축적되어 있으므로 상상하는 미래도 전혀 다르게 그려낼 수 있습니다.

포노 사피엔스 시대에 기업이 찾는 인재들이 바로 이런 사람입니다. 요즘 대학에서는 문제해결 능력을 요구하는 수업이 많습니다. 전공 관련 지식을 이수한 후, 그것을 바탕으로 새로운 비즈니스 모델이나 사회적 문제해결책을 제시하라는 식입니다. 예를 들어 디지털 플랫폼에 기반해 농촌 고령화 문제에 대한 해결책을 제시하라는 것이 한 학기 동안 해결해야 할 과제입니다. (과거에는 농촌 봉사활동을 다녀온 후, 농촌의 가난을 해결하기 위한 정치적 해결책을 써내라고 했을 겁니다.) 전공 분야 지식으로는 IoT에서 많이 활용되는 라즈베리 파이(Raspberry Pi, 영국에서 개발한 교육용 표준 PC)를 소개합니다. 그것을 구동하는 파이썬^{Python}이라는 오픈소스 언어에 대해서도 소개합니다. 물론 어떤 기능이 있는지만 소개하지, 자세한 내용은 다루지 않습니다. 전문적인 프로그래밍은 팀에서 스스로 알아서 해결해야 합니다.

이번에는 지금까지 개발된 다양한 스마트 팜^{smart farm} 솔루션에 대해 소개합니다. 그리고 본격적으로 우리나라의 다양한 농촌 현실에 맞는 솔루션을 찾기 시작합니다. 과제가 시작된 것이죠. 평가는 네 번에 걸친 발표로 결정합니다. 각 팀에는 엔지니어링, 디자인, 마케팅, 심리학 등 다양한 전공의 구성원들이 함께 일합니다. 이러한 문제를 해결하기 위해 제일 먼저 필요한 것이 상상력이고, 거기에 디테일을 더하는 것이 검색을 통한 실무 구현 능력입니다.

첫 번째 발표에서는 각 팀별로 서비스 대상이 어떤 지역, 어떤 인구 구조, 어떤 농작물인지를 발표합니다. 어떻게 해야 최고의 대상 지역을 선정할 수 있을지 많은 검색과 논의가 이루어져야 하는 내용입니다. 두 번째 발표에서는 서비스 대상 지역과 상황에 맞는 스마트 시스템에 어떤 조건이 필요한지 정리해 발표합니다. 이때 과학적 근거에 기반한 상상력이 요구됩니다. 재배 작물이 인삼인지, 블루베리인지, 배추인지에 따라 시스템의 조건이 달라집니다. 작물에 따라 조절해야 하는 변수들은 무엇인지, 가장 일손이 많이 필요한 작업이 무엇인지도 고민해야 합니다. 대상 지역의 온도나 일조량도 생각해보아야 하고 그에 따른 재배 방식과 비용도 생각해야 합니다. 가장 중요한 것은 직접 해당 지역에 가서 인터뷰를 통해 서비스에 필요한 조건들을 찾아오는 것입니다.

첫 번째 발표에서 가장 훌륭한 기획을 발표한 팀에게 높은 점수가 주어집니다. 그리고 모든 자료는 공유됩니다. 최고의 팀을 카피해서 다음 발표를 준비하라는 것이죠. 그렇게 모두의 수준이 함께 상승합니다. 발표 수업의 가장 큰 장점입니다. 두 번째 발표에서는 시스템 구성 방식을 발표합니다. 학습했던 라즈베리 파이와 파이썬을 이용해 개념 적인 디자인을 팀별로 선보입니다. 이미 상용화된 시스템들을 검토하고 최근에 제시된 기기와 센서, UI/UX 등을 조사해서 문제해결이 가능한 시스템으로 구성해 발표합니다.

주어진 시간 내에 많은 전문자료를 탐색하고 그것을 활용할 줄 아는 팀과 그것을 기반으로 멋진 시스템을 상상해내는 팀이 유리한 것은 당연합니다. 최고의 평가를 받은 팀의 자료는 공유되고 다른 팀의 다음 내용에 다시 반영됩니다. 최종 발표에는 비즈니스 모델까지 제시됩니다. 우승 팀의 내용을 한 번 보겠습니다.

충청도에서 하우스 딸기 재배를 선정한 한 우승팀은 직접 백화점을 찾아가 가장 맛있는 딸기를 생산하는 농장을 조사하고 직접 찾아가 재배 조건을 확인했습니다. 거기에 맞추어 온도조절, 공기순환, 일조량 조절 등을 정리해 시스템으로 구성했습니다. 모든 관리, 감독은 스마트폰 앱을 통한 직관적이면서 편리한 UI/UX를 제시했고, 특히 최신 유행인 뉴모피즘neumorphism 디자인 기반의 UI를 보여 주목받았습니다.

여기서 끝난 것이 아닙니다. 사이트에서 취합된 데이터를 활용해 최고 생장 조건과 최고 출하가격 시기를 결정하는 시스템까지 제시되었습니다. 이 시스템의 설치가 확대되어 1,000개가 넘는 사이트에서 빅데이터가 형성되면 그것을 바탕으로 MS의 BIBusiness Intelligence 모듈을 적용해 인공지능 기반의 스마트팜으로 업그레이드할 계획을 말합니다. 거기에 더해 딸기 재배가 어려운 동남아 지역에 클라우드 서비스로 수

출하겠다는 계획까지 빼먹지 않습니다. 우승팀 발표의 제목은 '인공지능을 활용한 클라우드 기반의 딸기 재배 스마트팜 서비스'입니다. 실제 시스템 시범에서는 스마트폰 앱을 통해 라즈베리 파이를 장착한 스마트팜 시스템이 미니 천장 창과 조명을 제어하는 모습을 동영상으로 보여줍니다.

저는 실제로 이런 일을 할 수 있겠냐고 질문했습니다. 학생들은 한 학기 동안 스마트팜 벤처기업과 연계해 인턴십을 다녀왔기 때문에 충분히 가능하다고 입을 모읍니다. 학생들이 교수의 상상력을 넘어서 더 많은 아이디어를 찾아내는 것은 이제 흔한 일입니다. 멋지지 않나요? 제 수업에서 실제로 벌어지는 일들입니다. 초등학생들이 인공지능 프로그래밍을 직접 하는 시대라면 놀랄 일도 아니죠.

먹는 소리 하나로
1년에 70억 번다

이 모든 결과물은 지식 검색과 팀원 간의 협력을 통해 만들어진 성과입니다. 출발은 상상력입니다. 포노 사피엔스 문명의 학습 성과는 사실 정해진 경계와 한계가 없습니다. 검색하는 만큼, 협력하는 만큼 그 범위는 더욱 확장됩니다. 카피하고 참고할 자료도 엄청나게 많습니다. 빅데이터, 인공지능, 클라우드 서비스 등 새로운 지식을 접목하는 것은 상상력의 몫입니다.

얼마나 많은 경험을 했느냐가 상상력의 폭을 결정합니다. 메타인지가 폭발적으로 성장하는 것이죠. 프로그래머, 디자이너, 엔지니어, 마케터 등 다양한 전문가가 얼마만큼 다른 분야의 지식을 잘 이해하고 있는지에 따라 해결책의 수준이 하늘과 땅 차이로 달라집니다. 그래서 훌륭한 인재의 조건은 얼마나 많은 프로젝트를 직접 참여해서 수행해보았는지에 따라 결정됩니다. 세계 최고의 기업들이 성적이나 학벌보다 다양하고 다층적인 실무 중심의 면접을 통해 인재를 선발하는 이유이기도 합니다. 세계 최고 대학들은 이렇게 문제해결 능력을 키우는 프로젝트 기반의 수업을 크게 늘리고 있습니다. 세계 최고의 기업들이 원하는 인재상이 달라졌기 때문입니다. 일반 기업들도 마찬가지입니다.

포노 사피엔스 문명 시대에 필요한 우수 인재라면 디지털 플랫폼을 활용한 창의적 문제해결 능력이 뛰어나야 합니다. 협업도 훌륭히 해내야 합니다. 새로운 지식의 습득 속도도 빨라야 합니다. 디지털 문명에 대한 이해도도 높아야 합니다. 막연하게 '수능 시험 전까지는 스마트폰 금지'라는 처방만으로는, 시험 쳐서 얻은 몇 개의 자격증과 영어점수만으로는, 부모가 인맥을 동원해서 만들어준 증명서 따위로는 이 시대가 원하는 좋은 인재를 만들 수 없습니다. 상상의 나래를 펴고 미래를 준비하는 청소년들이 마음에 깊이 새겨야 할 시대의 교훈입니다. 디지털 플랫폼을 타고 미지의 세계를 탐험하며 경험과 실력을 키우면서 멋진 미래를 준비해야 합니다. 그것이 어떤 분야든지 관계없이 말이죠.

이번에는 요즘 가장 각광받고 있는 직업, 유튜버 또는 크리에이터가 되는 길을 한번 상상해보겠습니다. 우선 '유튜버'는 어떤 사람인지 위키백과에 검색해봅니다. 이렇게 나와 있습니다.

| 유튜버 | Q |

유튜버(Youtuber)는 동영상 플랫폼인 유튜브에 정기적 또는 비

정기적으로 동영상을 올리는 사람을 말한다. 구글 계정만 있으면 누구나 모두 유튜버가 될 수 있으며 광고를 통해 수익을 얻을 수도 있다. 흔히 유튜버와 유튜브 크리에이터를 동일하게 생각하는 경우가 있는데, 이 둘은 약간의 차이가 있다. 크리에이터는 유튜버의 일종이라고 볼 수 있는데, 유튜브에 영상을 업로드하는 모든 사람을 유튜버라고 하고 본인이 만든 콘텐츠를 업로드하는 사람을 유튜브 크리에이터라고 한다.

그렇다면 유튜버들은 주로 어떤 내용을 업로드하고 있는지 살펴보겠습니다. 역시 유튜버 검색 연관 고리에 잘 나와 있습니다.

- 게임: 주로 게임을 플레이하는 영상을 제작하는 것이 대표적이다. 게임 한 분야의 전문가인 경우도 있다. 대부분의 프로그래머들은 트위치와 유튜브를 병행하기도 한다. '아프리카TV' BJ로 활동하는 유튜버도 상당수다.
- 리뷰: 어떠한 제품이나 현상에 대해 개인의 시점에서 구독자들에게 리뷰하는 영상. 직접 물건을 소개하고 판매하기도 한다.
- 브이로그: 가장 일반적인 콘텐츠로, Video(동영상)+Blog(블로그)를 합친 말이다. 일상적인 생활, 이야기를 촬영한 영상을 말한다.
- 음악: 자신이 만든 곡이나 어떠한 곡을 직접 연주하는 것을

말한다.

- 먹방: 한국에서 특히 유행하고 있는 유형으로, 음식을 먹는 모습을 보여주는 영상이다.
- ASMR(Autonomous Sensory Meridian Response, 자율감각 쾌락반응): 조용히, 귀에 속삭이듯이 말하거나 또는 기분 좋은 소리를 계속하여 듣는 것으로 사람들에게 안정감을 느끼게 한다.
- 뷰티: 분장을 하는 과정이나 메이크업을 하는 모습을 보여주는 콘텐츠로 이러한 영상을 제작하는 유튜버를 '뷰티 유튜버'라고 칭한다.
- 댄스: 자신이 창작한 춤이나, 어떠한 춤을 커버한 영상을 촬영하여 보여주는 유형이다.
- 운동: 운동 방법에 대한 설명이 대표적이고 유명 스포츠 스타 또는 운동 고수들의 운동 영상을 보여주는 유형도 인기가 있다.

이 정도면 모든 내용이 다 콘텐츠가 될 수 있을 것 같습니다. 특별한 재능이 있는 게 아니라면 브이로그나 ASMR이 제일 만만합니다. 그래서 대부분 자신의 일상을 소개하는 브이로그로 유튜브에 데뷔하는 사람들이 많습니다. 브이로그로 가장 유명한 사이트는 '보람튜브'입니다. '보람이의 브이로그'는 2020년 5월 기준, 구독자수 2,470만 명을 자랑하는 세계 최고 '키즈TV' 사이트입니다. 앞서 성공한 키즈 유튜버 라이언Ryan의 콘텐츠를 보며 시작한 이 방송은 전 세계로부터 엄청난 구독자를 모으며 세계 어린이들이 사랑하는 대표 키즈TV로 성장했습니다. 우리나라 4~7세 아이들의 총인구가 138만 명에 불과하다는 것을 감안하면 2,470만 명은 어마어마한 숫자입니다. 보람이는 글로벌 슈퍼스타인 셈이죠. 네 살짜리 꼬마가 "엄마 나도 유튜브 찍으면서 놀고 싶어."라며 시작한 후 3년 사이에 이루어진 일입니다.

유튜버로의 진출과 성장은 누구에게나 열린 길이고, 상상이 가능한 꿈입니다. 거대 자본의 투자나 엄마 아빠의 인맥이 필요한 것도 아닙니다. 손녀의 권유로 시작해 유명해진 '박막례 할머니'의 수익은 어느 정도일까요? 분석 사이트에 따르면, 구독자 118만 명인 현재 유튜브 연수익은 2억 원 정도로 예상합니다. 물론 광고수익은 별도입니다. 나이에 상관없이 누구나 유튜버에 도전하고 싶은 마음이 들게 만드는 숫자입니다.

ASMR은 어떨까요? ASMR은 특별한 대사나 멘트 없이 이런저런 소리만으로 사람의 오감을 자극하는 방송입니다. 일반 방송에서는 상상도 못했던 영역인데, 유튜브에서 특이하게 성공한 분야죠. 다양한 ASMR로 유명한 대표 유튜버 제인Jane은 먹는 소리 ASMR로 빅히트를 쳤습니다. 구독자 수는 563만 명, 월평균 예측 소득은 약 6억 원입니다(인플루언서 분석 사이트 예측 기준). 매일매일 재밌는 소리를 올려 1년에 70억 원 이상의 수익을 만들 수 있다니, 입이 떡 벌어지는 놀라운 실적입니다. 물론 아주 크게 성공한 경우입니다. 말하자면 우리나라 최고의 대기업에 입사해 대표이사가 되었을 정도의 성공이라고 보면 됩니다. 샐러리맨으로 우리나라 최고 연봉을 기록한 삼성전자 권오현 회장님의 5년 평균 연봉이 70억 정도라고 하니 실제로 비슷하죠.

　세계 최고의 수익을 올리는 유튜버는 미국의 키즈 유튜버 라이언입니다. 그는 2018년 250억 원을 기록한 데 이어 2019년에는 303억 원의 수익을 올렸습니다. 이 정도라면 수입에 관한 피라미드 구조는 일반 회사와 크게 다르지 않습니다. 구독자 수 100만 명이면 연봉 2억~5억 원 정도라고 생각하면 됩니다. 1,000대 1의 경쟁을 뚫고 이룬 성과라는 점에서 그만큼 이룩하기 어렵다는 것도 비슷합니다.

　유튜버의 수입 구조와 안정되게 구축된 생태계를 감안하면 '나는 커서 대기업의 사장이 될 거야'라는 꿈과 '나는 커서 최고의 유튜버가 될 거야'라는 꿈은 일단 수익 면에서 그 성공의 크기가 비슷합니다. 경쟁률도 비슷합니다. 차이점이라고 한다면, 유튜버가 되는 길에는 학력이라든가, 시험점수라든가, 토익점수 같은 제약은 없습니다. 공부를 꼭 잘해야 하는 것도 아니니 도전해볼 만도 합니다. 어른, 아이 할 것 없이 유튜버로 성공하고 싶어하는 이유를 알 것 같습니다. 여덟 살짜리 꼬마가 세계 최고 자리를 차지하고, 일흔 살이 넘은 어르신들도 거리낌 없이 성공한 사례가 그것을 보여줍니다. 그래서 더 매력적으로 보입니다. 좋게 보자면 공부를 못해도, 부모가 돈이 많지 않아도, 자기 노력만으로 성공할 수 있는, 정정당당한 실력 경쟁이 보장된 멋진 일터입니다. 10년 전만 해도 전혀 상상치 못했던, 그야말로 '능력 위주'의 청정 생태계가 탄생한 것입니다.

배달의민족

2019년 대한민국 대표 배달 서비스 '배달의민족'이 글로벌 음식배달 서비스 기업인 독일의 '딜리버리 히어로즈DH'에 4조 8,000억 원의 거액에 매각되자 온 나라가 시끌시끌했습니다. 토종 벤처기업인 배민이 해외기업에 팔렸다는 충격으로 '게르만 민족'이 되었다는 자조 섞인 댓글도 많았고 음식배달 시장이 DH에 의해 독점되었다는 우려도 커졌습니다.

그런데 무엇보다 놀라웠던 것은 4조 8,000억 원에 이르는 배민의 가치였습니다. 비록 부채가 많았다고는 하지만 아시아나항공의 매각 금액이 2조 원이었던 것을 감안하면 엄청난 액수죠. 심지어 DH는 배민을 인수하기 위해 독일에서 운영하던 배달 서비스 모기업을 매각까지 해버렸습니다.

그렇게까지 할 만큼 DH에서 배달의민족을 탐냈던 이유가 무엇일까 궁금해집니다. DH는 배민을 매입하면서 현금을 지불한 것이 아니라, DH의 지분 13%를 김봉진 대표에게 제공하고 DH의 최대 주주로 만들었습니다. 그리고 아시아 11개 국가 사업권과 인사권을 부여하면서 '우아DH아시아' 합작법인을 설립하고 DH아시아의 미래를 김봉진 대표에게 맡기기로 했습니다. 엄청난 신뢰를 실감할 수 있는 메가톤급 거래가 이루어진 것입니다.

2010년 음식점 전화번호부 앱으로 시작해서 10년 만에 4조 8,000억 원짜리 거대 기업을 키워낸 김봉진 대표의 실력은 무엇일까요? 모든 것의 시작은 '맛있는 음식점을 찾고 싶은 사람들의 욕망을 어떻게 풀어줄까'였습니다. 그 욕망을 앱으로 해결해보고자 했죠. 사실 누구나 생각할 수 있는 아이디어였습니다. 그런데 그의 열정은 남달랐습니다. 사업 초기 제대로 된 음식점의 전화번호를 수집하기 위해 길거리를 다니며 전단지를 모으기 시작했고, 무려 5만 장의 전단지를 모아 초기 데이터를 확보했습니다. 광고로는 매출을 만들기 어렵다고 판단, 2010년 '배달의민족' 앱을 출시하면서 본격적으로 배달시장에 뛰어들었습니다. 그리고 '요기요', '배달통'과 함께 음식 배달시장의 10년 전쟁이 시작되었습니다.

배민이 이만큼 성장할 수 있었던 데에는 디자인의 힘이 큽니다. 그리고 그 힘을 더욱 피어나게 한 회사의 개방적인 '조직 문화'입니다. 이 두 가지 요소는 사실 모든 플랫폼의 기본적인 성공 조건이기도 합니다. 김봉진 대표는 포노 사피엔스 문명에서 중요한 것은 팬덤을 만드는 일이라고 믿었습니다. 그래서 독특한 광고 마케팅에 집중했습니다. Z세대가 좋아하는 소위 B급

문화를 활용한 것이죠.

아무도 생각하지 못한 다양한 아이디어가 나옵니다. 배민이 만든 카피는 SNS를 타고 폭발적으로 퍼져나갔습니다. "경희야 넌 먹을 때가 젤 이뻐."라든가 "치킨은 살 안 쪄, 내가 쪄.", "누구에게나 때가 있다." 같은 카피를 다들 한 번씩은 보셨을 겁니다. ASMR이 유행하자, 치킨이나 떡볶이를 요리할 때 나는 소리로 광고를 만들어 SNS에서 난리가 나기도 했습니다. 이런 방식으로 배민의 문화를 고객에게 심어주며, 배달시장 삼국지에서 홀로 51%의 점유율을 기록해나갔습니다.

또 새로운 생태계 자체를 만들어갔습니다. 배달 서비스에서 가장 중요한 것은 신속한 배달입니다. 그것을 해결하기 위해 배달업체를 인수하고, 2015년 '배민라이더스'를 창업했습니다. 배민라이더스는 기존 업체들과 경쟁하며 빠른 배달이 가능한 건강한 생태계를 만들었습니다. 이 모든 생각을 만들어내고 추진할 수 있었던 것은 회사 조직이 탄탄했기 때문입니다.

배민의 조직 문화는 매우 진보적이고 선진적인 것으로 유명합니다. MBC 예능 프로그램 '무한도전'에서 배민의 회사 문화를 경험한 유재석 씨와 박명수 씨는 "이곳이야말로 유토피아 직장이네."라고 소리쳤을 정도입니다. 김봉진 대표가 만든 '송파구에서 일 잘하는 방법 11가지'를 보면 조직 문화를 정확히 이해할 수 있습니다.

1. 9시 1분은 9시가 아니다.

2. 업무는 수직적, 인간적인 관계는 수평적.

3. 간단한 보고는 상급자가 하급자 자리로 가서 이야기를 나눈다.

4. 잡담을 많이 나누는 것이 경쟁력이다.

5. 개발자가 개발만 잘하고, 디자이너가 디자인만 잘하면 회사는 망한다.

6. 휴가 가거나 퇴근 시 눈치를 주는 농담을 하지 않는다.

7. 팩트에 기반한 보고만 한다.

8. 일을 시작할 때는 목적, 기간, 예상산출물, 예상결과, 공유대상자를 생각한다.

9. 나는 일의 마지막이 아닌 중간에 있다.

10. 책임은 실행한 사람이 아닌 결정한 사람이 진다.

11. 솔루션 없는 불만만 갖게 되는 때가 회사를 떠날 때다.

업무는 철저하게, 그렇지만 창조적 아이디어를 위한 자율성은 합리적으로 충분하게 보장합니다. 조직의 하부에 있는 MZ세대가 충분히 자기 능력을 발휘할 수 있는 체계를 갖춘 셈입니다. 그래서 혁신적인 B급 마케팅 아이디어들이 분출될 수 있었던 것이죠.

포노 사피엔스 시장에서는 고객이 왕입니다. 배민은 대부분의 배달이 단체로 이루어지고 그 주문을 담당하는 사람이 그중에서 가장 어린 사람이라는 데 주목합니다. 그래서 그들의 팬덤을 만들 수 있는 비즈니스 방식에 집중했고, 그것을 실현하기 위해 MZ세대와 공감대가 넓은 직원들이 충분히 역량을 발휘할 수 있는 조직 문화를 갖추었습니다.

팬덤을 만들어야 성공할 수 있고, 팬덤을 만들려면 킬러 콘텐츠를 만들어야 하고, 킬러 콘텐츠는 고객이 스스로 열광하는 문화를 만들 때 비로소 가능하다는 포노 사피엔스 문명의 특징을 제대로 이해한 것입니다.

포노 사피엔스 시장에 도전하는 모든 기업들이 본받을 만한 회사 문화입니다. 우리나라 대부분의 기업은 상위조직에서 의사결정을 주관합니다. 그 자리에 고객을 올려야 합니다. 조직 문화를 바꾸는 방향도 '오직 고객만족'이 되어야 합니다.

마케팅만으로 성공한 플랫폼은 없습니다. 서비스에 대한 고객 경험이 좋아지자 소비자들의 주문도 크게 늘어나고 작았던 음식배달 시장이 폭발하면서 배민도 성장할 수 있었습니다. 배민이 2019년 만들어낸 총 배달 금액은 무려 8조 5,000억 원에 달합니다. 전체 음식배달 시장의 50% 이상을 차지하게 된 것은 우연이 아니라 실력입니다.

물론 배민의 성공에 대해서는 비판도 많습니다. 영리 추구가 목적인 기업인 만큼 많은 식당들의 원성을 사기도 했습니다. 특히 우리 시장을 독일 기업에 내주었다는 평가가 뼈아픕니다. 그런데 여기서 우리가 집중해야 할 것은 '포노 사피엔스 시장'의 성장과 가치입니다. 우리나라에는 배민에 4조 8,000억 원을 지불할 자본이 없었고 그런 높은 가치를 부여할 기준도 없었습니다. 반면 DH는 아시아의 음식배달을 지배할 수 있는 기업으로 배민을, 그리고 CEO로 김봉진 대표를 결정한 것입니다.

포노 사피엔스 시장에서 경쟁력을 키워가는 길은 이렇게 국경도 없고 실력만 보장된다면 글로벌하게 진출하는 일도 비일비재합니다. 많은 팬덤을 확보한 플랫폼 기업들이 세계적인 기업들에 조 단위 자금을 받고 인수·합병되는 일은 흔한 일상입니다. 거기서 새로운 일자리가 생기고 우리가 해외로 진출할 수 있는 힘도 키울 수 있습니다. 우리의 미래가 거기에 있다는 뜻입니다.

배달의민족의 4조 8,000억 원짜리 성공 비결을 정리해보겠습니다. 하나, 디자인 파워를 근간으로 B급 문화 기반의 마케팅을 실천해 10~20대 고객의 취향 저격에 성공했습니다. 둘, 수평적이면서 합리적인 조직 문화를 정착하여 고객과 공감대가 넓은 MZ세대 직원들의 역량 발휘를 일상화시켰습니다. 셋, 어려운 일이긴 하지만 생태계 전체 구성원(고객, 배달원, 식당, 배민 직원)의 만족도를 모두 높이는 데 최선을 다했습니다. 넷, 구축한 팬덤의 가치를 극대화하여 거대 자본의 투자를 끌어냈습니다.

앞으로 '조 단위' 기업을 목표로 성장하는 플랫폼 기업들이 반드시 새겨야 할 교훈입니다.

Humanity

자기 존중감은
모든 사람의 권리다

CODE
3

휴머니티

인간에 대한 애정을 품는다는 것은 진심으로 이해하고 공감할 수 있을 때 시작되는 가장 고귀한 행위입니다. 내가 가진 포용의 크기가 곧 내가 만들 수 있는 팬덤의 크기가 됩니다. 내가 가진 포용의 성격이 곧 팬덤의 성격이 됩니다.

사실 인간의 특성상 모든 것을 공감할 수는 없습니다. 아니, 오히려 생각이 다양해지면 극단적인 대립을 더 많이 경험하게 됩니다. 그것은 어쩔 수 없는 인간의 본성이기도 합니다.

그렇더라도 우리는 보편적 감성이 어디를 향하고 있는지 늘 주목하고 거기에 포커스를 맞추어야 합니다. 정치 권력이 모든 것을 통제할 수 있던 시대에는 잘못된 행동들도 권력의 힘으로 묵살하고 대중에게 감출 수도 있었습니다.

지금은 명백히 소비자가 권력인 시대가 되었고 그래서 인간의 보편적 도덕성을 인지하고 거기에 맞추어 행동하는 것이 무엇보다 중요해졌습니다.

이모티콘 하나로
천냥 빚을 갚고

포노 사피엔스 시대에 가장 필요한 것 한 가지만 꼽으라고 한다
면 '인간다움', '인간의 본질', 바로 '휴머니티'입니다. 그런데 무언가 아
이러니하지 않습니까? 디지털 플랫폼으로 생활의 공간을 옮긴 인류에
게, 비대면 소셜 미디어를 통해 더 많이 소통하는 인류에게 기술이나
진보성이 아닌 '인간성'을 그 어느 때보다 중시하는 것이 말이죠.

실제로 포노 사피엔스 문명의 특징을 살펴보면 사람에 대한 관심,
배려, 애정, 예의 등 휴머니티에 관련된 요소들이 도드라지게 중요한
역할을 합니다. 왜 그럴까요?

우리 뇌는 입력된 정보에 의해 생각을 만듭니다. 정보의 95%를 시
각 정보에 의존합니다. 과거에는 아침에 신문을 보고 저녁에 TV를 보
며 정보를 습득해 생각을 만들었습니다. 특별한 사회적 현상이 발생해

도 개인의 생각에 자극을 주는 경로가 단순했고 횟수도 적었습니다. 그래서 사람들의 심리에 그렇게 큰 영향을 미치지 않았습니다.

그런데 포노 사피엔스 시대가 되면서 이런 메커니즘이 통째로 달라져버렸습니다. 아침에 눈을 뜨면 스마트폰으로 오늘의 주요 뉴스를 보고, 종일 이슈가 되는 사건이 터지면 실시간으로 접하게 됩니다. 우리는 실시간으로 정보와 뉴스에 노출되는 경험을 최근 코로나19 사태로 인해 겪었습니다. 아침부터 저녁까지 확진자 현황과 사망자를 확인하고, 확진자 발생 시 이동 경로를 파악하기 위해 앱을 켭니다.

이런 과정에서 뇌는 쉴 새 없이 자극을 받고 공포를 느낍니다. SNS에서도, 메신저에서도 모두 코로나 바이러스 이야기뿐입니다. 뇌에는 공포가 더해집니다.

그뿐 아니라 자신도 거기에 의견을 달고 동참하게 됩니다. 의사 친구나 의료계에 몸담은 지인으로부터 좋은 정보라도 얻으면 빠르게 전달하고 퍼뜨립니다. 이를 통해 공포는 이제 불특정 다수의 문제가 아닌 내 문제로 자리 잡게 됩니다. 전달하는 와중에 내 뇌가 스스로 인식하는 것이죠.

이러한 이유로 포노 사피엔스 시대에는 과거보다 사회적 위기에 더욱 강한 공포를 느끼게 됩니다. 이는 인간의 생물학적 특성에 따라 일어나는 자연스러운 현상입니다. 중요 정부 관계자나 정치인, 연예인 같은 공인들이 코로나 사태에 대해 생각 없는 발언을 했다가 SNS를 통해 큰 파장을 일으켜 곤욕을 치루는 일이 많았습니다. 사실 옛날 같았으면 큰 문제 없이 그냥 넘어갔을 수도 있겠지만 최근 들어 공인들의 실언이 크게 비난받는 이유는 그만큼 공포가 극대화되어 있기 때문입니다. 이 사회적 공포감은 소셜 네트워크를 통해 공감대를 형성하고, 이에 따라 강력한 연대의식을 형성합니다. 팬덤의 형성 과정과 매우 유사합니다. 이 끈끈한 연대감에 자극을 주면, 바로 폭발적인 반응이 발생합니다.

'코로나는 코로 나온다'라는 발언으로 물의를 일으켰던 경우도 여기에 해당됩니다. 코로나에 대한 사회적 공포감이 과거처럼 크지 않았다면, 이 정도 표현은 그냥 썰렁한 농담이라고 넘어갈 수도 있었을 겁니다. 하지만 코로나19로 인해 실제로 고통받고 있는 사람들에게 이는 분노를 촉발하는 기폭제가 되었고, 이 폭발적 분노는 다시 소셜 네트워크를 타고 연쇄 작용을 일으키게 되었습니다.

포노 사피엔스 문명에서는 말 한마디에 더욱 조심스러운 배려가 필요합니다. 그러기 위해서는 공감 능력을 키워야 합니다. 내 마음이 함께 아프고, 내 마음이 함께 기뻐야 상황에 맞는 이야기를 자연스럽게 할 수 있기 때문입니다. 공감 능력이 부족하면 엉뚱한 말로 마음을 다치게 할 가능성이 높습니다.

소셜 네트워크 안에서의 공감 능력은 소셜 네트워크를 많이 사용해야 키울 수 있습니다. 내가 올린 이야기와 사진, 동영상에 '좋아요'나 댓글을 달아주는 사람들과 소통하면서 공감대를 만들어갑니다. 어떤 글이나 사진에 더 많은 '좋아요'와 댓글이 달리는지도 생각해봅니다. 이렇게 소통하면서 조금씩, 조금씩 새로운 문명의 교감 방식을 배워가고 그에 걸맞는 감성을 키워가는 것입니다. 서로 만나 얼굴을 보고 이야기하면서 감성을 나누는 소통 방식과 소셜 네트워크를 기반으로 감성을 나누는 방식은 엄연히 다릅니다. 그래서 익숙하지 않으면 실수하기도 쉽습니다. 농담을 나누는 경계선도 확실히 다르고, 주고받는 대화의 언어나 감정의 체감 온도도 다릅니다. 자꾸 경험해보는 수밖에 없습니다.

물론 이런 경험을 하는 것은 신문명에 익숙하지 않은 사람들에게 어려운 일입니다. 그래서 많은 사람이 살짝 시도했다가 곧 포기하곤 합니다. 특히 자기가 올린 글이 자신의 의도와는 달리 싸늘한 비판이나 더 싸늘한 무관심 속에 묻히게 되면 마음에 상처를 받고 '역시 난 이런 거랑은 안 맞아'라며 손을 떼버리기도 하죠. 그러면서 소셜 네트워크를 활발히 사용하고 있는 사람들을 도리어 역비판하기도 합니다.

하지만 이 새로운 공간에 갖추어야 할 감성은 절대로 저절로 키워지지 않습니다. 충분한 경험이 필요합니다. 실수도 하고, 아파도 보고, 반성도 하면서 자연스럽게 성장해야 합니다.

어른들이 소셜 네트워크에서 적응하기 어려운 이유는 분명합니다. 이미 오랜 세월을 거쳐 사람과의 소통에 충분한 능력을 갖고 있다고 자신하는데, 소셜상에서는 실제로 좀 뒤처지는 듯하고 실수도 하게 되니 반성보다는 짜증이 나게 됩니다. 그러다 보면 내가 못해서라기보다는 이 문명이 이상하다고 판단하고 탈출해버립니다.

가까운 예로 메신저 단톡방에서 이런 경우가 많습니다. 사실 누구의 잘못이라고 할 수도 없습니다. 이질적인 두 문명이 만나는 현상이라고 보는 것이 더 정확합니다.

자주 쓰는 메신저의 단체 대화방 분위기를 살펴보면, 포노 사피엔스 문명에서의 소통에 있어 달라진 기준을 볼 수 있습니다. 서로 즐거운 일을 축하하고 슬픈 일을 위로하는 데 표현을 아끼지 않습니다. 특히 좋은 감정을 표현할 때는 이모티콘을 활발하게 사용합니다.

이모티콘을 잘 활용하는 것도 단체 대화방 안에서의 미덕입니다. 이 정도는 쉽게 익힐 만합니다. 찬반이 갈릴 수 있는 문제에 대해서는 매우 조심스럽게 표현합니다. 특히 정치적 표현은 삼가는 게 좋습니다. 서로 극단적으로 의견이 갈릴 수 있기 때문입니다. 상하 관계라면 더욱 그렇습니다.

친구 사이라도 조심해야 합니다. 농담을 하거나 유머를 퍼올 때도 수위 조절을 잘해야 합니다. 내용 중에 성적인 표현이나 특정인에 대한 비하가 담겨 있다면 특히 조심해야 합니다. 젠더 문제도 절대 조심해야 합니다. 남자들끼리 모여 있는 방이니 진한 농담도 하고 여성 비하도 하고 특정인 욕도 하면서 대화를 나누는 것이 '뭐 어때?' 싶을 수도 있지만 안 됩니다. 누군가는 그런 대화를 불편해하는 사람이 있을 수도 있고, 상처를 받을 수도 있습니다.

물론 이런 것들은 사람을 직접 대면해서 소통할 때도 마찬가지이지만, 메신저상의 소통에서는 더더욱 중요합니다. 가십gossip은 인류의 오래된 습관이니 메신저상으로도 그런 농담이나 가십을 떠드는 것이 이상할 것 없다고 느껴질 수 있습니다.

하지만 비대면 대화 시의 예의범절 수준은 대면하는 만남에 비해 오히려 훨씬 높습니다. 서로의 표정과 상황을 알지 못한 상태에서의 소통이기 때문입니다. 무엇보다 이것들은 지울 수 없는 기록으로 남을 수 있기 때문입니다. 유명 연예인들이 단톡방에 모여 문란한 대화와 사진을 공유한 사실이 밝혀져 사회적으로 큰 문제가 되었던 것을 우리는 기억합니다. '우리는 연예인도 아닌데 괜찮지 않을까?'라고 생각한다면 오산입니다. 모든 내용이 공개된다고 하더라도 큰 문제가 되지 않을 정도의 표현이 '넘지 말아야 할 선'의 정의입니다.

모두 '꼰대'가
되는 것은 아니다

요즘 흔하게 등장하는 단어 중 하나가 바로 '꼰대'입니다. 과거에는 주로 권위적인 어른이나 선생님을 비하하는 은어로 사용되었습니다. 하지만 요즘은 범위가 넓어져 자신의 과거 경험을 일반화해서 자신보다 지위가 낮거나 어린 사람에게 자신의 생각을 강요하는 사람을 모두 꼰대라고 부릅니다. 꼰대들이 잘 쓰는 말인 "나 때는 안 그랬어."라는 말을 이용하여 "라떼는 말이야."라는 유행어까지 탄생했습니다. 사실 예전부터 세대 간 생각 차이는 항상 존재해왔고, 고집 세고 자기 생각만 강요하는 사람들은 늘 꼰대 소리를 들어 왔지만 그들은 소수에 불과했습니다. 하지만 요즘은 단톡방에서 작은 실수만 해도 바로 꼰대가 됩니다. 세대 간의 생각 차이에 더해 디지털 트랜스포메이션에 따른 문명의 교체가 일어나면서, 포노 사피엔스 문명에 익숙한 사람들과 그렇지 못한 사람들 사이 생각의 간극이 크게 벌어진 것이 그 이유입니다.

지난 30년 동안 우리 사회는 인간의 다양성과 인권에 대해 소홀했던 것이 사실입니다. 사회 조직의 권위가 개인의 인권보다 중요하다고 여겨왔고, 모두가 불합리하다고 생각하면서도 '관행'이라는 이름 아래 묵인하고 모른 척 넘어가는 것이 상식이었습니다.

2015년 이후 폭발적으로 쏟아져나온 여성 인권 문제, 젠더 문제, 성폭력 문제, 갑질 문제, 사내 성추행 문제 등은 이런 불합리한 관행들이 깨져나가는 현상이라고 볼 수 있습니다. 조직 중심의 사회에서 다양한 개인이 존중받는 선진 사회로 전환되는 과정인 것이죠. 이것을 가속화한 것이 바로 디지털 문명입니다.

과거에는 억울한 일이 생겨도 약자는 호소할 곳이 없었습니다. 그런데 이제는 디지털 플랫폼에 풀어냅니다. 많은 사람이 그 억울함에 공감하고 거대한 반향을 일으키면 기존의 권력보다 더 강한 힘을 얻게 됩니다. 그리고 문제를 만든 사람에게 대중의 칼끝이 향하면서 불합리했던 상황을 바로잡는 힘이 됩니다. 조직의 불합리한 관행으로부터 개인이 보호받을 수 있는 환경이 형성된 것입니다. 이때 다양한 디지털 기록들이 보호막을 형성합니다. 과거에는 나쁜 짓을 하고도 잡아떼면 그만이었지만 이제는 그럴 수 없습니다. 녹음도 하고 녹화도 하고 CCTV도 곳곳에 있습니다. 그래서 거짓말을 할 수 없습니다. 잘못된 행동의 흔적은 디지털 플랫폼 곳곳에 남아 도망칠 수 없는 올가미가 됩니다. 이런 디지털 기술을 이용해 저지르는 범죄도 늘어났다지만, 전 사회에 퍼져 있던 나쁜 관행과 범죄가 사라진 것을 생각하면 긍정 효과는 비교할 바가 아닙니다.

　사회에서 '꼰대'에 대한 관심이 높아지면서 '나도 꼰대일까?'라는 생각을 하게 됩니다. 네이버 검색창에 '꼰대 테스트'를 넣어보면 다양한 테스트들이 등장합니다. 여러 가지 테스트들이 묻고 있는 체크 리스트를 요약해보면 대략 이렇습니다.

〔꼰대 테스트〕

- 처음 만나는 사람에게 나이나 학번을 물어봐야 직성이 풀린다. ☐
- 후배나 후임 나이 때 내가 잘했던 것이 무엇인지 말해주고 싶다. ☐
- 후배나 동료의 옷차림이 너무 개방적이거나 튀면 마음에 안 든다. ☐
- 나보다 늦게 출근하는 후배가 거슬린다. ☐
- 후배에게 인생 선배다운 조언을 해줬을 때 무언가 뿌듯하다. ☐
- 자유롭게 의견을 내보자고 하지만, 결국 내가 생각했던 대로 간다. ☐
- 나이가 들수록 어쨌든 아는 게 많고 지혜가 쌓이는 건 맞다고 생각한다. ☐
- 눈치 보지 않고 칼퇴할 수 있는 요즘 세상 많이 좋아진 거다. ☐
- 후배나 후임들이 일하는 걸 보면 성에 안 찬다. ☐
  열정적이거나 성실하지 않아 보인다.
- '나는 꼰대가 아니다'라는 말을 자주한다. ☐

　몇 개나 해당되시나요? 7개 이상이라면, 인정하고 싶지 않겠지만 꼰대일 가능성이 상당히 높습니다. 만나자마자 나이나 고향, 출신학교를 묻거나 남친, 여친 있냐 등 사생활에 관련된 질문을 아무렇지도 않게

던진다면 대표적 꼰대 스타일입니다. 일에 관한 이야기보다 나의 부모, 인맥, 친척, 학벌 등을 이야기하며 자랑하고 싶어하면 역시 꼰대입니다. 젊은 세대의 취향을 보면서 '다르구나'라고 느끼는 것이 아니라 '틀렸구나'라고 생각하면 꼰대입니다. 묻지도 않은 나의 젊은 시절 이야기를 주절거리고 있다면 100%입니다. '라떼는 말이야'는 마음속으로만 떠올려도 꼰대입니다. 너무나 엄격한 기준입니다. 누구나 꼰대가 되고 싶지는 않습니다. 그렇다면 나이는 들었지만 꼰대가 되지 않는 방법은 무엇일까요?

답은 휴머니티에 있습니다. 모든 인간은 평등하고 사랑받을 권리가 있다는 휴머니즘을 실천하면 문제가 해결됩니다. 혹시라도 기분 나쁠 수 있는 질문, 사생활에 관한 질문은 절대로 하지 않습니다. 이것은 존중입니다. 대화할 때면 항상 내가 아닌 상대방을 배려하려고 노력합니다. 누구나 동등한 권리를 가진 인격체임을 깊이 각인해야 합니다. 어려도, 나보다 지위가 낮아도, 가진 것이 없어도 무시할 수 있는 인격체는 없습니다. 어떤 상황에서도 모두 존중해야 합니다. 물론 화가 나는 상황도 생길 수 있습니다. 신입사원이 회사에서 업무를 하는 중에 해야 할 일을 제대로 못할 경우 화가 치밀어오릅니다. 당연히 일을 제대로 하라고 이야기해야 하지만 그래도 인격적인 모독은 하지 말아야 합니다. 못하는 일은 가르쳐주어야 합니다. 아주 조심스럽게 배려하면서 일이 더뎌도 그렇게 세심하게 해야 합니다. 내 동생이라면, 내 아들과 딸이라면, 그런 마음으로 애정을 갖고 대해야 합니다. 권위를 털어내고 휴머니즘을 입어야 합니다.

조직생활을 모르고 하는 소리라고 이야기할 수도 있습니다. 그렇게 해서 어떻게 회사가 돌아가냐고 말도 안 된다고 할 수도 있습니다. 어려워도 그것이 표준입니다. 많은 사람들이 걱정합니다. 그렇게 해서 앞으로 회사가 잘될 수 있겠냐고, 나라 전체가 어려워질 거라고, 가진 것 없는 우리나라가 기댈 것은 열심히 물불 안 가리고 일해서 이만큼 성장한 거라고 말이죠. 물론 모두 맞는 이야기입니다.

그런데 과거에도 지금도 우리가 성장한 힘은 '사람'에서 나왔습니다. 우리 후배 세대들도 똑같이 자기의 인생, 미래에 대해 뜨거운 열정을 가진 사람들입니다. 단지 표현 방식, 일하는 방식이 다를 뿐입니다. '실력'이라고 불리는 문제해결 능력에 대한 기준과 해결 방법이 다를 뿐입니다.

포노 사피엔스 시대의 핵심은 '표준이 바뀌는 현상'입니다. 디지털 플랫폼을 기반으로 생활하고 일하는 사람들은 그 기준이 달라집니다. 상상력도 달라지고 문제를 풀어가는 속도도 달라집니다. 모든 일은 시작이 반이라고 합니다. 시작하기 전에 어떻게 풀어나갈지, 누가 할지, 얼마나 걸릴지, 결과물은 어떻게 나올지를 모두 기획해야 하니 시작이 반이라는 말은 조금도 과장이 아닙니다.

시작하기 전에 문제를 어떻게 해결할 것인지를 기획하는 과정을 상상해봅니다. 거기에는 기준이 필요합니다. 어느 문명에 맞출 것이냐에 따라 모든 것이 달라지기 때문이죠. 그리고 그 기준에 따라 필요한 인력도, 기간도, 결과물도 완전히 달라집니다. 이렇게 기획 단계에서는 메타인지가 작동합니다. 과거의 기준을 적용하면 '수백 명의 인원이 밤새 일해야 겨우 해결된다'가 결론이었는데 새로운 기준으로는 '3명이 밤새 코딩하고 10명이 영상 회의로 열심히 뛰면 해결된다'로 달라질 수 있습니다.

이런 일은 이제 너무나 흔한 일상이 되어버렸습니다. 그런 걸 경험한 청년세대는 그래서 자신의 디지털 역량을 키우기 위해 이것저것 배움에 투자하고 심지어 회사도 쉽게 옮기려고 하는 것입니다. 디지털 문명에 기준을 맞추지 않은 조직에 대한 충성은 절대 이 능력을 키워주지 못합니다. MZ세대는 누구보다 그것을 잘 인지하고 있습니다. 그래서 조직이 성장하고 지속되려면 스스로 기준을 바꾸고 미래를 준비하는 모습을 보여주어야 합니다. 조직의 메타인지가 달라져야 한다는 것이죠.

과거처럼 회사에 충성하고, 야근하고, 상사에게 비위 잘 맞추어주고 하는 인재들이 많이 필요한 시대가 아닙니다. 실력이 좋은 인재들이 많이 필요합니다. 그들이 잘 뛰어놀 환경을 만들어주어야 합니다. 젊은 친구들이 너무 일을 안 하려 한다고 걱정하지 마십시오. 이제는 과거에 비해 10분의 1만 있어도 그 이상의 일을 할 수 있는 시대가 되었습니다. 불필요한 걱정도 내려놓으세요. 위기가 닥쳤을 때 그것을 풀어가는 능력만큼은 여전히 우리가 세계 최강이니까요.

Humanity

'다르다'고
인정하는 것이
나의 무기가 된다

휴머니티에도 여전히 기준이 존재합니다. 내가 고집하는 방식, 내가 믿고 있는 과거의 방식으로 잘해준다는 것은 MZ세대에게는 전혀 도움이 안 될 수도 있습니다. 디지털 문명에서 이야기하는 휴머니티가 무엇인지에 대한 깊은 관심을 가져야 이해의 폭을 넓힐 수 있습니다. 그래야 진정한 배려와 미래에 대한 조언이 가능해집니다. MZ세대가 만들어내는 갈등, 불만, 열광, 행복이 드러날 때마다 주목하고 생각해보아야 합니다.

나와의 '다름'에 대해서도 '인지'해야 합니다. 그런 과정을 통해 내 마음의 표준을 새로 정의해야 합니다. 휴머니티는 인간에 대한 기준이 서야 정의될 수 있는 단어입니다. 인간에 대한 애정을 품는다는 것은 진심으로 이해하고 공감할 수 있을 때 시작되는 가장 고귀한 행위입니다. 내가 가진 포용의 크기가 곧 내가 만들 수 있는 팬덤의 크기가 됩니다. 내가 가진 포용의 성격이 곧 팬덤의 성격이 됩니다. 사실 인간의 특성상 모든 것을 공감할 수는 없습니다. 아니, 오히려 생각이 다양해지면 극단적인 대립을 더 많이 경험하게 됩니다. 그것은 어쩔 수 없는 인간의 본성이기도 합니다.

그렇더라도 우리는 보편적 감성이 어디를 향하고 있는지 늘 주목하고 거기에 포커스를 맞추어야 합니다. 정치권력이 모든 것을 통제할 수 있던 시대에는 잘못된 행동들도 권력의 힘으로 묵살하고 대중에게 감출 수도 있었습니다. 지금은 명백히 소비자가 권력인 시대가 되었고 그래서 인간의 보편적 도덕성을 인지하고 거기에 맞추어 행동하는 것이 무엇보다 중요해졌습니다. 그것도 아주 습관화할 필요가 있습니다. 내가 어느 자리에 있든, 어떤 대화를 하든 항상 그 기준에 맞추어 말하고 행동해야 합니다. 늘 배려하고 한 번 더 생각하고 따뜻한 마음 씀씀이를 아끼지 말아야 합니다.

휴머니티는 내가 세상의 중심이라는 세계관에서 벗어나 많은 사람이 모두 저마다 주인공이라는 세계관을 가질 때 시작됩니다. 그렇기 때문에 사람에 대한 많은 생각이 필요하고, 또 그래서 인문학 공부가 필요합니다. 인간은 그 오랜 세월을 스스로 탐구해왔음에도 아직까지 어떤 존재인지를 제대로 알 수 없습니다. 우리가 조금씩 이해의 폭을 넓히고 있다고는 하지만 사실은 정말 작은 부분일 뿐입니다. 과학의 관점에서도, 철학적 관점에서도, 심리학적 관점에서도 우리는 인간에 대해서는 모르는것 투성이입니다. 그래서 조금이라도 더 깊이 알려고 노력해야 합니다. 문학, 역사, 철학, 예술 등 그동안 우리 인류가 축적해온 유산들을 되짚어보고 느껴보며 그 깊이를 더해가야 합니다. 그래야 내 마음속 깊은 곳에서부터 휴머니티라는 어려운 꽃나무의 새싹이라도 솟아나게 할 수 있습니다.

인간은 왜 음악을 좋아할까요? 왜 젊은이들은 세계 어디에 살든 상관없이 흥겹게 음악에 맞추어 춤추는 걸 즐기는 걸까요? 인간은 왜 종교에 심취하는 것인지, 예술이라는 것의 정의는 무엇인지 깊이 있게 자주 고민해야 합니다. 그리고 그 깊은 생각의 끝에 인간에 대한 애정, 휴머니티가 비로소 드러나게 해야 합니다. 나의 행동, 말 한마디에 따뜻하게 묻어 있어야 합니다.

그런 면에서 우리는 타고난 강점을 가지고 있습니다. 우리나라를 표현하는 대표적인 단어로 '정情'이 있습니다. 우리는 참 정이 많은 민족입니다. 1997년 IMF가 터지자 온 국민이 장롱 속에 있던 금붙이를 모아 국가 위기를 이기자고 나섰습니다. 위기 속에서 '나만 살고 보자'가 아니라 '함께 이겨내자'는 운동이었습니다. 그 힘으로 우리는 어느 나라보다 빠르게 절체절명의 경제 위기를 극복할 수 있었습니다.

단합된 우리나라 국민들의 모습에 세계가 놀랐습니다. 물론 전체주의적 시대의 유물이라고도 했고 잘못한 사람 따로 있고 금 내는 사람 따로 있느냐는 비판도 많았습니다. 그래서 그때 이후로는 다시는 이런 일이 없을 거라고도 했습니다.

그런데 우리는 코로나19 사태를 겪으면서, 다시 한번 대한민국 국민들의 '정'을 느낄 수 있었습니다. 엄청난 국가적 위기가 닥치자 사람들이 너도나도 나서기 시작했습니다. 자원봉사 의료진이 대구로 줄줄이 출동하고 코로나 극복을 위한 국민 성금은 기본입니다. 확진자 중에서도 자기는 아직 괜찮으니 전문 치료 병상은 심각하신 분에게 드리라고 양보하는 분이 많습니다. 고사리손으로 마스크를 들고 와 어려우신 분들에게 드리라고 부끄럽게 놓고 갑니다.

남녀노소 가리지 않고 모두 나서서 작은 일이라도 도울 일이 없는지 찾고 동참합니다. 1997년의 금 모으기 운동이 다시 일어난 것처럼, 모두가 슬기롭고 침착하게 대처하고 있습니다. 미국에서 사재기가 일어나고 총기 구매를 위해 줄을 서는 모습과는 참으로 대조적입니다.

우리 사회 전체를 관통하는, 누구도 부인하기 어렵고 또 말로 설명하기도 어려운 따뜻한 '정'이라는 맥이 흐르고 있습니다. 자기 자신이 아니라 우리와 함께 살고 있는 사람들에 대한 따뜻한 애정, 이것이 바로 휴머니티의 본질입니다.

특히 우리나라 사람들은 마음에 대한 관심이 높기로 유명합니다. 이에 대해서는 전 세계 많은 심리학자와 언어학자들이 공감한다고 합니다. 실제로 우리가 사용하는 언어 중에는 심리에 대한 표현을 다루는 단어가 무궁무진합니다. 심리 상태를 나타내는 형용사도 우리 역사만큼이나 깊고 다양합니다.

포노 사피엔스들이 신조어를 만들어내는 속도나 감각도 어마어마합니다. 예를 들어 '재밌다'라는 표현이 '잼'이 됩니다. 좀더 재밌게 표현하려니까 앞에 '꿀'을 붙여 '꿀잼'이 됩니다. 누구나 그 표현에 공감합니다. 그러더니 느닷없이 '개꿀잼'이 등장하고 반대편에서는 '핵노잼'

이 나타납니다. 재미있는 사람과 재미없는 사람에 대한 표현이 '개꿀잼'과 '핵노잼'이라는 단어로 갈리게 됩니다. 그사이 얼마나 많은 표현이 또 들어찰 수 있을까요?

이런 단어들은 영어로 표현하기는 거의 불가능합니다. '개꿀잼 =Dog Honey Fun', '핵노잼=Atomic No Fun'이 성립되지 않으니까요. 그래서 영어로 표현할 때는 'funny'와 'boring'이라는 두 단어 앞에 'very'라는 부사를 붙여 사용할 뿐입니다. 놀랍게도 이것은 요즘 세대들의 전유물이 아니라, 예부터 조상님들 역시 이런 식으로 다양한 단어를 만들어내며 사용해왔습니다.

실제로 우리는 사람의 마음이나 상태에 대한 형용사를 세계에서 가장 많이 갖고 있는 나라입니다. 동시에 심리학 분야 전문서적이 가장 많이 팔리는 나라이기도 합니다. 그만큼 우리는 사람에 대한 무한한 관심, 마음에 대한 호기심, 그리고 정을 지닌 있는 나라입니다. 이것은 부인할 수 없이 내재된 힘입니다. 그 힘을 캐내어 우리의 자원으로 삼아야 합니다. 우리 안에 내재된 인간에 대한 세심한 생각을 잘 끌어내어 포노 사피엔스 문명 시대의 가장 강력한 무기인 '휴머니티'로 승화시켜야 합니다.

사실 정이 많다 보니 오히려 새로운 것을 받아들이는 데는 어려움이 생기기도 합니다. 기존에 있던 것을 지키고자 하는 마음도 정에서 비롯되기 때문이죠. 그래서 우리 사회가 규제도 많고 변화를 거부하려는 고집도 센 것이 사실입니다. 내 마음도 그렇습니다.

웬만한 각오로는 마음의 표준을 바꿀 수 없습니다. 지금까지는 '나쁘다'라고 굳게 믿어 왔던 것을 '다르다'라고 인정해주려면 속이 뒤틀릴 것 같기도 하니까요. 지금까지 우리 사회 관행이었는데 이제는 술취해서 슬쩍 어깨에 손 좀 올렸다고 회사에서 해고를 당하고 벌금을 물어내고 성추행범으로 몰린다는 것이 말이 되냐며 흥분하실 수도 있습니다. 그까짓 사진, 재미 삼아 합성해서 농담처럼 올린 건데 그걸로 감옥까지 가야 하는 건 너무하지 않냐 하소연할 수도 있습니다.

언뜻 동정의 마음이 일긴 합니다만, 유감스럽게도 구제할 방법은 없습니다. 내 마음의 표준을 바꾼다는 것이 이렇게 어려운 일입니다. 포노 사피엔스 문명의 표준과 다른 내 마음속의 상식을 모두 허물어내고 내 생각의 틀을 온전히 새로 세워야 합니다. 이제 권력을 남용하거나 다른 사람을 괴롭히거나 놀리면서 즐기던 습성을 모두 내다 버리고, 따뜻한 정으로 무장한 휴머니티를 내 마음의 베이스에 깔아야 합니다.

꼭 기억합시다. 휴머니티야말로 포노 사피엔스 시대를 살아가는 데 있어 가장 유용한 무기인 동시에 위험한 상황으로부터 나를 지켜주는 강력한 방패라는 것을.

PHONO INSIGHT 3

무신사

2019년 11월 패션 부문에서 한국의 14번째 유니콘이 탄생했습니다. 바로 '무신사'입니다. 무신사는 탄생부터 성장까지 오직 포노 사피엔스 문명을 근간으로 성공한 기업입니다. 창업자 조만호 대표는 1999년 고등학교 3학년 때, 포털 사이트인 프리챌Freechal에 '무지하게 신발 사진이 많은 곳'이라는 뜻의 동호회 '무신사' 사이트를 개설했습니다.

대학에 가서도 오직 이 사이트를 키우는 데만 집중하던 조 대표는 2003년 패션 커뮤니티 '무신사'를 설립하고 창업했습니다. 회원 수 25만을 넘기자 2009년 소셜 커머스로 사업을 전환하고 상품을 판매하기 시작했습니다. 2015년 자체 브랜드를 출시하고 연간 총 거래액 1,000억 원을 넘기며 파죽지세로 성장하더니, 2019년 2조 2,000억 원의 기업 가치를 인정받아 당당히 유니콘 반열에 올랐습니다.

2019년 거래액은 9,000억 원을 돌파하고 입점 브랜드 3,500개, 회원 수는 550만 명(10~20대, Z세대가 70%를 차지함)에 이르고 있습니다.

무엇이 무신사를 이토록 극적인 성공으로 이끌었을까요? 조만호 대표는 적지 않은 시간 동안 커뮤니티를 운영하면서 'Z세대 고객이 원하는 패션 서비스'에 대한 감각을 축적해왔습니다. 우선 제품에 대한 신뢰와 무료배송을 구축했습니다. 오랫동안 패션 커뮤니티를 운영해온 무신사는 고객이 어떤 것을 원하는지 제대로 이해하고 있었죠. 그래서 속기 쉬운 일반 오픈마켓이 아닌 브랜드 입점 형식으로 시작했습니다. 이것은 알리바바의 티몰T-mall 전략을 그대로 반영한 것입니다.

또 Z세대의 취향을 지속적으로 반영하여 재밌는 트렌드를 끊임없이 만들어갔습니다. 대표적인 사례가 '하이트진로'와 합작하여 출시한 '참이슬 백팩'입니다. 5분 만에 400개가 완판될 만큼 선풍적인 반응을 일으켰습니다.

2018년에는 온라인 거머스가 인플루언서에 의해 주도된다는 점에 착안하여 '무신사 스튜디오'를 론칭했습니다. 또 2019년이 되어서는 오프라인에서의 경험을 제공하기 위해 '무신사 테라스'도 문을 열었습니다. 판매 방식을 고객의 바뀌는 취향에 맞추어 즉각적으로 대응할 뿐 아니라, 새로운 트렌드를 만들어가는 데도 적극적으로 대응한 것이죠.

그렇다 보니 무신사가 하는 것은 최신 트렌드라는 인식과 함께 "무신사에서 물건을 사면 트렌디하다."라는 이미지가 Z세대에게 생겨났습니다. 이를 통해 거대한 팬덤을 확보할 수 있었고 포노 사피엔스 시대에 대표 패션 기업으로 우뚝 설 수 있었습니다.

물론 무신사에도 위기는 있었습니다. 민주열사 박종철 고문치사 사건을 희화한 광고를 게재했다가 큰 논란에 휩싸인 것입니다. 처음에는 사과문 정도로 무마하려 했으나 고객의 분노가 엄청나다는 것을 인지하고는 대표이사와 임원진이 민주열사박종철기념사업회에 직접 사과하고 남영동 대공분실을 찾아 반성하는 한편, 전직원을 대상으로 역사 공부를 시키는 등 적극적인 대응에 나서 겨우 잠재울 수 있었습니다.

이 사건은 팬덤이 분노로 전환되면 얼마나 무서운 폭발력을 가지고 있는지 보여주는 사례이자 플랫폼 사업자가 얼마나 적극적으로 대응해야 위기를 극복할 수 있는지를 보여주는 사례로 꼽히고 있습니다. 고객을 만족시키는 실력이 가장 중요합니다. 그 실력에는 고객의 민감한 마음을 배려할 줄 아는 감성이 깊숙이 깔려 있어야 합니다.

유니콘 무신사의 성공 비결을 정리해보겠습니다. 우선 조만호 대표의 SNS 문화에 대한 깊은 이해와 뛰어난 감각이 핵심 성장 요인입니다. 고3 때 시작한 커뮤니티를 조 단위 기업을 키우면서 그는 늘 그곳의 방장이자 리더였습니다. Z세대의 취향을 저격한 상품 발굴 및 독자 제품 개발 능력도 대단합니다.

이것이 킬러 콘텐츠가 되었죠. 고객의 열광으로 팬덤이 형성되자 신발에서 다른 다양한 패션과 뷰티 아이템으로 증폭을 이어감과 동시에 하나의 문화로 자리잡았습니다. 가장 편리하게 물건을 구입하고 빨리 배송하는 것은 기본입니다.

무엇보다 무신사의 근간은 '오로지 고객'이라는 정신이었습니다. Z세대 시장에서 성공하고 싶은 기업이라면 CEO부터 마음을 바꾸어야 합니다. 물건을 팔려고 생각하지 말고, 먼저 그들과 동화되려는 마음을 가져야 합니다. 팬덤은 물건이 아니라 진정 어린 마음이 만들어내는 무형의 자산입니다.

CHANGE
9

Diversity

다른 것이 가장 보편적이다

CODE
4

다양성

기존의 사회 시스템도 과거의 절대적인 권력을 더이상 누리지 못하고 있습니다. 대신 다양한 자발적 팬덤의 힘이 그 자리를 메워가고 있습니다. 언뜻 하나의 플랫폼이 모든 것을 다 통합하고 지배하는 듯 보이기도 하지만 자세히 보면 세분화된 시장으로 더욱 다양화되고 있는 것이 분명합니다.

우선 음악이 그렇습니다. 우리만 다양한 음악을 동시대에 함께 즐기는 것이 아니라 전 세계가 그렇게 자기만의 개성이 풍부한 음악을 만들어 함께 나누고 즐깁니다.

영상 콘텐츠도 마찬가지입니다. 넷플릭스에서 만든 조선시대 좀비 영화 '킹덤'은 무려 190여 개 국가에서 선택을 받아 열광적인 팬덤을 만들어냈고 2020년 3월 시즌 2를 개봉했습니다. 봉준호 감독이 한글로 만든 영화 '기생충'이 아카데미 시상식 역사상 처음으로 '영어가 아닌 언어로 제작된 최초의 최우수 작품상'을 수상한 것도 변화의 상징입니다.

Diversity

BTS가
데이터로 증명한 것

인간은 다양합니다. 생물학적인 관점에서 더욱 그렇습니다. 73억 명의 인구 중에 어느 하나 같은 개체가 없습니다. 그리고 생활 공간이 디지털 플랫폼으로, 권력이 소비자로 이동하면서 그 다양성을 꽃피우기 시작했습니다. 인류의 가장 오래된 소비재이자 가장 보편적 소비재인 음악을 보면 그것이 명확하게 드러납니다. 과거에는 대중매체가 음악의 유행을 선도했습니다. 그런데 지금은 소비자 주도에 의한 다양성의 공존 시대라고 할 수 있습니다.

이 시대 우리나라의 주류 음악은 어떤 것일까요? 사람들은 BTS나 블랙핑크의 음악을 즐기기도 하고 난해한 래퍼들의 음악도 사랑합니다. 그뿐만 아닙니다. 한물갔다고 방송 프로그램에서 모두 외면했던 트로트가 전성기를 맞이했습니다. TV조선에서 만든 '미스 트롯'과 '미스터 트롯'이 가히 폭발적인 인기를 모으면서 전 국민이 트로트에 빠져버렸습니다. 미스터 트롯의 2020년 3월 5일 방송은 시청률 33.8%를 기록하며 케이블TV의 모든 기록을 갈아엎어버렸습니다. 무명가수였던 임영웅은 국민 스타가 되었고, 열네 살 정동원은 온 국민이 사랑하는 트로트 아이돌이 되었습니다. 한때는 발라드가, 한때는 댄스가, 한때는 트로트가, 한때는 아이돌그룹이 대세이고 유행이던 시절이 있었습니다. 그런데 이제는 그렇게 정의할 수가 없습니다. 동시대에 모든 음악을 다양하게 즐기며 유행도 순식간에 변화합니다.

BTS의 등장은 세계 음악의 판도를 완전히 바꾸어버렸습니다. 2020년 2월 출시된 BTS의 정규 4집 앨범 'Map of the Soul: Persona'는 빌보드 200' 차트 1위에 또 한 번 오르며 4개 발매 앨범을 모두 1위에 올리는 새로운 역사를 만들었습니다. 3연속 발매 앨범 1위는 비틀즈 이후 최초의 기록입니다. 미국뿐이 아닙니다. 미국, 영국은 물론 벨기에, 독일, 네덜란드, 호주, 일본 등 세계 음악 차트 정상을 석권하면서 전 세계인의 압도적 사랑을 차지하고 있습니다. 세계 음악계에서는 BTS 이전과 이후를 구분하는 분석까지 나오고 있습니다.

미국의 경제잡지 〈포브스Forbes〉는 기사에서 'BTS는 K팝 인기 그룹의 한계를 넘어 엄청난 세계적 팝스타로 성장했고 수십 년간 유례가 없던 세계적 현상을 만들고 있다'라고 했으며 심지어 '팝 음악의 기존 위계 구도를 격파하는 것이자 대중음악 생태계 세력 교체의 신호'라고 분석했습니다. 기존 음악들이 성공했던 생태계 자체를 바꾸었다는 뜻입니다. 대중매체를 통해 자본의 힘으로 인기를 얻을 수 있었던 대중음악의 생태계가 소비자 팬덤에 의해 결정되는 새로운 시대로 이동했다는 것을 BTS가 데이터로 증명했다는 것입니다. BTS의 질주는 2020년 더욱 거세지고 있다고 데이터가 보여주고 있습니다. 빨리 코로나 사태가 진정되어 이들이 세계를 누비며 열광적인 콘서트를 열어가는 모습을 보고 싶습니다.

BTS가 만든 '세력교체'는 대중음악 세계를 지배하던 소위 주류 음악의 시대가 끝났다는 것을 암시합니다. 비틀즈 이후 가장 강력한 팬덤을 가진 보이밴드가 탄생했는데, 주류 시장인 미국이나 영국 출신이 아니라는 겁니다. 유럽이나 남미처럼 서구 문명의 영향권에 있는 국가도 아닙니다. 더구나 가사의 절반은 이해하기도 어려운 한글로 이루어져 있습니다. 전 세계적인 BTS의 팬덤과 ARMY의 영향력을 바라보는 세계 주류 음악계가 경악하는 것은 당연한 일입니다. 이전에는 한 번도 경험하지 못했던 일이 벌어지고 있으니까요.

언어와 문화, 외모, 즐기는 음악 스타일이 모두 다른 이 각각의 나라에서 대규모 성공을 이끌 수 있는 건 오직 '자본이 넘치는 서구 주류 음악이다'라는 불문율이 깨진 것입니다. 대규모 자본과 대중매체의 힘보다 플랫폼에 형성된 소비자 팬덤이 더 강력한 힘을 갖게 되었다는 것을 BTS와 ARMY가 입증한 셈입니다. 50억 명의 소비자가 권력을 갖게 되었다는 것은 인류의 근본인 다양성이 꽃필 환경이 조성되었다는 뜻입니다. 대한민국의 보이밴드가 세계 음악계의 최고 스타가 되었듯이 유튜브에서도 다양한 스타가 탄생합니다.

현재 유튜브 구독자 수 1억 명을 넘기며 1, 2위를 다투고 있는 채널은 스웨덴 청년이 만드는 '퓨디파이^{PewDiePie}'와 인도 음반회사의 음악 레이블 채널 '티시리즈$^{T-series}$'입니다. 티시리즈는 발리우드^{Bollywood}라는 인도 사람들이 좋아하는 음악과 영화를 소개하는 채널입니다. 인도 스마트폰 사용자가 5억 명을 넘어가면서 폭발적인 인기를 누리는 채널이죠. 어떤 세계적인 방송사도 부러울 것이 없습니다. 인도 취향의 발리우드 콘텐츠가 세계 최고의 팬덤을 만든 것입니다. 퓨디파이는 전세계 청년 문명이 즐기는 콘텐츠를 새롭게 정의하고 창조하는 크리에이터가 되었습니다.

기존 방송이 담지 못할 내용을 거리낌 없이 담아 세계 청년들의 열광을 이끌어냈습니다. 이제 소비자들은 자기가 좋아하는 것을 찾아내고 취향이 비슷한 사람끼리 모여 함께 즐깁니다. 같은 취향의 사람들이 자발적으로 만나니 끈끈한 연대감은 더욱 강화되고 엄청난 결속력을 기반으로 조직적인 활동도 활발히 이루어집니다. 디지털 플랫폼의 문명은 그래서 '인류의 다양성'이 만들어내는 '자발적 팬덤'이 성장의 자양분입니다.

이러한 현상에 대해 마케팅 분야의 권위자 세스 고딘은 그의 책 《트라이브즈》를 통해 이렇게 설명했습니다. 인류는 문명 생활을 시작하기 전 오랫동안 부족 단위의 생활을 해왔고 그래서 같은 운명 공동체인 부족 내에서의 결속력은 지금도 본능적으로 매우 견고합니다. DNA에 깊이 아로새겨진 이 부족에 대한 애정은 디지털 플랫폼을 만나 다시 강력하게 작동을 시작했다는 것이 그의 분석입니다. 동일한 취향을 가진 사람들이 디지털 플랫폼에서 만나 강력한 팬덤을 만드는 것을 눌려 있던 부족 본능이 폭발하는 현상으로 보는 것입니다. 인류는 오랫동안 부족 본능을 억눌러왔습니다. 현대 문명 시대로 진입하면서 국가라는 개념이 강력해지고 산업 사회가 형성되면서 동일한 생각과 전문화된 능력을 가진 사람들이 필요해졌습니다. 사회라는 거대한 시스템이 구축되고 거기에 필요한 사람들이 교육과정을 거쳐 육성되면 그 시스템을 운영하고 발전시키는 역할을 맡아왔습니다.

그래서 세상은 다양성보다 보편성이 중요하게 돌아갔습니다. 신문, 방송 같은 대중매체는 사람들을 유사한 생각과 유사한 생활 방식으로 살도록 유도하는 데 강력한 역할을 담당해왔습니다. 그래서 거대한 사회 시스템이 권력이 되어 인간의 삶을 지배하는 형태로 발전해왔다고도 할 수 있습니다. 그런데 그 권력이 소비자로 이동하면서 억눌려 있던 다양성은 하나의 세력으로 성장할 수 있는 힘을 얻게 되었고, 여기에 부족 본능이 더해져 작은 세력이 강력한 글로벌 팬덤으로까지 확산되는 새로운 생태계를 만들게 된 것입니다. 디지털 플랫폼이 인류의 본성까지 바꾸고 있는 것입니다.

'다양성'을 추구하는 것이 가장 '보편적'이다

이제 모든 시장에 절대적인 지배자는 없습니다. 기존의 사회 시스템도 과거의 절대적인 권력을 더이상 누리지 못하고 있습니다. 대신 다양한 자발적 팬덤의 힘이 그 자리를 메워가고 있습니다. 언뜻 하나의 플랫폼이 모든 것을 다 통합하고 지배하는 듯 보이기도 하지만, 자세히 보면 세분화된 시장으로 더욱 다양화되고 있는 것이 분명합니다. 우선 음악이 그렇습니다. 우리만 다양한 음악을 동시대에 함께 즐기는 것이 아니라, 전 세계가 그렇게 자기만의 개성이 풍부한 음악을 만들어 함께 나누고 즐깁니다. 트로트와 아이돌 뮤직, 힙합이 공존하며 동시에 인기를 누리는 현상이 이제는 어색하지 않습니다.

영상 콘텐츠도 마찬가지입니다. 넷플릭스에서 만든 조선시대 좀비 영화 '킹덤'은 무려 190여 개 국가에서 선택받아 열광적인 팬덤을 만들어냈고, 2020년 3월에 시즌 2까지 개봉했습니다. 인기는 더 폭발적입니다. 봉준호 감독의 영화 '기생충'이 아카데미 시상식 역사상 처음으로 '영어가 아닌 언어로 제작된 최초의 최우수작품상'을 수상한 것도 변화의 상징입니다.

이제 인류는 기존의 보편적인 룰을 따르는 것보다 '다양성에 의한 자유로움이 오히려 보편적이다'라는 생각에 동의하기 시작한 것입니다. 웹툰도 마찬가지입니다. 우리나라에서 빅히트를 기록한 웹툰들은 같은 동양 문화권 내에서 여지없이 큰 성공을 거둡니다. 언어의 장벽을 허무는 것도 과거에 비해 엄청 쉬워졌습니다. 다양한 자동 번역기가 나와 있을 뿐 아니라 성능도 갈수록 좋아집니다.

음악을 통해 K-pop을 접한 세계 곳곳의 사람들이 우리나라 문화에 대한 애정이 크게 상승한 것도 큰 도움이 됩니다. 그들이 만들어낸 강력한 팬덤 덕분에 네이버 웹툰은 글로벌 탑 웹툰 플랫폼으로 성장할 수 있었습니다. 유사한 환경 속에서 다양한 선택을 만들어내고 그 자발적 선택으로 '덕후 생활'을 즐기는 포노 사피엔스 문명에 더이상 언어나 국가는 큰 장애물이 되지 않는다는 것입니다.

다양성은 유통으로도 번졌습니다. 2015년 '샛별배송'이라는 특이 서비스로 무장한 마켓컬리가 창업하면서 시장에 돌풍을 일으켰고, 이에 고객들은 열광했습니다. 모든 온라인 쇼핑몰은 물론이고 신세계, 롯데 같은 대형 유통 기업들도 너나없이 모두 '새벽배송'에 뛰어들었죠. 역시 플랫폼 시장에 영원한 절대 강자는 없다고 감히 말할 수 있겠네요.

'중고나라'가 장악하고 있던 중고시장에는 '당근마켓'이 나타나 돌풍을 일으키고 있습니다. '당신 근처의 직거래 마켓'이라는 뜻의 당근마켓은 '지역 기반으로 직접 만나 거래하면 편리하다'는 아이디어 하나로 시작된 서비스입니다. 택배가 오고 가는 것이 불편했던 사람들에게 같은 지역 기반으로 바로 거래할 수 있게 한 것뿐인데 큰 인기를 얻게 된 것이죠.

이처럼 플랫폼 시장은 다양한 소비자의 욕구에 따라 빠르게 다양화와 세분화가 되어가고 있습니다. 자본이 시장을 결정하는 것이 아니라 자발적 팬덤이 시장의 변화를 결정하고 자본은 그 데이터를 따라 투자하는 형태로 바뀐 것입니다.

그래서 도전이 필요합니다. 사람들이 경험하면 뜨겁게 반응하고 매료될 수 있는 그런 신선한 아이디어가 끊임없이 필요합니다. 다양성 속에서 공감할 수 있는 팬덤을 만들어내야 하는 것입니다.

다양성이 보편화되면 성공하는 직업도 다양화되는 것이 순리입니다. 그 다양성을 확인할 수 있는 것이 인기 개인 유튜버의 콘텐츠입니다. 노래, 연주, 뷰티, 댄스, 일상, 먹방, 게임, 실험, 유아, 교육, 장난감, ASMR 등 무궁무진합니다. 나이도 4세 아기부터 72세 할머니까지 그야말로 보편성이라고는 찾아보기 어렵습니다. 유튜브는 전 세계 37%의 트래픽을 차지하는 최고의 영상 플랫폼입니다. 구글이 밝힌 2019년 유튜브 매출은 18조 원을 넘었습니다. 2년 만에 두 배의 성장률을 기록했다고 하니 정말 어마어마합니다. 심지어 2020년은 코로나 사태로 매출이 더욱 폭증했습니다.

유튜브는 크리에이터에게 조회 수에 따라 돈을 지급합니다. 팬덤의 가치를 금전적으로 평가하는 시스템을 도입한 것이죠. 이것이 성공의 절대적 핵심요인이 되었습니다. 다양한 취향의 사람들이 다양한 방식으로 모여 작은 팬덤을 만들어내고 거기서 돈까지 벌 수 있도록 해준 것이죠.

기존 방송국들이 유튜브 전략에 대해 초기에는 콧방귀도 뀌지 않았습니다. 대중들이 아마추어 콘텐츠에 대해 관심조차 없을 거라고 여겼죠. 프로페셔널한 자신들의 콘텐츠만이 강력한 경쟁력을 가지고 있다고 판단한 겁니다. 물론 처음에는 그랬습니다. 엉성한 방송 포맷에 낮은 퀄리티, 인기를 끌어보려고 욕설이나 선정적인 방송만 하는 유튜버들을 보면서 얼마 못 갈 거라고 판단하고 저질의 활동으로 폄하하는 시선도 많았습니다.

그런데 반전이 일어났습니다. 사람들을 매료시키는 훌륭한 크리에이터들이 등장하자 소비자들이 움직이기 시작한 것입니다. 그리고 그 열광은 태풍처럼 미디어시장을 삼켜버렸습니다. 몇몇 크리에이터들이 크게 성공하자 많은 훌륭한 크리에이터들의 도전이 시작됩니다. 그리고 다양한 분야별로 매력적인 콘텐츠가 등장합니다. 다양성에 대한 인류의 욕망은 인간의 본질입니다.

그동안 익숙했던 콘텐츠에서 벗어나 인류는 본능에 이끌려 새로운 세계로 빨려 들어갑니다. 이제 매달 20억이 넘는 인구가 유튜브를 찾습니다. 누구나 유튜버가 되는 꿈을 꿉니다. 인류는 유튜브라는 플랫폼에 모여 영상을 나누며 다양한 취향을 즐길 뿐 아니라 그곳에서 수입도 만들어냅니다. 마치 원시시대 인류의 생활 공간이 되었던 숲이나 강, 바다처럼 말이죠. 엄청난 자본이 필요한 것도 아닙니다. 약간의 재능과 뜨거운 열정만 있으면 됩니다. 어떤 제한도 없습니다.

경쟁은 공정합니다. 많은 팬덤을 만들어내는 자가 많이 가져갑니다. 많은 부족원을 거느린 부족장이 잘 살았던 시대처럼 말이죠. 분야도 다양해서 시험도 칠 수 없습니다. 혈연, 학연, 지연, 자본, 돈 많은 부모, 어느 것도 도움되지 않습니다. 오직 사람의 마음을 살 수 있는 사람만이 성공합니다. 이것이 포노 사피엔스 문명의 가장 기본이 되는 룰입니다. 멋지지 않나요?

'만화방'에서는 기안84를 만날 수 없다

포노 사피엔스 문명에서 새롭게 생겨나는 일자리의 특성은 다양성입니다. 몇몇 특정한 사람들만 돈을 버는 구조가 아닌, 거대한 피라미드형 구조로 생태계가 구성되어 있습니다. 방송만 해도 그렇습니다. 과거에는 방송국이라는 절대 권력을 중심으로 소수 연예인들이 그 권력과 협력하여 수익을 창출하는 구조였습니다. 방송국이라는 절대 권력에 복종해야 수입을 얻을 수 있는 시스템이었죠.

이제는 유튜브가 그것을 대체하면서 방송국이 갖고 있던 권력을 소비자에게 돌려주고 있습니다. 1억이 넘는 구독자를 가진 개인 유튜버가 등장하면서 시장 규모 자체도 폭발적으로 성장 중입니다. 그래서 조회 수가 작아 수입이 적은 유튜버들도 시장 성장에 따라 수입이 늘어나게 됩니다. 이렇게 되면 과거와는 다른 거대한 일자리 생태계가 형성되는 것입니다. 방송국을 기반으로 하는 생태계는 축소되어 일자리가 줄어들지만, 실제로 유튜브 기반의 일자리는 크게 늘어나고 있습니다. 데이터가 그것을 보여줍니다.

웹툰 작가의 급성장도 이 시대의 특성을 그대로 보여줍니다. 과거 만화시장은 몇몇 스타 작가들만이 성공할 수 있는 극히 작고 폐쇄적인 시장이었습니다. 만화를 유통하는 출판 생태계가 절대 권력이었고 만화를 즐길 수 있는 '만화방'이라는 공간도 매우 제한적이었습니다. 그래서 그 절대 권력의 시스템으로부터 선택받지 못한다면 소비자를 만날 기회조차 얻을 수 없었죠. 인기 만화작가가 되는 일은 '하늘의 별 따기'였습니다.

그런데 웹툰이 등장하면서 생태계 자체가 달라졌습니다. 2018년 네이버에서 밝힌 '네이버 웹툰'의 연 매출은 6,000억 원이 넘습니다. 우리나라 전체 웹툰시장으로 보았을 때 1조 원이 넘을 것으로 추산됩니다. 유료로 웹툰을 보는 사람들이 폭발적으로 늘어났기 때문이죠. 이 돈은 전 세계 소비자로부터 들어오는 돈입니다. 1조 원이 쏟아지면 일자리 생태계는 크게 확대됩니다.

최근 '기안84', '이말년', '주호민' 같은 인기 작가들이 TV 예능 프로그램에까지 출연하면서 얼굴이 알려졌고 마치 연예인 같은 스타 대접을 받고 있죠. 이제 일류작가는 50억 이상의 수익을 올리는 시대가 열렸습니다. 만화시장이 웹툰시장으로 트랜스포메이션하면서 권력의 지도도 완전히 바뀌었습니다. 과거 출판사들이 갖고 있던 권력은 사라졌고, 단행본 출판도 규모가 크게 줄었습니다. 작가가 되려면 만화를 섬세하고 사실감 있게 잘 그려야 한다는 룰도 사라졌습니다. 이말년, 조석 같은 작가들의 작품에서는 사실감보다는 아이디어와 독특한 표현 방식이 더 많은 팬덤을 이끌어냈습니다.

반대로 디지털 기술에 기반해 극사실주의적 표현을 하는 작가가 각광받기도 합니다. 여전히 순정만화도 판타지물도 인기가 있긴 하지만, 어느 학원에서 어떻게 배워야 성공한다는 기본적인 룰은 이제 다 깨진 셈입니다.

그뿐이 아닙니다. 글로벌시장도 완전히 달라졌습니다. 여전히 단행본과 매거진 연재를 즐기는 일본만화 트렌드의 경우, 웹툰시장에서의 존재감이 미약합니다. 그사이 우리나라가 세계 최고의 만화 플랫폼으로 성장한 것이죠. 일본의 절대 권력을 우리가 가져온 셈입니다. 매출 증가는 새로운 일자리를 만들고 더 많은 수입을 생태계 구성원에게 제공합니다.

신인 작가가 성공하는 방법도 매우 공정합니다. 유튜버처럼 소비자의 선택을 받으면 됩니다. 물론 실력이 있어야 가능한 일입니다. 그런데 어느 권력자나 권력 기관에 잘 보여야 할 필요는 없습니다. 인기가 오르면 모든 플랫폼에서 더 좋은 조건을 들고 찾아오니까요. 필요한 것은 사람의 마음을 살 수 있는 실력입니다. 그것도 아주 다양한 장르로 접근이 가능합니다.

이렇게 일자리의 생태계는 더욱 확대됩니다. 과거와는 비교할 수도 없을 만큼 많은 세분화된 전문 영역이 탄생하고 웹툰을 이용한 광고나 영화, 드라마 제작 등 새로운 사업 기회가 만들어집니다. 도전을 즐기고 새로운 아이디어가 가득한 사람들에게 좋은 일자리가 주어집니다. 사라지는 일자리는 더 좋은 일자리로 채워집니다. 더구나 성공의 기준은 더 공평하고 당당합니다. 포노 사피엔스 시대, 준비만 잘한다면 멋진 기회의 무대가 열리는 것입니다.

시스템이 독점하고 있던 자본은 디지털 트랜스포메이션을 통해 소비자에게로 이동했을 뿐 아니라, 생태계 구성의 기본 법칙까지 바꾸고 있습니다. 과거에는 보잘것없는 수익으로 인해 제대로 대접받지 못하던 많은 직업군이 새로운 생태계에서는 높은 수익으로 재조명받고 있습니다.

그래서 꿈도 다양하게 품고 키워야 합니다. 그 꿈은 어떤 제한도 받지 않습니다. 나이도 문제가 없고 학력도 제한이 없습니다. 많은 자본이 필요하지도 않습니다. 대신 포노 사피엔스 문명에 대한 탐색과 스스로 학습하려는 노력이 필요합니다. 오로지 실력이 모든 것을 결정합니다. 지금까지는 유튜버나 웹툰 작가처럼 연예나 예술 분야 이야기만 했는데 이보다 평범한 직업으로 하나 더 예를 들어보겠습니다.

타일 아티스트가 타일공과 차이를 만드는 법

타일공은 요즘 기술자로 꽤 인기 있는 직종입니다. 비교적 수입이 좋기 때문입니다. 유튜브에서 검색해보면 '타일공 되는 법'에 대한 동영상도 많습니다. 물론 거친 건설현장에서 일해야 하고 고된 육체노동을 요구하는 힘든 직업입니다. 숙련된 기술을 쌓기까지 2~3년은 걸리는 직업이라 도중에 그만두는 사람도 많습니다. 그래서 어려서부터 타일공이 되겠다고 꿈꾸는 사람은 거의 없습니다.

그런데 '타일 아티스트'는 어떤가요? 이건 어려서부터 꿈꾸어볼 만합니다. 사실 모두가 공부를 잘할 수도 없고, 모두가 프로그래머가 될 수도 없습니다. 또 모두가 끼 있는 유튜버가 되는 것도 아닙니다. 그러니 '나는 일찍 기술을 배워 수입이 좋은 직업을 갖겠다'라고 마음먹는 것도 현명한 생각입니다. 대신 자기가 좋아하는 일을 탐색해서 찾아내야 하겠죠. 내가 무언가 오랜 시간 집중해서 딱 떨어지게 맞추는 것을 잘하고 감각적으로 아름다운 것을 좋아한다면 타일 아티스트라는 직업을 떠올릴 수도 있습니다. 중간에 거쳐야 하는 타일공이라는 직업의 수입도 괜찮고 더 발전해서 아티스트가 된다면 멋진 타일 작품들도 만들 수 있을 테니까요.

그래서 어려서부터 스스로 배우기 시작합니다. 아티스트라면 기본적으로 예술적 감각, 상상력, 야무진 손끝 등이 필요합니다. 검색을 통해 필요한 내용을 학습하는 것은 물론이고 여기저기 멋진 건축물이나 전시회, 미술전을 관람하며 어려서부터 감각을 키워갑니다. 또 내 능력을 키우기 위한 핵심 과목들을 집중해서 공부합니다. 재미없는 과목은 포기해도 좋습니다.

어려서부터 비싼 학원 다니는 데 돈 쓰지 말고 이런 현장교육에 집중합니다. 1년에 한 번씩은 정말 멋진 타일 건축물이 있는 곳으로 여행도 다녀옵니다. 타일로 만든 예술품들을 잘 찍어와서 내 페북이나 인스타에 차곡차곡 기록해둡니다. 실습도 열심히 합니다.

초등학교 4학년이 드론을 배워 성인들을 이기고 챔피언이 되는 세상인데, 타일 기술이라고 못 배울 이유가 없습니다. 유튜브에는 유익한 콘텐츠들이 가득합니다. 그것을 보면서 따라 하며 타일도 자르고, 시멘트도 개고, 메지도 넣어보고 이곳저곳에 타일 시공을 해봅니다. 좀 유명한 사이트는 영어로 되어 있으니, 그것을 보기 위해서라도 영어공부는 열심히 하게 될 것입니다.

고등학생쯤 되면 방학을 이용해 타일 조공(기술자를 돕는 보조일)도 나가봅니다. 아무리 좋아하는 일이라도 직업적으로 얼마나 힘들고 어려운 일인지 스스로 체험해보아야 하니까요. 그래도 어느 정도 실습을 해보았으니 처음 하는 사람보다는 수월하겠죠. 거기서 또 관련 직업이 어떤 것인지, 팀은 어떻게 짜는지, 거래는 어떻게 이루어지는지, 수입은 어떻게 되는지도 배울 수 있습니다.

여전히 나의 꿈은 멋진 건축물의 한 면을 장식하는 타일 아티스트입니다. 그래서 고교 시절 내가 만든 유튜브 채널이나 인스타그램에는 온통 타일 관련 이야기만 가득합니다. 어려서부터 배워 실력이 탁월하다면 갈수록 SNS에서 인기가 올라갈 수도 있습니다. 유튜브 채널을 5년 정도 하면서 정말 멋진 작품을 만들어냈다면, 고등학교 졸업 전에 타일 아트계의 구루가 되어 있을 수도 있습니다. 비탈릭 부테린이 17세 때 비트코인 매거진의 공동 편집장이 되었듯이 말이죠.

특히 이 분야의 전문가들은 나이 많은 분들이라 유튜브 채널 같은 건 생각도 못하고 있을 수도 있습니다. SNS에서는 내가 타일 지존이 될 수도 있다는 이야기입니다. 그렇게 무럭무럭 꿈을 키워갑니다. 고등학교를 졸업하면 바로 고된 직업 전선으로 뛰어듭니다. 거기서 진짜 비즈니스를 배우는 거죠.

사실 1990년대만 해도 건설현장은 주먹구구식으로 운영되었고 초보에게는 기술을 가르쳐준다는 명목으로 임금도 떼어먹는 경우가 많았습니다. 이제 그런 관행은 거의 사라졌고 앞으로 10년 후면 그런 기술자를 구하기는 더욱 어려워질 테니 비즈니스 형태도 달라질 가능성이 매우 높습니다. 어느 정도 실전 실력도 있고 운영되는 시스템도 잘 알고 있다면 디지털 플랫폼 기반의 비즈니스 모델도 기획해볼 수 있습니다. 타일 일을 구하는 사람과 타일 일을 시킬 사람들의 플랫폼을 만드는 것이죠. 짬짬이 워크숍이나 클래스도 열어봅니다. 타일 일을 배우고 싶어하는 사람들을 위해 실전 교육을 하는 겁니다. 그래피티 아티스트들이 동네 벽화를 그리듯이 여러 참가자들과 함께 아름다운 도시 미화 사업의 일환으로 하는 것도 좋습니다. 진정성 가득한 자원봉사는 아티스트로서의 커리어를 만들어가는 데 중요한 이벤트가 됩니다.

물론 유튜브와 인스타 등에 잘 올려두어야겠지요. 탄탄한 기초 위에 기술력이 쌓이고 또 다양한 경력이 축적되면 여러 가지 기회가 오기 마련입니다. 포노 사피엔스 시장에서는 실력이 팬덤을 만들고, 팬덤은 가치를 만들게 됩니다. 현장 소장에게 잘 보여야 일을 받을 수 있는 시대가 아니라 건축주가 '꼭 저 사람에게 일을 맡겨야 한다'라며 찾아오게 하는 시대를 우리는 곧 맞이하게 됩니다. 물론 내가 그만한 실력을 갖추었을 때 이야기입니다. 그래도 어려서부터 꿈꿔왔고 노력했던 일이라면 그 정도의 차별화된 실력은 갖추고 있지 않을까요?

포노 사피엔스 문명은 새로운 기회의 땅입니다. 할 수 있는 일도 너무나 다양합니다. 내가 진정 좋아하는 일이라면, 그래서 내가 당당하게 실력을 쌓을 수만 있다면 어느 영역에서든 멋진 성공을 이룰 수 있고 신나는 삶도 누릴 수 있습니다. 많은 사람을 행복하게 하면서 말이죠. 그러기 위해서는 우선 내 마음에 사슬로 묶인 고정 관념들을 걷어내야 합니다. 이제 지구상 종의 다양성만큼이나 다양한 삶의 방식이 가능한 시대가 되었습니다. 나의 꿈도 사슬을 끊어내고 내면에서 우러

나오는 소리에 귀를 기울여야 합니다. 그때 진정 행복한 삶의 길이 보이기 시작합니다.

유명 웹툰 '이태원 클라스'에서 '박새로이'는 이렇게 말합니다.

"너가 너임을 다른 사람에게 납득시킬 필요는 없어."

이것은 어쩌면 포노 사피엔스 문명을 단적으로 표현한 문장입니다. 우리는 바야흐로 다양성의 시대를 살고 있으며, 그래서 당신이 꾸는 어떤 꿈이라도 아름답다고 이야기할 수 있습니다.

PHONO INSIGHT 4

네이버 웹툰

"영상 세계에 유튜브가 있다면 웹툰 세계에는 네이버 웹툰이 있다."

말 그대로 '네이버 웹툰'은 세계 최고의 웹툰 플랫폼입니다. 2019년 한 해 네이버 웹툰에서 올린 매출은 6,000억 원을 넘었습니다. 세계 100개국에서 월 방문자 수 기준 압도적 1위를 차지하고 있는 네이버 웹툰의 성공 비결은 과연 무엇일까요?

네이버 웹툰이 처음 시작된 것은 2004년으로 알려져 있습니다. 사업 초기에는 사실 지금의 명성과는 거리가 멀었습니다. 당시만 해도 만화가 시장을 지배하던 시절이어서 제대로 된 웹툰과는 거리가 있었고, 만화가들도 단행본 출판을 생각했지 웹툰 플랫폼에 자신의 작품을 올리겠다는 생각은 거의 하지 않았습니다.

2006년이 되어서야 웹툰이라는 장르가 서서히 자리를 잡아갑니다. 이때 처음 등장한 웹툰이 조석 작가의 '마음의 소리'입니다. 2020년 6월 말, 완결되었죠. 네이버 웹툰에서 가장 오래 연재한 작품입니다. 몇몇 작품들이 크게 성공하면서 많은 작가들이 웹툰을 연재하기 시작하고 그들의 인기에 힘입어, 네이버 웹툰은 2010년대 초반까지 최고의 웹툰 플랫폼으로 성장합니다.

이들이 성장하면서 선택한 방법은 오디션입니다. 모든 아마추어 작가가 도전할 수 있는 '도전 만화'가 바로 그것입니다. 그 중에서 인기 있는 작품들을 모아둔 '베스트 도전'에 진입하는 것도 쉬운 일이 아닙니다. 이때부터 경쟁은 상상을 초월합니다. 그리고 거기서 고객들로부터 인기를 얻어 성공하면 비로소 '웹툰' 프로 작가가 되는 길이 열립니다.

네이버 웹툰 외에도 다음^{Daum}의 '만화 속 세상', 또 '레진 코믹스'와 '핵전쟁 코믹스' 등 여러 웹툰 플랫폼이 서로 경쟁하는 체제를 갖추고 있습니다. 요즘 재능 있는 작가는 스카우트 제의가 많아 등단이 훨씬 쉬워졌다고 합니다.

웹툰시장의 성공 비결은 킬러 콘텐츠입니다. 많은 작가들이 도전을 하자 그중에서 인기 콘텐츠가 터지게 됩니다. 스마트스터디가 그렇게 했듯이 많이 만들어야 좋은 콘텐츠가 나올 가능성이 올라가는 거죠. 네이버는 웹툰을 처음 시도했을 때 시큰둥했던 반응에 실망하지 않고 계속 투자하면서 많은 작가의 참여를 유도했습니다. 이것이 첫 번째 성공 비결이라고 할 수 있습니다.

2010년 이후 스마트폰 대중화가 본격화되면서 많은 소비자들이 '손 위의 웹툰'을 즐기기 시작합니다. 단행본 위주의 만화 시대에서 스마트폰 위의 웹툰 시대로 본격적인 문명 교체가 시작된 것이죠. 이때부터 네이버 웹툰이 급성장하기 시작했습니다. 작가들도 큰돈을 벌게 되면서 많은 사람이 도전을 시작했습니다.

동시에 소비자 데이터가 축적되면서 인기 있는 웹툰의 성공 방정식이 드러났죠. 이때 주목할 것이 있습니다. 단순히 만화를 디지털 플랫폼에 올린다고 해서 그것이 웹툰이 되는 게 아니라는 것입니다. 종이 학습지를 태블릿에 올린다고 디지털 트랜스포메이션이 일어나지 않았던 것처럼, 웹툰도 만화를 이미지로 찍어 올린다고 성공할 수 없었습니다. 웹툰은 디지털 환경에 맞는 형식과 스토리가 필요했습니다. 주당 50~60컷 정도를 꾸준히 올려야 하고 디지털 툴을 잘 사용하는 것도 필수입니다. 그림을 그리는 양식에 특정 패턴이 있는 단행본 만화와 달리 어떤 작가는 실사와 가깝게, 어떤 작가는 낙서처럼, 어떤 작가는 완벽한 디지털 캐릭터로 다양한 팬층을 만들어냈습니다. 일주일에 한 번씩 연재되는 웹툰은 다음 회에 대한 강력한 호기심을 일으키며 마무리하는 것이 일반적입니다. 마치 TV드라마처럼 말이죠.

이런 새로운 포맷을 하나하나 구현하면서 기존 만화와는 다른 웹툰만의 장르를 창조한 것입니다. 그것이 네이버 웹툰이 세계에서 가장 강력한 웹툰 플랫폼이 될 수 있었던 성공 비결입니다. 우리는 기존의 비즈니스 모델을 디지털 플랫폼에 무조건 적용한 뒤 고객의 반응이 없으면 쉽게 포기하곤 합니다. 핑크퐁이나 웹툰의 성공 사례를 보면 비슷해 보이지만 미묘하게 다른 문화적 특성이 있습니다. 네이버 웹툰은 그것을 체계화해서 거대한 자율경쟁의 생태계를 만들면서 아마추어 작가와 프로 작가, 네이버 웹툰 플랫폼이 동시에 성장할 수 있는 토대를 구축하는 데 성공합니다.

또 다양한 비즈니스 모델을 만들어 수입 구조를 키워갑니다. 방문자 수 증가와 함께 당연히 플랫폼의 수입이 증가하면서 생태계가 지속 성장하는 선순환의 구조를 갖추게 되죠. 이렇게 성장을 거듭하자 2017년 네이버는 웹툰 사업을 전격 분리해서 '(주)네이버웹툰'을 설립했습니다.

국내에서 수익 창출의 플랫폼 모델이 완성되자 해외 진출을 시작했습니다. 네이버는 2014년 미국 LA에 본부를 두고 '라인웹툰LINE WEBTOON'이라는 이름으로 글로벌 웹툰 플랫폼을 시작했습니다. 이후 중국, 대만, 일본, 인도네시아, 태국 등 아시아를 중심으로 서비스를 확대하면서 우리나라에서 이미 인기가 입증된 웹툰을 기본으로 가져갔습니다. 포노 사피엔스 문명의 특징 중 하나는 국경도 언어도 장벽이 되지 않는다는 것인데, 웹툰 문화에서도 이것이 특효로 작용했습니다. 사업 초기 이들 웹툰이 폭발적인 인기를 만들어내면서 네이버의 웹툰 해외사업은 자리를 잡아가기 시작합니다. 조석 작가가 동남아의 대스타가 된 것도 이때 일이죠. 이후에는 각 나라의 인기 작가들도 네이버 웹툰에 작품을 올리기 시작했습니다.

재미있는 것은 만화의 종주국이라고 불리는 일본에서 웹툰에 크게 관심을 갖지 않았다는 것입니다. 변화하는 소비 형태에 대응하는 속도가 느렸다는 것이죠. 그래서 네이버 웹툰은 일본에서도 압도적인 1위 플랫폼에 등극했습니다. 상식적으로 보자면 세계 최고의 웹툰 플랫폼은 훌륭한 만화 작가가 풍부한 일본이 만들었을 법도 한데 그렇지 못했습니다. 이것이 문명 교체기에 나타나는 위기와 기회의 양면성입니다.

이제 웹툰은 단행본 만화와는 다른 새로운 문화의 한 장르가 되었고 네이버 웹툰이 그 창조의 생태계를 갖게 된 것입니다. 2018년부터 해외 매출이 폭발적으로 증가하면서 2019년 6,000억 원을 돌파했고, 2020년 매출은 9,000억 원에 이를 것으로 예상하고 있습니다. 직원 수는 250명을 넘어섰고, 한 번이라도 작가에 도전한 사람의 수만 50만 명이 넘습니다. 어쩌면 월 방문자 수 6,000만 명은 이제 시작인지도 모릅니다. 페이스북이나 유튜브의 월 방문자 수가 20억 명이 넘으니까요. 그래서 현재 네이버 웹툰의 기업 가치는 5조 7,000억 원으로 평가받고 있습니다. 현대중공업의 시가총액인 5조 6,000억 원과 비슷합니다. 우리나라에 기존 대기업을 대체할 새로운 멋진 일자리 생태계가 형성된 셈입니다.

네이버 웹툰의 성공 비결을 정리해보겠습니다. 먼저 만화라는 인기 있는 산업을 디지털 문명으로 이전하기 위해 변화를 시도했습니다. 그렇지만 실패했죠. 그러나 사업 초기의 실패에 좌절하지 않고 만화가 아닌 웹툰이라는 새로운 문화 장르를 창조하는 데 성공했습니다. 성공의 비결은 많은 작가들이 찾아와 경쟁하며 등단하게 한 시스템이었습니다. 인기 있는 킬러 콘텐츠가 나올 수 있는 생태계를 만든 것이죠. 결국 소비자를 끌어들이는 것은 매력적인 콘텐츠니까요.

팬덤이 형성되자 이를 증폭하는 데 주력했습니다. 작가를 연예인처럼 스타로 키우고 작품의 스토리를 드라마, 영화의 소재로 판매해 수익을 올리는 동시에 더 많은 소비자를 생태계로 유입시켰습니다. 국내 생태계가 활성화되자 이를 바탕으로 웹툰의 생태계를 전 세계로 증폭시킵니다. 생태계가 증폭되자 작가들의 수입이 크게 늘었고, 그로써 더 좋은 작가들이 유입되고 양질의 웹툰은 지속적으로 공급될 수 있었습니다. 이것은 웹툰 플랫폼 성장의 좋은 자양분이 되었고, 그로써 '성장의 선순환' 체계가 구축될 수 있었습니다.

이 성공의 방정식은 앞서 언급한 기업들에서도 유사하게 나타나는 현상입니다. 사실 거의 모든 플랫폼에서 공통적으로 드러나는 성공 비결입니다. 이 모든 도전의 근간에는 '오로지 소비자, 오로지 고객'이라는 소비자 중심 경영이 깔려 있다는 것은 두말할 필요가 없습니다.

Digital
Transformation

모든 부는
디지털 공간으로 모인다

CODE
5

디지털
트랜스포메이션

많은 학자들은 기업이 다양한 디지털 기술을 적용해 시장의 판도를 바꾸는 현상을 '혁명의 본질'이라고 봅니다.

이것도 맞지만, 디지털 트랜스포메이션의 본질은 오히려 '인류의 진화'입니다. 호모 사피엔스에서 포노 사피엔스로 문명의 표준이 바뀌는 것이죠. 열두 번째 장기인 스마트폰이 모든 개인에게 보급되자 생활 양식과 삶의 표준이 바뀌면서 이것이 인류의 진화로까지 이어진 것입니다.

따라서 디지털 트랜스포메이션은 기술의 관점이 아닌 인류 문명의 변화에 맞추어 바라보아야 합니다. 인류 전체의 삶이 어떻게 달라졌는지에 대해 더 깊이 들여다보는 것을 통해, 디지털 플랫폼으로의 생활 공간이 어떻게 이동하고 있는지 알아보겠습니다.

모든 상품은
'스트리밍'으로 소비된다

포노 사피엔스의 생활 공간은 디지털 플랫폼으로 이동했습니다. 인류의 삶이 디지털 플랫폼으로 옮겨간 현상을 '디지털 트랜스포메이션'이라고 합니다. 미국의 학자들은 시장의 혁명적 변화를 두고 '제4차 산업혁명 시대'라는 말보다 '디지털 트랜스포메이션'이라는 표현을 더 많이 씁니다. 기업이 다양한 디지털 기술을 적용해 시장의 판도를 바꾸는 현상을 혁명의 본질이라고 보는 것이죠.

맞는 말이긴 하지만, 기술이 리더십을 갖고 있다는 것은 좀 지나친 해석으로 보입니다. 디지털 트랜스포메이션의 본질은 오히려 '인류의 진화'입니다. 호모 사피엔스에서 포노 사피엔스로 인류가 진화했고, 그에 따라 문명의 표준이 바뀌는 것이죠. 디지털 트랜스포메이션은 기술의 관점이 아닌 인류 문명의 변화에 맞추어 바라보아야 한다고 생각합니다.

프랑스 경제학자이자 미래학자로 잘 알려진 자크 아탈리[Jacques Attali]는 미래학 분야의 석학으로 미래 예측에 관한 책을 많이 썼습니다. 그의 저서 《어떻게 미래를 예측할 것인가》에서는 매일 5분씩만 자신과 사회, 국가의 미래를 생각해보자고 합니다. 그는 오래전부터 미래를 예측하는 즐거움 그리고 음악이 주는 미래의 암시성에 대해 주목해왔는데 한 인터뷰[3]를 통해 이렇게 이야기합니다.

> "우리가 어디로 가고 있는지를 밝히는 것보다 내게 더 큰 성취감을 주는 것은 없었다. 현재를 이해하고 미래를 해독하는 일은 과거 탐구 작업에 타당성을 부여한다. 나는 미래사회를 그려보기 위해 음악의 세계, 시간의 가치, 로맨틱한 열정과 같은 것들을 탐구했다. 문화와 사회의 다양한 측면이 미래사회의 비전에 영양분 노릇을 하기 때문이다. 특히 음악이 대단히 매력적인 주제다. 다른 인간 활동보다 음악이 더 빨리 진화하기 때문이다. 음악의 세계에서 벌어지는 '돌연변이'를 이해하면 사회의 변화를 예측하는 게 가능하다. 음악의 녹음, 복제, 디지털 플랫폼을 통한 확산은 우리 일상생활을 바꿔놓을 깊은 변화를 예고했다."

인류에게 가장 오래되었고 친근한 소비재이자 동시에 역동적인 소비재는 바로 '음악'입니다. 음악의 소비 패턴은 가장 빠르게 변화합니다.

3. 김환영 기자 '대중음악 돌연변이를 보면 미래를 볼 수 있다.', 2018년 2월 2일자, 〈중앙일보〉

음악의 소비 패턴이 변화하는 추이를 보면 미래의 소비 패턴 변화를 예측할 수 있다는 그의 이론은 30년간 잘 맞아왔고 앞으로도 잘 맞을 것입니다. 그렇다면 현재 음악 소비의 표준은 어떤지 살펴보겠습니다.

아직도 음반, 그러니까 CD를 직접 사서 듣는 분들이 있겠지만 음악을 소비하는 '요즘의' 보편적인 방법은 아닌 듯합니다. 듣고 싶은 음악이 떠오르면 어떻게 하시나요? 스마트폰을 켜서 '유튜브'나 '멜론' 같은 앱을 켜실 겁니다. 음악을 제공하는 디지털 플랫폼에 접속하는 거죠. 그리고 좋아하는 음악을 검색하고 선택합니다. 이 모든 과정은 마치 뉴런이 스마트폰과 접속해 반응하듯 자연스럽게 이루어집니다. 스마트폰에서 음악이 흘러나옵니다. 그냥 나오는 것은 아니고 통신망을 통해 '스트리밍streaming'되는 것이죠. 스트리밍을 좀더 쉽게 이야기하면 '배달'입니다. 음악을 소비하는 이 과정을 기술적으로 정리하면 '인공장기(스마트폰)를 통해 디지털 플랫폼에 접속하고 비용을 지불한 후 배달(스트리밍)되어 소비한다'가 됩니다.

아탈리의 이론에 따르면 앞으로 인류의 모든 소비 방식이 이렇게 변한다는 것입니다. 이미 지금도 거의 모든 소비영역에서 디지털 플랫폼은 인류에게 삶의 터전이 되었습니다. 음악의 소비 패턴을 따라서 말이죠. 그리고 보면 아이팟을 발명해 음악 소비를 저장장치에서 스트리밍으로 바꾼 스티브 잡스의 위대함은 아이폰 발명 이전부터 돋보입니다. 기술이 아니라 인류에 대한 깊은 관심이 출발점이었으니 음악으로 시작할 수 있었고, 아이팟의 성공에 힘입어 인류 문명 자체를 바꾼 아이폰이 세상에 태어날 수 있게 된 것입니다.

Digital
Transformation

'GAFA'가
세상을 좌지우지하는 방식

뉴욕대학교 스턴경영대학원의 스콧 갤러웨이[Scott Galloway] 교수는 그의 저서 《플랫폼 제국의 미래》에서 애플, 구글, 페이스북, 아마존이 얼마나 강렬하게 사람들을 흡수했고, 그것을 통해 인류의 문명이 어떻게 바뀌었는지 상세히 그려내고 있습니다. 첫 글자를 따 'GAFA'로 불리는 이 기업들은 세상을 바꾼 주역입니다. 포노 사피엔스 문명을 창조한 기업들이죠.

애플은 삼성전자와 함께 스마트폰을 만들고 보급하는 기업입니다. 아이폰 탄생 이후 이제 50억 명이 넘는 인류가 스마트폰을 마치 장기처럼 사용하고 있습니다. 구글은 인간의 뇌를, 생각의 방식을 바꾼 기업입니다. 사람에게는 지식의 습득과 저장을 담당할 기관이 하나 더 생긴 것입니다. 포노 사피엔스는 궁금하면 검색을 합니다. 구글은 더 많은 지식을 제공하며 인류 지식의 지평을 넓히는 중입니다. 그사이 유튜브도, 네이버도, 위키피디아도 등장하며 지식의 폭과 깊이는 더욱 광대해지고 있습니다.

페이스북은 인간의 관계를 디지털 플랫폼으로 확대한 모든 SNS를 대표하는 기업입니다. 우리는 날이 갈수록 더 많은 시간을 스마트폰을 통해 소통하고, 관계를 맺으며 살아가고 있습니다. 카톡으로 대화하고 트위터, 페이스북, 인스타그램을 통해 타인과 소통합니다. 어느새 소셜 네트워크는 인간관계를 결정하는 가장 중요한 수단이 되었습니다.

아마존은 인류의 소비 패턴을 바꾼 대표 기업입니다. 이제 우리는 무언가 사고 싶거나, 먹고 싶은 것이 있으면 당연히 스마트폰을 듭니다. 그리고 원하는 것을 디지털 플랫폼에 접속해 주문하고 상품은 배달을 통해 소비자에게 직접 전달됩니다.

아마존뿐만 아니라 차를 타는 것도, 돈을 송금하는 것도, 여행을 가는 것도 이제는 스마트폰이 해결합니다. 그렇게 인류 문명의 표준이 포노 사피엔스 시대로 이동해버렸습니다. 코로나19의 공포는 인류의 이동을 더욱 가속화하는 중입니다. 과거에는 디지털 플랫폼이 선택의 문제였다면, 이제는 생존의 문제가 되어 더욱 무섭게 우리 사회 전체를 변화시키고 있습니다.

그래서 제일 먼저 필요한 것이 '생각에 대한' 디지털 트랜스포메이션입니다. 인류의 과반수가 선택한 영역은 물론이고, 앞으로 변화가 찾아올 것이라고 예상되는 영역까지 미리 준비해야 합니다. 그 과정에서 일어나는 혼란과 부작용을 최소화하기 위해 합심해서 노력해야 하지만 문명의 트랜스포메이션 자체를 부정할 수는 없습니다. 문명의 급격한 변화를 데이터를 통해 확인했다면 내 생각의 근간을 바꾸어야 하고, 나의 메타인지를 수정해야 합니다. 그리고 나의 미래를 상상할 때 새로운 문명의 표준을 근간으로 삼아야 합니다. 기존 문명에 익숙해 있는 사람들에게는 고통스럽고 또 피하고 싶은 일입니다. 내 삶의 기준을 바꾸는 것은 엄청난 일이겠지만 생존을 위해 꼭 해야 하는 일이기도 합니다.

그렇다면 나의 일상은 얼마나 포노 사피엔스 문명으로 이동했을까요? 우선 기준으로 삼을 비교 세대가 필요하겠군요. Z세대라고 불리는 1995년 이후 태생을 놓고 보겠습니다. 이들이야말로 포노 사피엔스 문명의 본진이라고 할 수 있습니다. 태어났을 때 이미 인터넷과 컴퓨터가 있었고, 10대가 되었을 때 스마트폰을 손에 쥐기 시작한 세대입니다. 그래서 모든 일상의 기억이 스마트폰이라는 새로운 인공장기와 함께 형성된 세대이자 가장 스마트폰을 잘 활용하는 세대입니다.

이들은 단지 스마트폰을 잘 쓰는 것뿐만 아니라 새로운 문명 체계를 만들어가고 있습니다. 언어와 표현이 다르고 소통 방식도 다르며 지식을 습득하는 체계도 다릅니다. 인간의 생물학적 특성상 이런 변화는 매우 당연한 일이기도 합니다. 1990년대생에 대한 관심이 지대하게 높아지는 것도 이 세대 문명의 특징이 이전 세대와는 워낙 다르기 때문입니다.

이들은 우선 언어와 유행이 이전 세대와 크게 다릅니다. TV와 라디오를 통해 연예인이 유통하던 유행어의 힘은 영향력이 약화된 반면 스스로 만들어낸 말이나 옷차림 등은 순식간에 퍼집니다. 문화를 만들고 소비하는 공간과 방식이 모두 디지털 플랫폼으로 옮겨졌기 때문에 일어나는 자연스러운 현상입니다. 대화는 기본적으로 '톡'으로 합니다. 말보다 이모티콘을 더 많이 사용하여 표현하고, '짤방'이라는 독특한 비주얼의 표현 방식을 사용합니다. 표현은 다소 거칠고 자극적입니다. '급식체'처럼 스스로 만든 재밌는 유행이 등장하면 디지털 플랫폼을 타고 엄청난 속도로 확산됩니다. 그리고 또 금방 사라집니다.

이렇게 빠르게 변화하는 문명에서 소외되지 않으려면 스마트폰에서 눈을 뗄 수가 없습니다. 끼리끼리 누리는 문화에 함께 머물고 싶은 마음은 시대를 막론하고 동일합니다. 이전 세대에서는 개그맨의 유행어나 드라마의 명장면, 인기가요 1등, 멋진 CF처럼 대중매체에 의해 의도된 유행이 대중문화를 지배했고, 그래서 그런 걸 모르면 유행에 뒤처지는 사람이 되곤 했습니다. 반면 Z세대는 그 모든 걸 스스로 선택하거나 스스로 만들어내고, 또한 스스로 퍼뜨려 유행을 창조합니다.

그리고 청소년 시절을 이렇게 차별화된 소통 방식으로 보낸 세대들이 자라 어른이 되어 회사의 직원이 되고 시장을 이끄는 주요 소비자가 됩니다. 흐르는 세월과 함께 이들은 우리 사회의 표준 세대로 성장하고 있습니다. 이들은 다릅니다. 1990년대생 세대에게 관심을 가져야 하는 것은 단순한 세대 간 소통을 위한 노력이 아닙니다. 인류의 표준 문명이 된 그들의 모든 것을 '알아가고 배워간다'는 태도로 접근해야 합니다.

시키지 않아도
자발적으로 학습한다

이들은 지식을 습득하는 것도 다릅니다. 인공지능에 대해 한 번 찾아볼까요? 유튜브에서 인공지능을 검색하면 수만 개의 관련 동영상이 올라옵니다. 우선 개념을 이해해야 하니까 조회 수가 많은 기본 개념에 관한 강의를 골라 봅니다. 조회 수가 높고 '좋아요'가 많은 것을 선택하면 거의 실패가 없습니다.

그렇게 기본적인 개념이 쌓이고 나면 가장 많이 쓰이는 '머신러닝', '딥러닝'에 대해 알아보기 시작합니다. 자신이 학습해야 하는 수준에 맞추어 동영상을 찾아 학습을 시작합니다. 인공지능에 대해 단순히 원리만 파악하는 거라면 굳이 모든 강의를 들을 필요는 없습니다. 대신 최근 구글에서 제공하는 라이브러리를 통해 인공지능 프로그래밍을 하는 여섯 살 꼬마에 관한 이야기나, 시험문제를 대신 풀어주는 인공지능 프로그램이 출시되었다거나 하는 트렌드 영상은 빼먹지 않고 학습합니다. 개념이 잡히고 나면 이런 것들이 어떻게 가능한지도, 한계가 무엇인지도 보다 명확하게 이해할 수 있습니다.

프로그래머가 되고 싶다면 더 전문적인 강의로 깊이 있게 학습해봅니다. 유튜브를 통해서는 세계적인 교수들의 강의를 내 방에 앉아 들을 수 있습니다. MOOC는 가장 대표적인 온라인 공개형 강의 프로그램입니다. 2012년부터 본격화되어 최근 전 세계 청년들로부터 각광받고 있는 지식의 보고입니다. 유다시티^{udacity}, 코세라^{coursera} 같은 초기 기업들뿐만 아니라 최근 많은 벤처들이 다양한 온라인 강좌를 제공하며, 에듀테크^{Edutech} 분야에서 새로운 교육 생태계를 만들어가고 있습니다. 에덱스의 자료 분석에 따르면, 수강생의 80%가 직장인으로 지적 호기심을 충족시키거나 자기 계발을 위해 수업을 듣는다고 합니다.

우리가 눈여겨보아야 할 대목입니다. 우리나라에도 2015년 교육부 주도로 K-MOOC가 시작되었습니다. 무크의 한국판입니다. 서울대, 카이스트, 포항공대, 성균관대 등 많은 대학의 강좌가 공개되어 있습니다. 수강생은 온라인상으로 교수와 질의응답, 토론 등을 할 수 있고 시험과 과제 등 일정 기준을 충족하면 해당 대학 명의의 이수증도 받을 수 있습니다. 특히 요즘 트렌드에 맞게 빅데이터, 인공지능, 코딩 등 정보통신 분야 과목들이 많이 개설되어 있습니다. 저도 2020년에 K-MOOC 과목을 하나 개설하게 되었습니다. '4차 산업혁명, 포노 사피엔스 시대'라는 제목으로 말이죠.

이러한 포노 사피엔스식 학습법은 자발적인 학습 의지와 끈기가 중요합니다. 누구 하나 강요하는 사람이 없기 때문입니다. 혼자 하는 도전은 늘 어렵지만 성공하고 나면 보상은 분명합니다. 무크 교육의 한 통계에 따르면, 수강을 시작한 학생들이 끝까지 이수하는 비율이 채 10%가 안 된다고 합니다. 그만큼 쉽지 않다는 것이죠. 그런가 하면, 무크 수업에서 최고 성적을 받은 학생들은 오프라인 강의실에서 수업을 들은 최고 성적의 학생보다 훨씬 성적이 좋고 실력도 뛰어났다고 합니다. 자발적으로 학습한 효과가 엄청나다는 것을 보여준 거죠.

결국 가장 중요한 학습 요소는 여전히 '끈기'입니다. 기존 방식이든 포노 사피엔스 방식이든 스스로 혁신하려는 의지가 무엇보다 중요합니다. 특히 대면 없이 이루어지는 온라인 학습에서는 지치지 않는 노력이 무엇보다 절실합니다.

어렵지만 이를 성취했을 때의 기쁨을 가져다주는 힘은 은근과 끈기입니다. 이를 현대 용어로는 '그릿GRIT'이라고 합니다. 그릿의 뜻을 '시사상식사전'에서는 이렇게 정의하고 있습니다.

그릿(GRIT)은 미국의 심리학자 앤젤라 더크워스(Angela Duckworth)가 개념화한 용어로, 성공과 성취를 끌어내는 데 결정적인 역할을 하는 투지 또는 용기를 뜻한다. 그러나 이는 단순히 열정과 근성만을 의미하는 것이 아니라, 담대함과 낙담하지 않고 매달리는 끈기 등을 포함한다. 더크워스 교수는 그릿의 핵심은 열정과 끈기이며, 몇 년에 걸쳐 열심히 노력하는 것이라고 강조한 바 있다. 더크워스는 2013년 TED 강연에서 그릿을 처음 소개했는데, 이는 재능보다 노력의 힘을 강조한다. 즉, 평범한 지능이나 재능을 가진 사람도 열정과 끈기로 노력하면 최고의 성취를 이룰 수 있다는 뜻을 담고 있다.

더크워스 교수의 저서 《그릿》은 2016년 〈월스트리트 저널〉, 〈포브스〉 등에서 그해 최고의 책으로 선정되며, 세계 청년들에게 성공을 위해 읽어야 할 가장 중요한 책으로 자리 잡았습니다. 혼자 공부해도 세계 최고 수준의 전문 지식을 습득할 수 있는 포노 사피엔스 문명에서 지치지 않는 열정과 노력, 그리고 그릿은 가장 중요한 성공의 덕목입니다.

Digital
Transformation

5G 세상의 화두는
다시 협업이다

또 하나는 협업 능력입니다. 디지털 플랫폼을 기반으로 포노 사피엔스가 필요로 하는 제품 또는 서비스를 기획하려면 많은 전문가의 협업이 필수적입니다. 우선 모든 참여 인원들의 디지털 플랫폼 구축에 대한 정확한 이해가 필요합니다. 앱, 웹, 서버, 데이터, 클라우드, 스마트폰 등이 어떻게 연계되어 디지털 플랫폼이 완성되는지는 물론이고 데이터의 이동과 역할, 비즈니스 프로세스까지 모두 잘 이해하고 있어야 합니다. 이것을 한사람이 모두 만들어내기란 쉽지 않을 뿐 아니라, 시간이 많이 걸리고 완성도도 떨어집니다.

그래서 전문 영역별로 나누어 빠르게 추진해야 하는데 이때 협업의 경험이 필수적입니다. 비즈니스 기획자, 개발자, 디자이너, 마케터, 영업전문가, 소비자 데이터분석가 등 분야별 전문가들이 온·오프 라인 커뮤니케이션에 모두 익숙하고 최신 트렌드에 대한 검색 능력도 뛰어나야 합니다. 성공적인 새로운 비즈니스가 등장하면 분석해서 나의 프로젝트에 적용하는 능력, 즉 카피 능력도 중요합니다. 여기에 더해 전공 분야별 전문기술의 수행 능력이 가장 중요한 것은 당연합니다.

이런 실력은 실제 프로젝트를 수행하면서 축적됩니다. 실무 프로젝트 기반의 학습과 경험이 필요한 이유입니다. 이런 경험은 빠르면 빠를수록 좋습니다. 많이 경험할수록 능력도 향상됩니다.

온라인에서의 협업 능력은 이제 생존의 조건으로까지 언급되고 있습니다. 애프터 코로나 시대에도 우리는 여전히 일해야 합니다. 그렇다면 디지털 문명에 기반한 업무 수행능력은 나의 일자리를 지켜주는 가장 중요한 능력이 될 것이 분명합니다.

디지털 트랜스포메이션을 위해 우리가 해야 할 일을 정리해보겠습니다. 우선 삶의 공간이 디지털 플랫폼으로 이동했다는 현실에 대한 기준이 필요합니다. 그러기 위해서는 디지털 플랫폼이 어떻게 구축되고 운영되는지를 잘 알아야 합니다. 학습 방식도 포노 사피엔스 문명에 따라 유튜브를 활용하고, 소셜 네트워크 기반의 커뮤니티도 적극적으로 활용하는 것이 좋습니다.

디지털 플랫폼에 대한 지식이 어느 정도 축적되고 나면 자기 전공을 살려 실제 프로젝트에 참여해봅니다. 다양한 분야 전문가들과 협업하려면 온라인 커뮤니케이션 능력은 필수입니다. 클라우드 기반 프로젝트 수행 능력, 최신 트렌드에 대한 검색과 카피 능력도 필요합니다. 이 모든 것들이 포노 사피엔스 시대의 인재가 갖추어야 할 능력입니다.

지식의 바다는 최근 2년 사이 엄청난 규모로 성장했고 앞으로 더욱 빠른 속도로 확산될 것입니다. 더구나 5G 시대가 본격화되면서 영상 기반의 학습과 클라우드 기반의 프로젝트 수행은 더욱 표준 문명으로 자리 잡게 될 것입니다.

지금 단계에서 기본 역량을 갖추지 못한다면 우리의 문명, 우리의 능력은 대륙의 신문명과 더욱 큰 격차가 생길 것입니다. 반복되는 팬데믹 쇼크 때마다 생존을 걱정해야 할지도 모릅니다. 영혼이 담긴 디지털 트랜스포메이션, 어려운 길이지만 그래서 꼭 가야 합니다. 그릿으로 무장하고 온라인으로 학습하며 예정된 미래를 향해.

PHONO INSIGHT 5

당근마켓

'당근마켓'은 '당신 근처 중고 거래 시장'이라는 뜻의 중고거래 앱입니다. 누적 다운로드 1,900만 건, 한 달 이용자 700만 명, 2019년 거래액 7,000억 원을 기록하며 놀라운 성공을 이룬 벤처기업이죠.

벤처업계에서 '성덕(성공한 덕후)'으로 불리는 김재현 대표는 어려서부터 컴퓨터 프로그래밍에 꽂힌 아이였습니다. 학교 시험공부에는 특별히 관심이 없던 그는 1998년 동서울대 정보통신공학과에 입학했습니다. 2003년 졸업 후 '네오엠텔neomtel'이라는 벤처기업에 취업하면서 본격적으로 컴퓨터에 빠지기 시작했습니다. 그리고 뒤늦게 학구열이 폭발해 숭실대학교 대학원에 진학했고, 야전 침대에서 생활하며 공부를 이어갔습니다. 졸업 후 실력을 인정받아 2007년에 네이버에 입사했습니다.

그런데 2009년 아이폰이 출시되자, 과감히 사표를 내고 2010년 동료들과 함께 '씽크리얼즈'를 창업했습니다. 씽크리얼즈는 2012년 카카오에 57억 원에 인수되면서 대박을 터뜨리죠. 이후 카카오에 합류한 김 대표는 '카카오 플레이스', '카카오 택시' 등을 만들며 활약했습니다. 그런데 거기서 만족하지 않고 동료인 김용현 대표와 2015년 당근마켓의 전신인 'N42'를 창업합니다. 원래부터 물건을 버리기 싫어했고 중고제품 거래에 관심이 많았던 그는 평생 꼭 해보고 싶은 사업이었고 그래서 과감하게 시작했습니다.

회사를 경영하는 방식도 꼭 그가 원하던 방식 그대로입니다. 모든 사람을 수평적으로 대하고 회사 구성원 모두가 영어 이름으로 호칭합니다. 그의 이름은 '폴Paul'입니다. '님'자도 붙이지 않고 모두 그렇게 부릅니다. 직원을 뽑을 때는 학력은 보지도 않고 필요한 능력을 갖추고 있는지를 기준으로 합니다. 그래서 모든 직원이 멋진 아이디어를 내고 또 존중받습니다.

'당근마켓'이라는 신선한 이름도, 개인정보는 보호하면서도 가장 간편하게 거래할 수 있는 방식도, 고객을 사로잡은 아이디어는 모두 그렇게 직원들의 생각에서 나왔다고 합니다. 초등학교 2학년 때 인연을 맺은 컴퓨터와 평생 함께하면서 정말 하고 싶은 일을 해왔고, 또 그렇게 꿈꾸던 방식의 회사를 창업해 실제로 성공을 이루어냈습니다. 그래서 그는 '성덕'이라 불립니다. 그의 기술과 사람에 대한 관심, 그리고 사람들의 생활 방식에 대한 관심이 그의 꿈과 어우러져 지금의 당근마켓을 만들어낸 것입니다.

당근마켓의 성공 비결은 달라진 포노 사피엔스들의 삶의 방식에 대한 정확한 이해로부터 시작되었습니다. 디지털 플랫폼에 기반해서 생활하게 된 인류지만 자신이 살아가는 곳은 특정한 지역입니다. 포노 사피엔스들도 그 지역 내에서 소소한 일상을 즐기며 삽니다. 지나는 길에 편의점에 들러 필요한 걸 구입하기도 하고 간단한 식사도 해결합니다. 사실 편의점 매출은 포노 사피엔스 시대에도 큰 영향을 받지 않고 있습니다. 당근마켓은 그래서 지역에서 살아가는 소비자의 행동을 세밀하게 관찰하고 그들에게 더욱 편리한 방법이 무엇인지를 고민했습니다.

물론 커뮤니티 비즈니스 산업은 세계적으로 유행하는 플랫폼 사업 트렌드이기도 합니다. 하지만 편리하지 않다면 절대 성공하지 못하는 비즈니스이기도 합니다. 당근마켓은 철저하게 지역 단위로 셀을 나눠 자기 동네에서 편안하게 거래가 이루어질 수 있도록 배려했습니다. 그래서 근처 6km 이내에 사는 사람들만 거래하도록 시장을 구성했습니다. 이렇게 되니까 물건이 필요하면 들어가서 사려고 하는 사람보다, '오늘은 우리 동네 시장에 어떤 재밌는 물건이 나왔나' 하며 궁금해서 들어오는 사람이 많아집니다.

사람이 많이 모이자 거래가 활성화되고 물건을 팔아 현금을 손에 쥐게 된 사람들은 '우리 집에 또 팔 만한 물건이 없나' 하면서 또 찾게 됩니다. 과잉 소비 시대인 만큼 어느 집이나 팔 만한 물건이 수북히 쌓여 있기 마련입니다. 굳이 내가 가진 물건을 들고 가서 택배로 보내는 불편함을 감수하기는 귀찮지만 복잡한 포장 필요 없이 바로 슬리퍼 신고 나가 물건만 달랑 교환하면 되는 이 서비스는 소비자의 마음에 꼭 들게 된 것이죠.

당근마켓은 이름도 재미있고 마케팅 전략도 훌륭했습니다. 그렇지만 소비자를 사로잡은 건 바로 '좋은 경험'이었습니다. 좋은 경험이 만드는 것이 바로 자발적 팬덤입니다. 집에 굴러다니던 물건이 간단하게 내 주머니의 현금으로 바뀌는 경험은 더할 수 없이 매력적입니다. 포노 사피엔스는 좋은 경험을 하게 되면 반드시 주변에 퍼뜨립니다. 당근마켓은 그동안 사람들이 중고물품 거래에서 경험하지 못했던 좋은 경험을 멋지게 만들어낸 것이죠.

이것이 킬러 콘텐츠입니다. 킬러 콘텐츠를 만드는 힘은 섬세한 디테일입니다. 조금이라도 더 편하게 만들고, 조금이라도 더 안심하게 만드는 지나칠 만큼의 섬세한 배려, 그것이 사람들을 열광하게 만든 것이죠.

당근마켓의 킬러 콘텐츠는 조직 문화에서 나온 것이 분명합니다. '사장님이 좋아할 아이디어'를 내는 것이 아니라 '나라도 이렇게 해주면 쓰겠다'라는 아이디어를 내는 조직 문화라야 디테일이 살아납니다. 당근마켓이 창업 당시부터 디지털 트랜스포메이션의 본질을 꿰뚫고 있었다는 뜻이기도 합니다.

성과도 대단합니다. 2019년 인당 월평균 사용시간 3.16시간,

평균 앱 실행 빈도 20일(평균 2.93시간, 9.32일)로 구글 플레이 스토어 전체 순위 1위를 차지합니다. 거래 금액도 7,000억 원을 돌파했습니다. 말 그대로 동네 가게를 포노 사피엔스들이 뻔질나게 들락날락하고 있다는 것을 보여주는 데이터입니다.

2020년이 되면서 코로나가 시장을 덮쳤지만 당근마켓의 팬덤은 더욱 강력해지고 있습니다. 누적 다운로드 1,900만 돌파, 누적 가입자 1,000만 돌파, 월간 활성 이용자 수 700만 명을 모두 돌파했습니다.

중고거래 시장을 선점했던 플랫폼들을 압도적으로 따돌려버린 것입니다. 비결은 역시 섬세한 배려였습니다. 코로나로 접촉이 두려운 소비자들은 문 앞에 물건을 걸어두고 교환하기도 하고, 사람이 많이 모이지 않는 곳에서 만나 거래를 해결하기도 합니다. 당근마켓의 서비스는 애프터 코로나 시대에 걸맞는 중고물품 거래도 섬세하게 처리할 수 있게 해주었습니다. 그래서 더욱 많은 사람이 모여들게 된 것입니다.

디지털 트랜스포메이션은 인류의 생활을 바꾸는 혁명이지만 여전히 우리는 지역에서, 땅 위에서 발을 딛고 살아갑니다. 당근마켓은 여기서 기회를 찾아낸 것입니다. 이미 모든 분야에서 거대 플랫폼들이 자리를 잡았고 앞으로는 기회가 없다고 생각할지 모릅니다. 하지만 디지털 트랜스포메이션에 의한 혁명은 이제 막 시작되었을 뿐입니다. 엄청난 가능성이 시장 곳곳에 숨

겨져 있다는 것을 당근마켓 같은 많은 플랫폼들이 증명해내고 있습니다.

그러고 보면 과거에도 많은 기업이 흥망성쇠를 거듭하며 경쟁을 통해 성장해왔습니다. 디지털 플랫폼에도 영원한 절대 강자는 없습니다. 모든 것은 소비자의 선택이 결정합니다. 당근마켓의 사례에서 보듯 '보다 좋은 경험'은 엄청난 속도로 소비자를 새로운 서비스로 인도합니다. 포노 사피엔스 문명의 진정한 경쟁은 이제 막 시작했을 뿐입니다. 포노 사피엔스 문명을 깊이 이해하고 끈기 있게 트랜스포메이션에 도전해야 할 이유가 충분하다고 시장이 이야기하고 있습니다. '당근' 당신도 도전을 시작해야 합니다. 뼛속까지 바꾸는 트랜스포메이션을 지금 시작해야 합니다.

CHANGE
9

Resilience

냉정한 낙관주의자의 길을 간다

CODE
6

회복탄력성

큰 어려움이 닥쳤을 때 무작정 긍정적으로 생각한다고 일이 다 잘 풀리지는 않습니다. 감정을 잘 조절하는 것과 더불어 정확하게 문제를 판단하고 개선책을 찾아야 합니다.

그래서 자기조절력에 있어서 가장 중요한 요소가 바로 냉정하고 객관적으로 상황을 판단할 수 있는 '원인분석력'입니다. 내가 어려움을 겪고 있다면 원인은 무엇인지 그리고 그것을 극복할 수 있는 방법은 무엇인지를 명확하게 정의해야 새로운 도전을 시작할 수 있습니다.

냉정하고 객관적인 판단에 가장 중요한 것은 '기준'입니다. 기준이 제대로 서야 방향을 제대로 잡을 수 있기 때문입니다. 이때 필요한 것이 '포노 사피엔스 문명이 표준'이라는 확고한 기준입니다.

문명 교체기에
감정 근육은
더 세져야 한다

요즘 심리학, 교육학, 사회학, 경제학 등 다양한 분야에서 깊이 연구되고 있는 테마 중 하나가 바로 '회복탄력성'입니다. 실패를 경험한 사람은 많지만 그중에 다시 뛰어올라 더 높이 점프하는 사람들의 힘은 무엇인지, 어떻게 하면 그런 힘을 가질 수 있는 것인지 모든 사람들이 궁금해하는 영역이기도 합니다. 실패를 두려워하지 않고 도전하는 사람들이 큰 성공을 이루어내는 것을 보면 실패해도 다시 도전하는 힘, 즉 회복탄력성은 사실 성공을 위해 가장 중요한 요소라고도 할 수 있습니다.

문명이 교체되는 시기에는 일자리도 달라지고 능력의 잣대도 달라집니다. 새로운 직업들이 폭발적으로 증가하면서 실패를 극복할 수 있는 엄청난 기회를 제공하는가 하면, 100년이 지나도 안전할 것 같던 사업이 하루아침에 어려움 속으로 빠져버리기도 합니다. 거기에 어떻게 해도 해결할 수 없는 코로나 바이러스가 일으키는 팬데믹 쇼크까지, 나를 정말 미치게 합니다. 사회 전체가 이렇게 되는데 나의 일상이 평화로울 수 없습니다. 문명 교체와 팬데믹 쇼크는 나에게도 반드시 엄청난 시련을 가져올 수밖에 없습니다. 그래서 이 시대 더욱 중요한 것이 어떠한 고난과 실패도 이겨낼 수 있는 힘인 회복탄력성을 키우는 일입니다.

《회복탄력성》의 저자 김주환 교수는 인간 뇌의 특성을 바탕으로 어떻게 회복탄력성을 향상시킬 수 있는지 연구해왔습니다. 다행히 회복탄력성은 스스로의 노력과 훈련을 통해 얼마든지 증진시킬 수 있다고 밝혔습니다. 김주환 교수에 따르면 회복탄력성을 결정하는 세 가지 핵심 요소는 '자기조절력', '대인관계력', '긍정성'입니다.

포노 사피엔스 문명에서는 어떻게 해야 위기를 기회로 전환하는 회복탄력성을 크게 키울 수 있을까요? 김주환 교수의 이론을 포노 사피엔스 문명에 적용해 해법을 찾아보겠습니다.

첫 번째 요소인 자기조절력은 실패로 어려운 환경에 직면했을 때 스스로 불행하다는 부정적 감정을 통제하고 긍정적인 생각으로 건전한 도전의식을 마음에 심는 힘입니다. 다른 말로 '감정조절력'이라고도 합니다.

감정조절력은 훈련을 통해 키울 수 있습니다. 인간의 뇌는 매일매일 반복되는 생각의 방식에 따라 자신의 의지를 만들어갑니다. 아침에 일어나 '오늘 하루 잘해보자!'를 외치며 시작하지만 많은 사람이 목표한 만큼 만족스러운 하루를 보내지 못하는 것이 현실입니다. 이때 어떤 사람은 '나는 이래서 안돼'라고 낙담할 수도 있고, 또 어떤 사람은 '이 정도라도 어제의 나보다는 훨씬 나아진 거야'라고 긍정적으로 생각하며 더 나은 내일을 준비할 수도 있습니다.

물론 어느 쪽도 틀린 것은 아닙니다. 하지만 매일 작은 실패를 반복하면서 분노나 좌절이라는 감정에 흔들리지 않고 긍정적인 생각을 하는 쪽이 회복탄력성을 키우는 데 도움이 되는 것은 당연합니다. 말하자면 휘트니스 센터에 가서 매일 조금씩 운동하면 서서히 근육이 만들어지고 단단한 몸이 되어가는 것처럼, 회복탄력성에 필요한 감정조절 근육도 일상에서의 훈련이 필요하다는 것입니다.

포노 사피엔스는 아침에 눈을 뜨면 스마트폰을 통해 스스로 정보를 선택하고 뇌에 전달합니다. 결국 일상적인 정보 선택의 방식이 나의 뇌의 사고방식을 형성시킨다는 것입니다. 그렇다면 부정적이고 암울한 뉴스만 보고 대안 없는 비난의 댓글만 나의 뇌에 지속적으로 공급하고 있다면 어떤 훈련이 일어나고 있는 것일까요? 계속해서 부정적인 뉴스만 접하게 되면 뇌는 부정적 사고에 익숙하게 되고 무의식에서 그 방식을 발전시켜 일상적인 내 생각에 계속 반응하게 만듭니다.

반대로 긍정적이고 희망적인 뉴스를 즐기는 사람에게는 긍정적 사고 능력이 뇌에 자리 잡게 되어 매사에 분노와 좌절보다는 어려움 속에도 긍정적 마인드로 도전할 수 있는 힘을 가지게 됩니다. 회복탄력성을 키우려면 의도적으로라도 긍정적이고 희망적인 정보를 뇌에 계속 공급하는 노력이 필요하다는 뜻입니다. 지속적인 훈련이 필요하다면 매일 정보를 보는 무의식적인 습관도 바꾸어야 합니다.

물론 무슨 일을 하든 '다 잘될 거야'라며 모든 것을 긍정적으로 보는 게 해결책은 아닙니다. 오히려 객관적인 상황을 무시한 지나치게 긍정적인 낙관은 큰 낭패를 부를 수 있습니다. 그래도 우선은 어떤 상황에서도 긍정적인 사고를 실천할 수 있는 기본적인 근력이 있어야 합니다. 그래야 좋은 해법을 찾아내 빠르게 실천하고 실력을 발휘할 수 있습니다.

우선은 나의 뇌에 '긍정적 사고의 힘'을 키워야 합니다. 내가 매일 접하는 동영상이나 사이트가 나의 뇌를 훈련시키고 있다고 생각해보세요. 어떤 정보를 보아야 도움이 될지 스스로 판단하고 결정해야 합니다. 매일매일 일상적으로 이루어지는 내 손끝의 선택이 나의 감정조절력을 키우는 훈련 과정입니다.

큰 어려움이 닥쳤을 때 무작정 긍정적으로 생각한다고 일이 다 잘 풀리지는 않습니다. 감정조절력이 생겼다면 이제는 정확하게 문제를 판단하고 개선책을 찾아야 합니다. 그래서 자기조절력에 있어 가장 중요한 요소는 바로 냉정하고 객관적으로 상황을 판단할 수 있는 '원인 분석력'입니다. 내가 어려움을 겪고 있다면 원인은 무엇인지 그리고 그것을 극복할 수 있는 방법은 무엇인지 명확하게 정의해야 새로운 도전을 시작할 수 있습니다. 냉정하고 객관적인 판단에 가장 중요한 것은 기준입니다.

이때 필요한 것이 '포노 사피엔스 문명이 표준'이라는 기준입니다. 지금의 어려움이 포노 사피엔스 문명으로 전환되는 과정에서 일어나고 있는 변화라면, 새로운 표준으로 전환해야 해결책을 찾을 수 있을 것입니다. 내가 하고 있는 일에서 어려움을 겪고 있는 가장 근본적인 이유부터 점검해야 합니다. 나의 잘못이 원인이 아니라 문명의 변화가 원인이라면 더욱 그렇죠. 코로나19 사태로 인해 전 지구가 봉쇄되는 엄청난 혼란을 겪으면서 우리는 의도하지 않게 격리된 디지털 문명을 경험했습니다. 재택근무가 일상화되고 소비는 온라인으로, 음식은 배달로, 교육도 온라인으로, 이렇게 모든 생활의 터전이 디지털 플랫폼으로 이동해버렸습니다. 사실 이때 나에게 찾아온 어려움을 냉정하게 살펴보면 내 마음의 기준을 확인할 수 있습니다.

우선 일상을 점검해봅니다. 코로나 정보 제공 앱을 무리 없이 사용하면서 내가 가야 할 장소의 상태를 점검하거나 마스크 판매 장소를 찾아낼 수 있어야 합니다. 생필품을 온라인으로 주문해 확보하고 배달 음식도 시켜 먹을 줄 알아야 합니다. 국민의 70%는 할 수 있는 능력이기도 합니다. 우리나라가 다른 나라에 비해 상대적으로 사재기가 덜했던 것은 온라인 구매가 익숙해진 소비 변화의 덕이 컸습니다. 생존을 위한 디지털 소비 생태계가 세계에서 가장 강력하게 구축된 나라에서 잘 쓸 줄 아는 것은 기본입니다.

제일 어려운 것은 나의 생계 수단에 찾아온 문제를 해결하는 것입니다. 오프라인 상점들이나 식당에 타격이 가장 컸습니다. 그런데 상당수 가게들이 위기가 닥치자 온라인 주문과 배달 서비스를 강화하면서 피해를 줄일 수 있었습니다. 온라인 마켓을 미리 키웠던 가게들도 상대적으로 피해가 덜했습니다.

향후 이런 팬데믹 쇼크가 계속 발생할 것은 분명합니다. 그렇다면 기준을 바꾸어 대비해야 합니다. 코로나19 같은 팬데믹 쇼크는 개인이 예측할 수도, 미리 대비하기도 어려운 위험이 맞습니다. 언제일지는 모르지만 또 찾아올 것이 분명합니다. 냉정하고 객관적인 '원인분석력'을 갖추려면 문명 교체에 대한 이해력을 바탕에 깔고 내 마음의 기준을 포노 사피엔스 문명에 맞추어야 합니다. 생존 가능성이 높은 방향으로 준비를 해야 회복탄력성도 높아집니다. 생활 속에서 내가 즐겨 쓰는 디지털 플랫폼에 대해 성공의 비결이 무엇인지 깊이 생각해보고 그것을 나의 비즈니스 모델과 나의 업무에 적용해야 합니다.

회복탄력성을 높이기 위한 두 번째 요소는 '대인관계력'입니다. 좋은 대인관계를 유지해두면 실패했을 때 주변 사람들이 내게 깊은 신뢰를 보여주고 그 힘으로 실패를 극복할 수 있습니다. 실패에서 극복한 사람들의 이야기를 들어보면 평소 강한 유대감을 갖고 지내던 주변 사람들이 어려울 때 물심양면으로 도와준 사례가 많습니다.

좋은 대인관계를 유지하려면 제일 먼저 필요한 것이 소통 능력입니다. 말을 논리적으로 잘 풀어내고 설득력이 강한 사람들이 소통 능력이 뛰어나다고 이야기합니다. 과거에는 직접 만나서 소통하는 능력으로 국한되어 있었다면, 이제는 SNS를 통한 소통 능력의 확보도 중요해졌습니다. 얼굴 한 번 보지 못한 불특정 다수와의 유대관계를 소셜 미디어를 통해 잘 만들어가는 것이 또 하나의 중요한 능력이 되었다는 것입니다.

소통 능력을 키우는 데 가장 중요한 요소가 바로 '공감'입니다. 상대방의 마음을 자기 것처럼 느끼고 그것을 바탕으로 깊이 배려하는 힘입니다. 그래서 공감 능력을 키우려면 어려서부터 사람들을 만나고 그들의 표정을 살피고 그 감정을 내 마음속에 느끼려는 노력이 필요합니다. 다른 사람의 이야기를 경청하는 훈련도 중요합니다.

스마트폰에 중독되면 이런 경험이 부족해집니다. 포노 사피엔스가 표준인 시대가 왔다고는 하지만, 그에 따른 부작용도 어마어마한 것이 사실입니다. 대표적인 현상 중 하나가 아이들이 스마트폰에 중독되어 사람과의 교감이 사라지는 현상입니다. 11세 이하까지는 스마트폰보다 사람 간의 비대면 접촉을 충분히 해주는 것이 중요합니다. 그래서 저도 아이들에게 11세 이후로 스마트폰을 허용하되 부작용은 줄이고 혁신적인 능력은 잘 배우도록 유도하라고 권유하고 있습니다.

공감의 폭에 따라
회복탄력성도 증가한다

포노 사피엔스 시대에 인간에게 가장 중요한 능력을 꼽으라면 저는 서슴없이 '공감 능력'을 이야기합니다. 공감 능력은 디지털 문명을 살아가는 데 가장 기초적이고 중요한 능력입니다. 우선 가족과의 유대 관계를 통해 기본적인 인간에 대한 이해와 애정을 키우고 사회적 관계로 확장해갑니다. 친구가 생기면 동료도 생기고, 동시에 적도 생깁니다.

이런 갈등구조 속에서 더욱 다양한 인간의 면면을 이해하고 공감 능력도 키우게 됩니다. 공감 능력이 확대되면 소통 능력이 크게 발전합니다. 상대방의 마음을 이해하고 깊이 배려하면서 행동하는 사람에게 누구나 마음의 문을 열기 때문입니다.

대인관계력이 뛰어나다는 것은 공감대가 넓어서 어떤 사람과 마주해도 그들의 마음을 이해하고 잘 배려해줄 뿐 아니라 상황에 맞게 소통하고 설득할 수 있는 힘이 있다는 것입니다. 그래서 공감 능력이 대표적인 리더의 조건으로 꼽힙니다. 포노 사피엔스 문명에서는 소셜 네트워크에서의 공감 능력이 무엇보다 중요합니다. 우리가 가장 많이 쓰는 SNS는 메신저 앱입니다. 메신저에서 소통 능력은 일반적인 대화에서의 방식과는 또 다른 능력입니다.

언어를 잘 다루는 우리나라 사람들은 이미 다양한 SNS 대화체를 개발해서 쓰고 있습니다. 대표적인 예로 난해하기로 유명한 '급식체'가 있습니다. '급식을 먹는 아이들'이 쓰는 말이라는 급식체는 그들끼리 암호처럼 만들어 쓰는 언어입니다. 유명한 라면 이름 중 '팔도 비빔면'이 있습니다. 이것을 급식체로는 '괄도 네넴띤'이 됩니다. '왜?'라고 물어보면, 딱히 법칙이나 일정한 규칙 같은 건 없습니다. 이 경우는 라면 봉지에 쓰여 있는 팔도 비빔면이라는 글씨가 꼭 괄도 네넴띤으로 보이기 때문입니다.

어른들이 쓰는 급여체(월급을 받는 사람들이 쓰는 언어)도 있습니다. 회사에서 업무 관련 단체 대화방이 열렸을 때를 한 번 생각해보죠. 어떤 사람은 적절한 언어와 매너로 모든 이들을 편안하게 해줍니다. 반면 어떤 사람이 올린 글 하나로 갑자기 분위기가 싸해지는, 말 그대로 '갑분싸'가 형성되기도 합니다. 특히 한글은 단어 하나로 미묘한 감정의 차이를 전달하는 대단한 표현력이 내재되어 있습니다.

한동안 직장 대화에서 대답할 때 쓰는 '네' 하나로 여러 가지 버전과 그 의미를 표현해놓은 것이 유행하기도 했습니다. 혹시 여러분들은 이 미묘한 차이를 알고 있으신가요?

	부하 직원 심리	받은 상사의 속마음
넵!	당연하죠! 가능합니다	녀석, 파이팅 있네
넵..	일단 알겠습니다	뭔가 불만 있나?
뷉	절대적으로 따르겠습니다	믿음직스럽군
네.	알겠지만 좀 불쾌하다	점을 잘못 찍었나?
네	알겠습니다	진짜 알아들은 건가?
넵ㅠ	죄송합니다	으이구
넵?	뭐라고 하는 거지?	으이구 으이구
넵넵	'넵'만 쓰면 불안하다	파이팅 있네 파이팅 있어
넹	알았다니까요	내가 편한가?
넵~	티 안 나는 짜증	알아들었군
헉 넵;	어떡하지?	전화해야겠네

직장인들이 쓰는 여러 가지 '네'의 의미

여기에 엄청나게 다양한 표현력을 담은 이모티콘이 등장합니다. 매일매일 쏟아지는 새로운 이모티콘을 얼마나 적재적소에 잘 사용하느냐에 따라 표현력의 차원이 달라집니다. 정말 배워야 할 것이 많은 단체방 대화법입니다.

그래서 배우려고 노력해야 합니다. 세상에 공짜는 없습니다. 자신의 지위나 나이, 캐릭터에 맞게 적절한 표현력을 연마해야 합니다. 가끔은 망신도 당하고, 칭찬도 받아가면서 그렇게 자연스러운 표현력을 익히며 '소통 능력'을 키워야 합니다. 소통이 이루어져야 공감 능력이 형성된다고 했습니다.

집콕 생활과 재택근무를 하는 시대, 내가 지금 단톡방을 통해 소통하고 공감을 이룰 수 있는 대역폭은 어느 정도인가요? 그것이 포노 사피엔스 시대 당신의 대인관계력을 결정하는 기본 척도입니다. 여기에 페이스북과 인스타그램이 더해지면 보다 고난도의 대인관계가 형성됩니다. 페북이나 인스타도 많은 경험을 축적해야 자연스러운 소통이 가능해집니다. 어느 하나 거저 얻을 수 있는 것은 없습니다.

그래서 내 마음의 문을 열고 애써 노력해야 합니다. 나의 아이들과 소통할 수 있어야 하고, 나의 부모님과 공감할 수 있어야 합니다. 직장에서도 마찬가지입니다. 신입사원부터 사장님에 이르기까지 누구하고도 편안하게 공감해야 합니다. 공감할 수 있는 폭이 커질수록 당신의 대인관계력은 커지고 당연히 회복탄력성도 증가합니다.

다행인 것은 일반적인 대화에서나 SNS상의 대화에서나 가장 중요한 것은 내 마음의 진정성이라는 것입니다. 진정으로 배려하고 공감하는 마음이 있는 한 서툰 표현은 큰 문제가 되지 않습니다.

대인관계력의 마지막 요소는 '자아확장력'입니다. 자아확장력은 자기 자신이 다른 사람과 연결되어 있다고 느끼는 정도입니다. 즉 자아 속에 타인에 대한 관계를 항상 생각하는 힘입니다. 인간은 본능적으로 이기적입니다. 항상 자신만을 생각하는 것은 사실 자연스러운 자기 보호 본능이기도 합니다.

자아확장력은 나라는 존재의 개념 속에 다른 사람과의 관계를 포함시키는 능력입니다. 내 주변에 있는 사람들에게 어려움이 닥치면 남의 일이 아니라 자신의 일이 되는 것이죠. 위기상황에서 우리나라 사람들에게 특별히 강하게 나타나는 능력이기도 합니다.

디지털 문명 시대가 되면서 우리는 가족과의 관계, 친구와의 관계, 이웃과의 관계 모두 조금씩 소원해지고 있는 것이 사실입니다. 함께 보내는 시간은 줄어들고 그만큼의 시간과 애정이 스마트폰을 타고 유출되기 때문에 일어나는 당연한 현상이기도 합니다.

반면 SNS에서의 유대감과 네트워킹은 더욱 강해집니다. 사회적인 이슈에 대해 SNS를 통해 함께 기뻐하고, 분노하고, 공감하는 현상은 더욱 강화되고 있습니다. 인간이 함께 모여 만들어가는 SNS인 만큼 그 공간에서도 자아의 확장이 일어나는 것은 당연합니다. 우리 사회에 일어나는 모든 문제에 대해 나한테 닥친 문제라는 생각으로 공감하고 대응하게 되는 것입니다. SNS를 활발하게 사용하는 사람들은 이러한 자아확장력이 커져서 많은 사람의 생각을 그대로 느낄 수 있습니다. 반면 이를 단절하고 사는 사람들은 공감대역을 형성하기 쉽지 않습니다.

2020년 3월에 'n번 방 사건'이라는 성범죄 사건이 있었습니다. 미성년자에게 가한 너무나 끔찍한 성범죄였던 탓에 수백만 시민이 청와대에 신분을 공개하고 중형을 내려달라고 청원을 했습니다. 그런데 이를 심의한 국회 법사위에서 몇몇 국회의원과 고위공무원들이 이 사안이 크게 중하지 않은 듯한 발언을 해 국민들의 엄청난 원성을 샀습니다. 만약 의원들이 SNS에서 확산된 분노에 대해 자기확장력이 있어서 공감할 수 있었다면, 이런 일은 일어나지 않았을 것입니다.

그만큼 SNS를 기반으로 하는 대인관계력도 매우 중요합니다. SNS에 지나치게 매달리면 독이 되지만 적당한 활용 능력은 이제 필수입니다.

사실 이것은 일반적인 대인관계에서도 마찬가지입니다. 지나치게 대인관계에 집중하다 보면 전문적인 지식을 쌓을 시간도 잃어버리게 되고 관계에서 발생하는 감정에 매달리다 보면 정신적으로도 피폐하게 됩니다. SNS 과잉에서 오는 폐해와 다를 바 없습니다. 황금비율을 찾아야 합니다. 늘 자신의 내면을 챙겨 보면서 최고의 대인관계력을 만들기 위해 노력해야 합니다.

'객관적'으로,
'낙관적'인 인생을
그릴 수 있을 때

앞서 언급한 자기조절력과 대인관계력을 키우는 가장 큰 힘이 바로 매사를 긍정적으로 바라보는 '긍정성'입니다. SNS 문명에서도 마찬가지입니다. 매일 우리가 보는 정보에는 '댓글'이 무수하게 달립니다. 그것을 보면서 우리는 감정 이입을 합니다. 사실 악플은 표현이 자극적이라 주목받기 마련입니다. 그래서 무언가 심한 말로 비판하고 싶은 욕구가 발생하는 것은 자연스러운 현상이기도 합니다. 반대로 무언가를 긍정적으로 보고 좋게 생각하는 힘은 애써 노력해야 길러집니다. 욕설이 담긴 악플은 '무조건' 하지 말아야 합니다. 한 번 마음의 균형이 깨지면 회복하는 것이 쉽지 않습니다.

마음에는 소위 '관성 모멘텀'이라는 것이 있습니다. 한 방향으로 움직이기 시작하면 계속해서 그 방향으로 움직이려는 힘이죠. 그래서 마음의 무게가 실린 댓글을 쓸 때는 내 마음이 다치지 않도록 늘 조심해야 합니다. 나와 의견이 매우 다른 글이 있다면 가능하면 피하는 것이 좋습니다. 내 글에 와서 자꾸 비판을 하는 친구가 있다면 우선 서로 다른 생각일 뿐 어느 쪽이 틀리다고 강요하지 말라고 이야기합니다. 그래도 계속 불편한 내용이 올라온다면 차라리 차단하는 것이 좋습니다.

다양성은 인류의 기본적인 특성입니다. 나와 다르다고 해서 틀릴 수는 없습니다. 그 수많은 '나와 다름'마다 찾아가 분노를 표출하고 일일이 대응하는 것은 내 마음을 지키는 데 아무런 도움이 되지 않습니다. 나의 긍정성을 자꾸 훼손할 뿐입니다. 같은 생각을 지킬 수 있는 사람들끼리 모여 귀한 시간을 만들기에도 부족한 것이 인생입니다.

이렇게 일상적인 생활 속에서 긍정의 힘을 스스로 찾아 길러야 합니다. 그래야 내 스스로에 대한 문제를 판단할 때 긍정적인 힘을 바탕으로 낙관적인 미래를 그려낼 수 있습니다. 긍정의 근력이 있어야 낙관적인 자아를 형성할 수 있습니다. 포노 사피엔스 문명에서는 누구에게나 교육의 기회가 열려 있습니다. 의지만 있다면 적은 비용으로 엄청난 지식을 스스로 축적할 수 있습니다. 프로그래머부터 타일공에 이르기까지 원하는 어떤 전문 지식도, 어떤 직업도 배워서 도전할 수 있습니다.

객관적으로 나의 미래를 낙관적으로 볼 수 있는 가능성은 과거 어느 때보다 높아졌다고 이야기할 수 있습니다. 어려운 상황에서 디지털 문명을 바탕으로 도전에 성공한 사례도 무수하게 많습니다.

우리는 어쩔 수 없이 우리가 보는 정보에 의해 생각을 지배당하게 됩니다. 그래서 나보다 좋지 않은 상황에서 어려움을 극복하고 성공한 사례를 찾아보고 배워야 합니다. 도대체 어떤 신묘한 방법으로 성공을 이루어냈는지 자세한 비법을 찾아보고 심지어는 찾아가 직접 배워볼 생각도 해야 합니다. 스스로 '나는 잘될 수 있다'는 긍정적인 생각으로 가득해야 합니다.

나보다 더 나은 환경을 타고난 사람들이 SNS에서 자랑하는 모습들은 가능하면 '좋아요' 한 번 눌러주고 그냥 지나칩니다. 오래 들여다보았자 상대적 빈곤감만 커질 뿐입니다. 내 생활에 만족하면서 오늘보다 더 나은 미래를 준비하는 것이 훨씬 더 바람직합니다. 혈연, 학연, 지연이 성공을 결정하는 사회가 아니라 진정한 실력으로 승부하는 포노 사피엔스 사회라면 해볼 만합니다. 그런 꿈을 꾼다고 해도 결코 허황되지 않습니다. 그래서 오늘을 감사하는 마음으로 내일을 준비해야 합니다.

문명 교체에 따른 혁명은 모든 것을 바꿉니다. 우리는 이미 예정된 미래를 향해 뚜벅뚜벅 걸어가고 있습니다. 그래서 어쩌면 실패도 이미 우리 미래에 예정되어 있는 함정일지도 모릅니다. 반드시 찾아오는 실패라면 철저한 준비가 필요합니다. 함정에 빠져 허우적거릴 수만 없습니다. 코로나19로 엄청난 고난을 겪더라도 저절로 회복될 수는 없습니다. 이겨내야 합니다. 그리고 앞으로 다시 찾아올 팬데믹 쇼크에 대비해야 합니다.

회복탄력성은 혁명의 물결 속에서 우리를 지켜줄 방패와 같습니다.

지금부터 튼튼하게 지어 미래를 준비해야 합니다. 마치 보험처럼 말이죠. 인생에서 위기는 반드시 만나도록 예정되어 있습니다. 단지 그때가 언제일지를 모르고 있을 뿐이죠. 위기를 도전의 기회로 만들 수 있는 준비된 사람이 자기 인생의 길을 열 수 있고 그래서 미래의 주인공이 됩니다. 준비해야죠. 오늘부터 한걸음씩 뚜벅뚜벅 힘차게. 정해진 미래, 포노 사피엔스 시대를 향해서.

PHONO INSIGHT 6

지평 생막걸리

'지평 생막걸리'를 만든 '지평주조'는 전통 산업을 포노 사피엔스 시대로 이동시켜 성공한 대표적인 사례입니다. 지평주조는 1925년 양평에서 시작한 우리나라에서 가장 오래된 막걸리 제조기업입니다. 1960년 김교섭 씨가 창업자로부터 인수하고 이를 아들인 김동교 씨가 이어받으면서 가업으로 지켜왔죠. 그러나 2009년 우리나라 막걸리 열풍이 식으면서 직원 3명에 매출 2억을 겨우 올리는 회사가 되어, 폐업을 심각하게 고민하게 되었습니다.

이때 27세이던 대표이사의 아들 김기환 씨가 회사를 맡아보겠다고 나섰습니다. 나이 드신 분들만 즐기는 막걸리가 아니라 젊은 사람들도 좋아하는 막걸리를 만들어보겠다는 꿈을 갖고 뛰어든 것이죠. 그리고 불과 9년 만에 매출액을 100배로 키우며 2020년 매출 목표 250억을 향해 뛰고 있습니다. 지난 3년간 매년 50%씩 매출 성장을 이루어낸 지평 생막걸리의 성공 비결은 무엇일까요?

포노 사피엔스 시대에 성공하려면 고객의 자발적 팬덤이 절대적으로 필요합니다. 막걸리라면 당연히 맛이 좋아야 하죠. 김기환 대표는 회사를 맡자마자 막걸리 맛부터 바꾸었습니다. 그냥 바꾼 것이 아니라 충분한 고객 시음회를 거쳐 가장 맛있다고 선택된 맛을 고른 것이죠. 가장 결정적으로 막걸리는 무조건 알코올 도수를 6도로 맞추어야 한다는 철칙을 깨트리고 5도로 낮추었습니다. 그리고 달달한 맛도 좀 더했습니다. 이유는 오직 '고객이 그 맛을 더 좋아해서'입니다. 사실 막걸리 제조 방법과 맛은 사장님의 자존심입니다. 절대 쉽게 바꾸지 않는 것이죠. 그걸 고객 데이터에 따라 과감하게 바꾼 겁니다. 모두가 반대하는 걸 단지 고객이 원한다는 이유로 말입니다. 이것이 성공의 첫째 조건입니다.

그리고 그 바꾼 맛을 철저하게 유지하기 위해 설비에 큰 투자를 했습니다. 막걸리의 맛을 결정짓는 것은 정밀한 온도조절 장치입니다. 기존 장치로는 그것을 할 수 없었고, 3배의 가격을 투자해 숙성설비를 개발했습니다.

그런가 하면 젊은 2030세대 고객들에 맞추어 SNS 마케팅을 시행했습니다. 페이스북, 유튜브, 인스타그램의 채널을 개설하고 고객과의 소통을 시작한 것이죠. 사실 막걸리 회사 채널에 가서 '좋아요'를 눌러주는 고객은 그리 많지 않습니다. 아니, 그런 걸 시도한 막걸리 회사 자체가 없었습니다. 그런데 채널이 생기자 사람들이 관심을 보이기 시작했습니다. 맛을 본 고객들은 더욱 열광하기 시작했고, 자신의 SNS에 지평 막걸리 사진과 맛 후기를 올리기 시작한 것입니다. 이러한 소통이 지평 생막걸리의 초기 팬덤을 확산시켜주었습니다.

다음으로 집중한 것은 유통입니다. 지평 막걸리의 유통 생태계를 전국으로 확대한 것입니다. 주류 유통업체들에 다른 막걸리보다 더 높은 마진을 주고 협력업체 사장님들 해외 연수를 보내주는 등 애써 유통망을 관리했습니다. 팬덤이 아무리 좋아져도 고객이 살 수 없다면 의미가 없으니까요. 지금 대한민국 막걸리 1위는 서울을 중심으로 연 2,000억 원의 매출을 올리는 '장수 막걸리'입니다. 그런데 지평 생막걸리의 전국 유통망은 오히려 장수 막걸리보다 앞선다고 합니다.

최근 지평 생막걸리는 도수를 7도에 맞추고 막걸리 재료를 바꾼 프리미엄 막걸리 '지평생1925'를 내놓았습니다. 레트로 Retro 유행에 맞추어 우리나라 최초라는 지평의 스토리를 담아낸 것이죠. 고객의 데이터를 읽어 트렌드를 만들고 고객과 함께 호흡하며 성장을 이끌어 온 것이라고 할 수 있습니다.

이외에도 SNS를 통해 성공한 전통기업은 셀 수 없을 만큼 크게 늘고 있습니다. SNS에서의 대인관계는 광고가 아닙니다. 지금도 지평주조의 페이스북이나 인스타그램 팔로워는 그렇게 높지 않습니다. 진정한 소셜 미디어의 대인관계력은 광고가 아니라 좋은 경험에서 나옵니다. 지평 생막걸리를 먹어본 사람들이 '맛이 참 좋더라.' 하며 올린 글과 사진이 100배 성장을 이끈 원동력이었다는 것이죠.

막걸리 회사가 어려울 때 주변 지인들의 도움이 아닌, 새로운 '회복탄력성'을 키우는 '소셜 미디어 기반의 대인관계력'이 필요한 시대가 된 것입니다. 가끔 '나는 인스타니 페이스북이니 그런 거 안 해.'라며 자랑하는 분들이 있습니다. 적어도 회복탄력성을 키우는 데에는 소홀하다는 뜻이니까 자랑할 일은 아닐 것 같습니다. 새로운 대인관계망이 마음에 들지 않을 수는 있습니다. 그래도 경험을 통해 어떤 소통 시스템인지 익숙하게 깊이 알아둘 필요는 있습니다. 나의 회복탄력성을 획기적으로 높이는 일이 되기 때문입니다.

지평주조는 문을 닫을 위기에 있었던 것이 분명합니다. 더이상 소비자의 선택을 받을 수 없었기 때문입니다. 바꾸려고 하지 않았다면 아마도 그대로 사라졌을 것이 분명합니다. 위기에서 일어난 힘은 긍정에서 탄생했습니다. 그러나 그 마음만으로는 성공할 수 없었습니다.

'고객이 찾지 않는 막걸리는 더이상 막걸리가 아니다'라는 생각이 출발점입니다. 막걸리는 무조건 6도가 아닙니다. 고객 마음의 온도에 맞추는 것이 정답입니다. '달콤한 맛은 막걸리가 아니다'라고 하면 고집이 됩니다. 고집은 회복탄력성을 만들어 주지 않습니다. 제조와 유통이 왕이 아니라 고객의 입맛이 왕인 시대입니다. 고객을 왕으로 모시면 회복탄력성이 자라납니다. SNS로 막걸리 광고를 하려고 하지 마십시오. SNS는 광고가 아니라 소통을 위한 창구입니다. 함께 호흡하십시오. 그곳에서 팬덤을 만들면 나의 회복탄력성을 올려줍니다.

처음에는 힘들겠지요. 작은 실패를 통해 근력을 키워야 합니다. 막걸리의 진정한 맛을 몰라준다고 분노하지도 좌절하지도 마십시오. 이 시대의 고객이 원하는 막걸리를 창조해나가면 됩니다. 그들이 열광하는 팬덤을 만들어가는 작업도 짜릿한 기쁨이 됩니다. 실패를 딛고 성공을 향해 뚜벅뚜벅 걸어가는 모든 이들에게 회복탄력성이라는 강력한 방패가 있습니다. 여러분도 그 방패를 만드십시오.

이제 막걸리라는 단어를 지우고 그 자리에 당신의 마음을, 당신이 하고 있는 일을 넣어보세요. 길이 보이기 시작합니다.

최근 개그콘서트가 종영하면서 지상파에서는 개그 프로그램이 종말을 고했습니다. 그러나 개콘의 종말이 개그맨들의 종말은 아니었습니다. 이제 세계적인 미디어 플랫폼이 되어버린 유튜브에서 새로운 포맷을 선보이며 팬덤을 터뜨리는 개그맨들이 속속 등장하고 있습니다. 이들이 어떻게 생각했는지도 위에 막걸리 자리에 '개그'를 대입해보면 답이 나옵니다.

그렇게 해서 구독자 200만 명의 '흔한남매' 채널이 탄생했습니다. 그렇게 해서 구독자 179만 명의 '엔조이 커플'이 탄생했습니다. 강유미도, 김준호도 구독자 40만 명을 넘겨 순항 중입니다. 이렇게 새로운 포맷의 개그 프로그램이 무럭무럭 자라납니다. 팬덤을 만들면 다양한 비즈니스의 가능성도 함께 무럭무럭 자라납니다.

눈을 돌려 세상을 새로운 기준으로 바라보면 오늘의 어려움을 극복할 길들이 새록새록 보이기 시작합니다. 회복탄력성의 방탄조끼를 가슴에 두르고 도전을 시작하십시오.

Ability

데이터가 한 사람의
모든 것을 증명한다

CODE
7

실력

우리 사회가 그동안 굳게 믿고 있던 시스템의 권력은 어느새 소비자에게로 많이 넘어가버렸습니다. 소비자의 자발적 선택을 만들어낼 수 있다면 그것이 곧 진정한 '실력'입니다.

의사, 변호사, 판사, 검사, 교사, 공무원, 공기업, 은행원, 대기업 사원이 되는 것은 지금도 미래에도 여전히 좋은 직업이고 꿈입니다. 그렇지만 그 시스템이 갖고 있던 권력은 줄어드는 반면, 새로운 영역에서 그만큼의 크기와 권력을 대체하는 신 생태계가 형성되는 것 또한 사실입니다.

기존의 시스템들도 스펙만 그럴듯하고 조직에 충성하는 인재만으로는 새로운 시스템과 경쟁이 어렵습니다. 즉 의사, 변호사, 판사, 검사, 교사, 공무원, 공기업, 은행원, 대기업 사원도 진정한 문제해결 능력인 '실력'을 갖춘 인재가 되어야 한다는 것입니다.

소비자가 남긴 데이터는
1도 버리지 마라

디지털 문명 시대는 데이터의 시대라고도 이야기합니다. 우리는 매일매일 디지털 플랫폼에 접속하고 그곳에 마음의 흔적을 남깁니다. 아침에 일어나 폰을 연 순간부터 우리가 하는 모든 클릭은 데이터가 됩니다. 그래서 엄청난 분량의 데이터가 디지털 플랫폼에 축적됩니다. 모든 포노 사피엔스들의 마음이 그곳에 오롯이 담겨 있습니다. 그래서 데이터 분석은 소비자의 마음을 읽을 수 있는 힘을 제공합니다. 알리바바의 창업자 마윈이 언급했듯이, 그래서 포노 사피엔스 시대는 '데이터 테크놀로지'의 시대입니다. 소비자의 마음을 읽게 되면 엄청난 힘을 얻게 됩니다. 더구나 대중매체의 시대가 아니라 개인 선택의 시대라서 더욱 그렇습니다.

국민의 60%가 스마트폰을 통해 자기가 원하는 정보와 원하는 미디어를 선택하는 시대입니다. TV를 보는 사람 27%, 종이 신문 구독률은 10%까지 추락했습니다. 그래서 대중매체가 대중의 생각을 지배할 수 없는 시대가 된 것입니다. 브랜드 컨설팅 그룹 인터브랜드^{Interbrand}가 발표한 2019년 세계 최고 브랜드는 애플, 구글, 아마존, 마이크로소프트, 코카콜라, 삼성전자의 순입니다. 브랜드 파이낸스에서 발표한 순위도 아마존, 애플, 구글, 마이크로소프트, 삼성전자, 페이스북 순으로 크게 다르지 않습니다. TV광고를 발판으로 세계 최고 브랜드가 되었던 코카콜라, 맥도날드는 이제 더이상 톱이 아닙니다. 인공장기라고 불리는 스마트폰 생산기업 두 개와 가장 보편적으로 사용되는 디지털 플랫폼 서비스들이 이제 그 위치를 차지하고 있습니다. 그만큼 포노 사피엔스 시대의 문명이 글로벌시장 전체에 확산되었다는 뜻이죠. 개인이 스스로 원하는 정보를 선택하는 시대는 또 다른 관점에서 소비자 권력 시대가 도래했다는 것을 의미합니다. 광고와 대중매체 시스템이 자본으로 대중의 생각을 지배할 수 있었던 시대에서, 소비자의 선택이 권력을 만드는 진정한 소비자 권력 시대가 시작된 것입니다. 이것이 우리가 주목해야 할 혁명의 본질입니다. 모든 혁명의 가장 중요한 변화는 권력의 이동입니다.

디지털 플랫폼은 소비자의 선택으로 성장합니다. 그래서 치열한 무한대의 경쟁을 뚫고 선택을 받은 플랫폼들은 데이터 분석에 엄청난 공을 들입니다. 도서 판매로 시작해 미국 온라인시장을 석권한 아마존의 CEO 제프 베조스^{Jeff Bezos}는 데이터광으로 잘 알려져 있습니다. "소비자가 남긴 데이터는 1도 버리지 마라."는 그의 신념은 소비자 권력 시대에 필요한 것이 무엇인지를 정확히 보여줍니다. 그것이 절대 강자로 군림하던 이베이와 옥션을 밀어내고 세계 최고의 온라인 유통기업으로 성장한 비결입니다.

　실제로 아마존이 10년간 축적한 데이터 분석 기술은 아마존을 살리는 원동력이 됩니다. 아마존은 이 기술을 클라우드 서비스로 전환해 AWS라는 상품으로 만들어 엄청난 매출을 창출합니다. 지금도 AWS에서 만들어낸 이익이 유통 산업에서 발생하는 손실을 모두 감당하고 있습니다. 온라인 유통에서 절대적으로 필요한 물류센터의 확장과 인프라 구축에 필요한 자금을 전부 AWS를 통해 확보했고, 그것이 지금의 아마존을 만든 힘입니다. 마이크로 소프트가 윈도우즈와 오피스 판매 전략에서 클라우드 서비스 애저에 집중하게 된 것도 아마존의 전략을 벤치마킹한 결과입니다. MS가 아마존을 넘어 세계 1위 기업으로 도약한 것은 애저가 AWS를 넘어 세계 1위의 시장점유율을 기록하면서 급성장한 것이 비결로 알려져 있습니다. 클라우드 서비스는 이제 미국 기업 70% 이상이 사용하는 보편적 서비스가 되었고 대표적인 영역이 바로 빅데이터 분석입니다.

　마이크로소프트의 CEO 사티아 나델라$^{Satya\ Nadella}$는 2020년 CES$^{Consumer\ Electronics\ Show}$ 기조연설을 통해 "데이터를 활용해 고객을 파악하고 직원의 역량을 강화하는 일이 무엇보다 중요합니다. 특히 유통업계에서는 지능형 공급망$^{ISC,\ Intelligent\ Supply\ Chain}$ 및 신규 비즈니스 모델을 구축하는 디지털 플랫폼으로의 전환이 필수적입니다."라고 말했습니다. 특히 "빅데이터 분석과 인공지능을 적용한 유통업의 경쟁력은 그렇지 않은 기업을 압도할 것입니다. 이미 44%의 고객 참여율 개선과 순익 37%의 개선이 2년 안에 이루어질 것으로 예상합니다."라며 구체적인 수치까지 밝혔습니다.

오프라인 매장으로 커피시장을 지배하고 있는 스타벅스는 원두 구매에서 소비자가 원하는 메뉴 구성까지 전체 과정에 빅데이터와 인공지능을 적극 활용 중인 대표 기업이라고 소개했습니다. 현장에서 느끼는 온도도 일치합니다. 실제 유통업계 71%의 기업들은 향후 AI의 적용과 전문인력의 육성이 생존의 키워드가 될 것으로 예상하고 있습니다. 그만큼 디지털 트랜스포메이션은 기업의 생존을 위한 중요한 선택이 되고 있습니다. 더구나 2020년 1분기 세계 경제를 파괴한 코로나19는 유통업계 디지털 트랜스포메이션의 기폭제가 되어버렸습니다.

빅데이터 분석이 중요한 이유는 소비자의 마음을 제대로 읽을 수 있기 때문입니다. 과거 현장 판매원으로부터 얻는 정보나 설문 조사 결과는 정확한 데이터가 아닌 경우가 많았습니다. 넷플릭스가 실시한 설문 조사에서도 이 같은 경향은 두드러집니다. 설문 조사에서 답한 '넷플릭스에서 보고 싶은 영화'와 실제 시청한 영화에는 큰 차이가 보였죠. 설문에서는 많은 사람이 '전쟁과 평화', '라이언 일병 구하기' 등 불후의 명작들을 선택한 반면, 실제로는 오락성 영화에 비해 많은 선택을 하지 않았다는 것입니다. 이런 경향은 놀이공원 시설 설치 설문에서도 자주 나타납니다. 새 놀이시설에 대해 설문 조사를 하면 더 위험하고 스릴 넘치는 롤러코스터를 설치해달라고 답하지만, 실제 이용률은 가장 안전하고 편안한 놀이시설이 두 배 이상 높게 나타납니다. 내가 상상으로 하고 싶은 것에 대한 설문이 실제의 선택으로 이어지지 않는 경우가 많다는 것입니다. 설문의 함정이라고도 하죠.

그런데 디지털 플랫폼에 남겨진 데이터는 거짓말을 하지 않습니다. 그래서 소비자 권력 시대에 가장 중요한 능력은 데이터를 통해 소비자가 원하는 것을 찾아내는 힘입니다. 넷플릭스는 지역, 배경, 영화 주제, 수식어, 연령대, 장르, 원작, 제작자 등을 변수로 두고 소비자가 만들어내는 선택을 기준으로 맞춤형 영화를 추천합니다. 이를 위해 빅데이터 분석과 머신러닝을 적극 활용했습니다. 1억 5,000만 명이 넘는 유료 가입자를 갖게 된 것은 그 추천의 만족도가 높았다는 것이죠. 좋은 경험은 SNS를 통해 확산되고 더 많은 사람이 이러한 자발적 추천을 통해 넷플릭스로 이동합니다. 그것이 블록버스터라는 거대 기업을 이기고 심지어 케이블TV라는 미디어 문명의 주류시장을 파괴하게 된 힘의 원천입니다. 이제 소비자의 선택이 진정한 권력입니다.

플랫폼 기업들의 성공 비결을 요약하면 디지털 플랫폼을 기반으로 빅데이터 분석, 인공지능 등 첨단기술을 적용한 것이 맞습니다. 그런데 디지털 기술의 지향점은 일관되고 명백하게 고객의 선택을 받기 위한 것입니다. 그 선택이 거대 기업으로의 성장을 실현시키죠. 소비자 선택이 성공의 가장 큰 요소가 되었다는 것은 시장이 진정한 소비자 권력 시대로 진입했다는 것을 의미합니다.

자크 아탈리의 예측대로 소비자 권력 시대는 음악시장에 가장 먼저 찾아왔습니다. BTS는 기존 음악시장 파괴의 상징입니다. 방송시장이 아니라 유튜브를 통해 주로 활동한 BTS는 팬클럽 ARMY들의 자발적인 SNS 마케팅 활동을 통해 급성장합니다. 2020년 발표한 신곡 블랙스완도 유튜브에 뮤직비디오를 올리자마자 세계 93개국에서 1위를 기록(아이튠즈 다운로드 순위 기준)하며 세계 신기록을 다시 갈아치웠습니다. 실시간 SNS의 엄청난 파급력을 그대로 보여준 것입니다.

이제 음악은 자본이 아니라 소비자의 선택이 지배하는 시장이 되었습니다. 아티스트의 성공 기준도 얼마나 많은 소비자가 보고, 듣고, 열광하는지 그 데이터로 결정됩니다. 이 변화는 미디어시장 전체로 급속도로 확산 중입니다. TV가 지배하던 미디어시장은 이제 유튜브로 이동해버렸고 여기에 넷플릭스 같은 OTT기업들까지 대거 성장하며 소비자 권력 시대로의 전환 속도는 더욱 거세지고 있습니다.

지상파가 갖고 있던 권력이 유튜브로 이동했다는 것은 자본의 권력이 소비자에게로 이동했다는 것을 의미합니다. 지상파는 약속된 시스템을 통해 만들어진 권력입니다. KBS를 통해 방송되면 100만 명 이상의 국민이 보게 되고 그래서 많은 기업들이 거대한 자본을 투자해 TV광고를 합니다. TV광고는 즉각적인 홍보 효과를 발휘하게 되고 그래서 자본이 많은 기업이 유리한 위치를 갖게 됩니다. 자본이 곧 권력인 것이죠. 그런데 TV의 권력은 줄어들고 그 선택은 유튜브로 이동했습니다. 저녁 7시 이후 시청하는 미디어 플랫폼이 유튜브 56.7%, 지상파TV 18.8%라는 설문 결과가 이것을 입증합니다. 유튜브에도 광고는 있지만 TV처럼 강력한 효과는 기대하기 어렵습니다. '건너뛰기' 옵션이 있을 뿐 아니라 많은 사람이 광고 없는 프리미엄 서비스를 이용 중이기 때문입니다.

Ability

세계 5억의 사람들이
열광하는
한국의 6세 꼬마

그렇다면 유튜브의 권력자는 누구일까요? 바로 소비자입니다. 유튜브에는 누구나 영상을 올릴 수 있습니다. 돈도 들지 않습니다. 그런데 유튜브에서도 KBS처럼 100만 이상의 조회 수를 기록할 수 있습니다. 그러면 KBS와 같은 권력을 갖게 되는 것이죠. 즉 유튜브에서는 플랫폼이 권력이 아니라 고객의 자발적 선택이 권력이 됩니다. 이것이 자본 권력 시대에서 소비자 권력 시대로의 이동을 보여주는 대표적 사례입니다.

그래서 소비자의 선택을 받은 인기 유튜버들은 지상파 방송사보다 강력한 권력을 갖게 됩니다. 이미 세계 1위 티시리즈(인도)의 구독자는 1억 2,900만 명에 이르고 조회 수도 100억 회를 육박하고 있습니다. 2위인 퓨디파이(스웨덴)도 1억 명의 구독자를 돌파했습니다. 모두들 우리나라 지상파 방송사보다 훨씬 거대한 방송 권력을 손에 쥔 유튜버들입니다. 공식적으로 유튜브를 통해 가장 돈을 많이 벌고 있는 꼬마 유튜버 라이언(유튜브 채널명: Ryan's toy review)도 구독자 2,600만 명(2020년 7월 기준)을 기록하며 전 세계 아이들을 열광시키고 있습니다. 그 열정적 팬덤이 라이언에게 2019년에만 300억 원 이상의 수익을 만들어주었습니다. 꼬마 유튜버의 글로벌 스타 라이언을 따라 하며 세계적인 스타로 발돋움한 우리나라 키즈 유튜버가 바로 앞서 언급한 보람이(유튜브 채널명: 보람튜브)입니다.

2019년 7월 '보람이'라는 6세 꼬마가 대한민국 전체를 흔들었습니다. 6세 꼬마 유튜버가 월 37억 원의 광고 수익을 올리더니, 청담동에 100억짜리 빌딩을 샀다는 기사가 보도되면서 엄청난 비난이 쏟아진 것입니다. 노동의 가치를 파괴한다면서 아이들 유튜브 방송을 금지해야 한다고 청와대에 청원을 올린 사람이 있는가 하면, 한 대학생은 자신의 현실에 대한 자괴감이 든다며 신세 한탄의 글을 올리기도 했습니다. 부모 말씀 잘 듣고 공부 열심히 해서 일류대학에 진학했고 비싼 등록금 내고 학위 따서 이제 연봉 4,000만 원 신입사원에 도전하는데 6세 꼬마가 월 37억 원을 번다니 속상하다는 글이었습니다. 이 사회가 원하는 가장 모범적인 방식으로 살았는데 격차가 너무 크다는 거죠.

모 지상파 방송국 노조에서 게시판에 올린 글은 정말 시대상을 그대로 보여주었습니다. 내용이 이렇습니다. '오늘 우리 회사의 광고매출이 보람튜브보다 적었다. 임직원 1,700명의 회사가 유튜브 키즈TV 채널 하나보다 못하다니 진정으로 혁명 시대 생존의 길을 생각해야 한다'는 내용이었습니다. 정말 충격이었죠. SBS에서는 '그것이 알고 싶다' 특집방송을 내보내 보람튜브는 물론이고 유튜브 키즈TV의 문제점에 대해 집중 보도했습니다.

다른 방송에 대한 표절이 분명하고 심지어는 조회 수를 높이기 위해 아이들에게 이상한 것을 먹게 하는 학대방송이라며 이런 방송은 강력한 규제가 필요하다는 내용이었습니다. 그래서 온 국민이 함께 아파하고 분노하며 규제가 필요하다는 데 공감했습니다. 맞습니다. 잘못된 것은 고쳐야 합니다. 부작용은 최소화하고 필요하면 규제도 해야 합니다. 그런 것을 바로잡는 것이 언론의 역할이기도 합니다.

그런데 문제는 잘잘못을 평가하는 기준입니다. 키즈방송의 문제점은 미국에서도 지적되어 여러 가지 제재 방안이 마련된 바 있습니다. 그런데 우리는 유튜버가 돈을 버는 현상 자체를 불편해합니다. 미국에서는 7세 꼬마 라이언이 엄연히 연 300억 원의 광고 수입과 100억 원 이상의 협찬 수익을 올리고 있는데, 우리 사회는 이런 현상 자체를 부당하다고 생각합니다. TV광고에 수십억 원을 내는 것은 아무렇지 않게 생각하면서 새로운 유튜브 플랫폼에서 소비자의 선택을 받아 돈을 버는 것은 좋지 않다고 생각합니다. 이것은 우리 사회가 문명의 기준을 바꾸지 않아서 일어나는 현상입니다.

보람이가 어떻게 돈을 벌 수 있었는지 살펴보겠습니다. 보람이의 구독자 수는 2,570만 명(2020년 7월 기준)입니다. 보람튜브를 시청하는 아이들 중 95% 이상이 해외 아이들입니다. 사실 세계 모든 아이들이 보람튜브에 열광하고 있습니다. 분명한 것은 100만 명 이상이 유튜브에서 키즈TV 콘텐츠를 도전하고 있는데, 라이언에 이어 세계 2위의 글로벌 스타로 발돋움한 아이가 바로 보람이라는 것입니다. 심지어 오로지 한국말로 방송하는데 말이죠. 보람튜브에는 세계의 아이들을 사로잡는 킬러 콘텐츠가 있다는 것입니다. 그것도 세계 최고가 될 만한 힘이 있다는 것이죠.

라이언이 세계 최고가 되었다면, 그래서 연 300억 원의 수익을 올리는 것이 당연한 사회가 되었다면, 보람이도 그렇게 될 수 있는 것이 당연합니다. 편당 평균 조회 수는 심지어 라이언의 채널을 넘어섰으니까요. 더구나 보람이가 벌어들이는 돈은 유튜브가 해외 어린이들의 조회 수를 기반으로 입금하는 돈이니 모두 달러입니다. 보람이는 옛날 기준으로 본다고 해도 철탑 산업훈장 정도는 받아 마땅한 우리나라 산업을 살찌게 하는 외화 획득의 주인공입니다. 안타까운 사실은 보람튜브에 더 이상 영상이 올라오지 않는다는 것입니다. 보도 이후 쏟아진 살기 번뜩이는 악의적 사회 편견에 지친 것이죠.

보람이를 억압하면서 우리가 잃어버린 것은 무엇일까요? 보람튜브 방송은 한때 전 세계 아이들이 3,000만 뷰를 기록하며 즐겨보던 방송이었습니다. 조회 수가 높은 에피소드는 5억 회를 넘긴 것도 다수 있습니다. 우리나라 여섯 살 꼬마가 우리나라 언어로, 우리나라 놀이 방식으로, 우리나라 도시에서 즐기는 모습을 전 세계 아이들이 5억 회나 시청하고 있었다는 것입니다. 그것도 아주 부러워하고 재미있어하면서 말이죠. 심지어 아무런 마케팅 활동도 하지 않았는데 자기들끼리 퍼뜨리며 일어난 현상입니다.

미국은 키즈방송에 대한 제재를 하면서도 라이언을 비난하지는 않았습니다. 그래서 라이언은 여전히 세계 1위의 키즈 유튜버로 순항 중입니다. 전 세계 아이들과 함께 미국 언어로 미국 문화를 선보이며 즐기고 있습니다. 왜 미국이 지난 수십 년간 세계 문명의 리더십을 가질 수 있었는지를 알 수 있습니다. 저도 어린 시절 미키마우스와 디즈니 영화를 보며 성장했고, 그로 인해 미국 방식의 생활이 바람직한 모습이라고 믿게 되었으니까요.

우리가 보람이를 비난하면서 잃어버린 것은 한 명의 어린 유튜버가 아닙니다. 전 세계 2,400만 명의 아이들이 즐기던 대한민국 놀이 문화를 편견이라는 구둣발로 짓밟아버린 것입니다. 우리가 우리 언어로 만든 아이들을 위한 방송을 5억 명의 세계 아이들이 지켜보게 한 적이 역사에 단 한 번이라도 있었을까요? 그 첫 기회를 우리는 이렇게 날려버린 것입니다. 우리는 시대에 뒤떨어진 사회기준 탓에 글로벌 키즈 스타와 관련 생태계까지 모두 잃어버렸습니다. 사회적 편견은 이래서 무섭습니다.

우리가 KBS의 광고비로 수십억 원을 쓰는 게 당연하다면, 보람이가 연 300억 원을 버는 것도 당연한 것입니다. 권력자가 된 소비자의 선택을 받아 수천만 명의 시청자 권력을 가진 것이니까요. 이런 새로운 기준 아래 문제점들을 고쳐가야 합니다. 미국은 아이들 방송에 대해 더 보수적인 사회입니다. 그럼에도 권력의 이동에 대해서는 당연히 받아들입니다. 지상파가 광고로 돈을 버는 것처럼 유튜버가 돈을 버는 것도 당연하게 여깁니다. 다만 어른이 아이들을 이용해서 돈을 버는 문제에 대해서는 매우 엄격합니다. 우리 사회의 시선도 이렇게 바뀌어야 합니다. 표절방송이나 학대방송 등 아이들을 돈벌이로 이용하는 문제는 우리가 풀어야 할 부작용입니다. 반드시 고쳐야 합니다.

하지만 어린 유튜버가 돈 버는 것을 무작정 나쁘게 보아서는 안 됩니다. 문명의 기준은 이미 달라졌고 방송의 권력은 소비자로 이동했기 때문입니다. 부작용은 고치되 보람이의 성공으로부터 혁신의 힘을 배워야 합니다. 어떻게 성공할 수 있었는지 그 디테일을 잘 살펴야 합니다. 그리고 세계 최고의 유튜버로 성장한 것을 칭찬해야 합니다. 보람튜브를 비난하고 망가뜨리면 우리는 라이언에 대적할 세계 최고의 키즈 유튜버를 잃을 뿐입니다. 아무것도 배우는 것 없이 말이죠.

그렇다면, 지상파TV가 하고 있는 키즈TV의 현주소를 한번 살펴볼까요? 지상파 방송에서 아이들을 위한 방송을 유지하고 있는 것은 KBS의 'TV유치원'이 유일합니다. 현재 'TV유치원' 시청률은 0.2~0.4%입니다(2020년 2월 기준). 공영방송 KBS가 아니라면 벌써 폐지되었어야 할 시청률입니다. 대한민국 최고의 엘리트 PD들이 모여 기획하고 수십억의 제작비를 투입해 올리고 있는 성과입니다. 아이들의 건전한 사고와 교육을 위해 인기 영합을 할 수 없다는 변명도 이해는 갑니다. 그런데 선택받지 못하고 아무도 보지 않는다면 존재의 이유는 무엇일까요? 아무도 보지 않는 '건전한 사고와 교육'은 어떤 의미일까요?

키즈TV에서 참담한 성과를 올린 지상파가 보람이에 대한 강력한 비판에는 그렇게 열을 올려 특집 방송까지 편성하는 것은 아무래도 비겁해 보입니다. 신문명에 대한 적응은 못하면서 신문명의 부작용만 계속 비판하는 현상, 저는 대한민국 어른들의 신문명에 대한 '보편적인 막연한 두려움'을 방송이 보여준 것이라고 생각합니다. 보람이의 성공이 얼마나 큰 의미인지에 대해 보도한 곳은 단 한곳도 없습니다. 공정한 방송이었다면 한 주는 서릿발 같은 비판을 했더라도, 한 주는 보람이가 얼마나 성공했는지에 대한 칭찬을 내보냈어야 합니다. 미래 미디어 산업의 변화에 대한 조망도 했어야 합니다. 그런데 아무도 그러지 않았습니다. 어쩌면 이것이 포노 사피엔스 문명을 대하는 우리 대한민국 사회의 민낯인지도 모릅니다.

그래서 지상파는 계속 적자의 늪으로 빠지고 사람들은 끊임없이 유튜브로 옮겨가는 중입니다. 아무도 보지 않는 방송은 도태되고 멸종될 뿐입니다. 권력에 아부해서 시청료를 올리고 조직을 보호하려고 한다면 소비자에 대한 배신이 더욱 심해질 뿐입니다. 이제 지상파가 잘 보여야 하는 대상은 정치 권력이 아니라 소비자입니다. 그들의 선택이 생존을 결정하는 시대입니다.

대륙에는 새로운 문명이 도래했건만 받아들이지 않고 싶은 우리의 마음, 지상파 방송이 갖고 있던 그 권력은 이미 소비자에게로 이동했지만 놓치고 싶지 않은 마음. 어쩌면 우리 사회 모두가 이렇게 보호받고 싶은 건지도 모릅니다.

그런데 세계의 아이들은 이미 새로운 문명으로 이동해버렸습니다. 정해진 미래에 어른들을 보호해줄 장치는 없습니다. 우리가 보람이 같은 유튜버를 키우지 않고 지상파 키즈방송의 명분에 갇혀 산다면 그저 글로벌 경쟁에서 밀려날 뿐입니다. 아무도 보지 않는 것은 아무도 보지 않습니다. 데이터는 거짓말을 하지 않습니다. 그리고 그것은 가릴 수 없는 명백한 사실입니다. 이 사실은 지상파 방송을 적자 속으로 밀어넣고 '비상경영 체제'까지 이르게 했습니다. 생존 전략은 소비자 스스로 선택하게 하는 것이지 명분을 앞세워 시청료를 올려달라고 설득하는 것이 아닙니다.

이 운명은 방송뿐이 아닙니다. 소비자 권력 시대에 선택받지 못하는 기업은 앞으로 생존이 어려워집니다. 자본이 지배하는 습관에 갇혀 있는 기업은 갈수록 어려워집니다. 소비자가 권력이 되었음을 인정하고 새로운 기준을 받아들여야 합니다. 명분에 가득 찬 고집과 변화에 대한 거부가 미래를 절대로 보장해줄 수 없습니다.

'다른 인종'이 승승장구하는 진짜 이유

보람이의 성공은 우리 사회에 거대한 화두를 던졌습니다. 이제는 성공의 기준이 다양해졌다는 것입니다. 사회에서 정한 시스템을 따라 혈연·학연·지연을 이용해 성공하는 길도 있지만 보람이처럼 디지털 플랫폼을 통해 스스로 빠른 성공을 거두는 새로운 기준도 생겼다는 사실을 여섯 살 꼬마가 당차게 보여준 것입니다.

더구나 보람이는 부모의 자본 세습으로 성공을 만들어낸 것이 아닙니다. 방송이라는 거대한 시스템과 인맥에 아부하고 의존해서 만든 성공도 아닙니다. 모든 유튜버가 그렇듯 혈연, 학연, 지연, 자본의 도움을 받아 성공한 것이 아니라 오로지 실력만으로 이루어낸 성공입니다. 스스로 작은 방송을 만들어 유튜브에 올리고 좁쌀 만한 성공을 쌓고 또 쌓아 자신의 노력으로 이룬 것입니다. 대한민국에서는 인정받지 못했지만 모든 아이의 사랑을 받아 성장한 것입니다. 이런 보람이를 비난하는 것은 우리 사회의 모순이 아닐까요?

우리 사회는 이미 지독하게 보람이를 비판했습니다. 그렇다면 이제 보람이를 통해 포노 사피엔스 문명의 진짜 실력이 무엇인지 배울 차례입니다. 자본이 지배하던 시대, 혈연·학연·지연이 지배하던 시대를 벗어나 나처럼 전 세계 소비자의 선택을 이끌어낼 실력을 키우라고 보람이가 우리 어른들에게 일갈합니다. 실력으로 승부하는 시대가 시작되었으니 구태의연한 사고에서 벗어나라고 당당하게 데이터로 보여줍니다.

TV유치원을 기획하는 KBS는 참담한 데이터에 대해 반성해야 합니다. 그리고 라이언과 보람이를 벤치마킹해 전 세계 3,000만 명의 어린이들이 좋아요와 구독을 누를 수 있는 프로그램을 만드는 일에 도전해야 합니다. 설령 그 도전이 실패하더라도 그것이 어른들이 보여주어야 할 당당한 도전의 자세입니다. 비난이 아니라 건전한 비평으로 무장하고 새로운 문명에 배움의 길을 찾아야 합니다.

소비자의 자발적 선택을 받을 수 있는 실력이 성공의 기준이라면 당당하게 새로운 기준에 맞추어 도전해야 합니다. 지상파 방송의 권력에 기대어 숨을 게 아니라 무모한 도전을 시작해야 합니다. 실제로 많은 방송인이 새로운 문명에 즐겁게 도전 중입니다.

지상파에서 무한도전의 신화를 창조했던 김태호 PD는 유재석과 함께 '놀면 뭐하니'라는 방송을 만들어 지상파 방송과 유튜브 방송의 접목에 도전 중입니다. 유재석을 트로트 가수 유산슬로 만들어 새로운 캐릭터와 콘텐츠로 유튜브에서 반향을 일으킵니다. '놀면 뭐하니'의 구독자는 78만 명(2020년 7월 기준)으로 아직 크게 성공했다고 하기에는 미미하지만 박수쳐줄 만한 멋진 도전입니다. 최근에는 비와 이효리가 합류해 결성한 혼성그룹 프로젝트 '싹쓰리'로 가요계를 흔들고 있죠.

'삼시 세끼', '윤식당'을 만들어 우리나라는 물론 동남아에서까지 거대한 팬덤을 만든 대한민국 최고의 크리에이터 나영석 PD도 기존의 성공에 머물지 않고 새로운 도전 중입니다. 강호동과 함께 '라끼남'이라는 프로그램을 만들며 지상파와 유튜브를 공통의 플랫폼으로 활용하고 있습니다. 라끼남을 방송하는 유튜브 채널 '채널 십오야'는 구독자 208만 명(2020년 8월 기준)을 넘어서며 안정권에 진입 중입니다. 지금까지 거둔 성공에 안주할 만한데 새로운 도전에 즐거이 나서는 모습이 정말 최고의 크리에이터라고 칭찬할 만합니다.

골목 식당을 통해 최고의 인기 연예인으로 등극한 백종원 씨도 유튜브 채널을 개설했습니다. 보다 많은 사람에게 요리의 비책을 알려주고 우리나라 요식업을 발전시키고 싶다는 생각을 직접 실천한 겁니다. 유튜브에서 시작한 '백종원의 요리비책' 채널은 구독자 421만 명(2020년 8월 기준)을 돌파하며 대한민국 대표 유튜브 채널에 이름을 올렸습니다. 코로나19로 많은 사람이 집콕 생활을 하면서 백종원의 유튜브 채널 인기는 더욱 치솟았습니다. 집에서 홈술하는 소비자를 위해 소맥이나 막걸리 칵테일의 레시피를 소개한 영상은 1,300만의 조회 수를 기록합니다.

이렇게 재밌고 좋은 일을 하면서 광고 수익은 덤입니다. 실력이 승부처가 되니까 자신 있는 사람들은 모두 계급장 떼고 도전에 나섭니다. 포노 사피엔스 소비자는 이런 도전을 좋아합니다. 소비자가 좋아하는 것을 찾아내는 도전이야말로 앞으로 방송이 가야 할 길입니다. 그리고 진정으로 우리 사회가 가야 하는 길이기도 합니다.

방송에만 의지하지 않고 애초부터 SNS와 지상파를 모두 염두에 둔 방송사의 새로운 기획도 돋보입니다. EBS의 펭수는 지상파로 데뷔하고 유튜브를 통해 성공한 대표적인 사례입니다. EBS방송을 통해 기획되고 지상파를 통해 데뷔한 펭수는 SNS에서 엄청난 인기를 누리며 스타가 되더니 유튜브 방송을 개설합니다. 펭수가 만든 '자이언트 펭 TV'는 이미 구독자 211만 명(2020년 7월 기준)을 넘기며 안정된 수익을 창출하는 대한민국 최고의 인기 브랜드가 되었습니다. 광고 수익도 막대합니다. 매일 새로운 스토리를 만들며 강력한 팬덤을 엄청난 속도로 키워갑니다.

이런 도전과 성공이 지상파가 가야 할 생존 전략입니다. 방송 권력에 의한 강요가 아니라 고객의 자발적 선택에 의한 팬덤 형성이 목표가 되어야 합니다. 그 데이터가 실력의 기준이 되어야 합니다.

Ability

대중은
'걸어온 궤적'에
열광한다

포노 사피엔스 사회는 시스템이 정한 스펙이나 자격증으로 성공하는 사회가 아니라 진정한 실력으로 승부하는 사회입니다. 우리 사회가 그동안 굳게 믿고 있던 시스템의 권력은 어느새 소비자에게로 많이 넘어가버렸습니다. 소비자의 자발적 선택을 만들어낼 수 있다면 그것이 곧 진정한 '실력'입니다.

여전히 사회를 운영하는 시스템은 건재하고 또 중요합니다. 그래서 의사, 변호사, 판사, 검사, 교사, 공무원, 공기업, 은행원, 대기업사원이 되는 것은 지금도, 미래에도 여전히 좋은 직업이고 꿈입니다. 그렇지만 그 시스템이 갖고 있던 권력은 줄어들고 있는 반면, 아주 많은 새로운 영역에서 그만큼의 크기와 권력을 대체하는 신 생태계가 형성되는 것 또한 엄연한 팩트입니다.

방송 시스템의 권력을 대체하는 유튜브 생태계가 아주 좋은 사례입니다. 은행의 지점을 대체하는 카카오뱅크 같은 앱도 마찬가지입니다. 백화점과 대형마트를 대체하는 아마존이나 쿠팡도 같은 경우입니다. 사회 전반에서 이런 현상이 지속되면 기존의 시스템들도 스펙이 그럴 듯하고 조직에 충성하는 인재만으로는 새로운 시스템과 경쟁이 어렵습니다. 즉, 의사, 변호사, 판사, 검사, 교사, 공무원, 공기업, 은행원, 대기업사원도 진정한 문제해결 능력, '실력'을 갖춘 인재가 되어야 한다는 것입니다.

제대로 된 실력을 갖추려면 내 마음의 기준을 바꾸고 배울 자세를 갖추어야 합니다. 자크 아탈리가 예견한 대로 혁명적 변화는 음악부터 시작되었고 이제 미디어 산업 전체로 번졌습니다. 음악 분야에서 최고의 아티스트가 되려면 필요한 것은 이제 실력입니다. 최고의 가수가 될 재능을 판단하는 것은 오디션 프로그램에 참여하는 대중입니다.

과거에는 기획사 임원과 방송국 PD들이 절대 권력을 갖고 좌지우지하던 일입니다. 부패도 부작용도 심하던 시스템이었습니다. 심지어 가수가 되어도 좋은 노래가 없으면 인기 차트에 오래 머무는 것은 꿈같은 일이 되어버렸습니다. 너무나 치열한 경쟁이 실시간으로 일어나기 때문이죠. 자본을 이용한 순위 조작도 금방 드러나고 그런 꼼수를 쓰다가 걸리면 정말 폭망하고 맙니다.

반면 진짜 실력을 키우고 노력하는 아티스트는 SNS상에서 인기를 얻으며 크게 성장하는 일도 많아졌습니다. BTS가 유튜브를 통해 팬덤을 만들어 성장하고, 21세기 비틀즈라고 불리게 된 것을 보면 새로운 생태계의 크기도 어마어마하다는 사실을 알 수 있습니다. 자, 그럼 음악시장의 달라진 생태계로부터 배워볼까요?

새로운 룰에 따르면 가수가 되기 위해서는 음악 실력이 필요합니다. 과거에는 인맥, 부모의 재력, 방송 권력과 얼마나 친한가가 '실력'이었다면 이제는 진짜 아티스트로서 재능이 실력입니다. 그리고 분야도 다양해졌습니다. 발라드, 팝, R&B, 랩, 뮤지컬, 트로트 등 어디서나 실력만 갖추면 성공할 수 있습니다. 과거에는 지상파라는 정해진 플랫폼, 정해진 시간에서만 경쟁이 가능했기에 다양한 장르의 소비자를 아티스트와 만나게 해줄 수 없었던 반면 지금은 거의 무제한에 가까운 플랫폼을 통해 다양한 소비자를 만족시킬 수 있습니다. 그리고 심지어는 세계적인 스타로까지 성장하는 것이 가능합니다. 여기서 교훈을 뽑아봅니다.

내 꿈을 실현하는 데 가장 중요한 것은 실력입니다. 그래서 잘 배워야 합니다. 과거에는 배우는 데도 많은 돈이 들었지만 이제는 유튜브와 구글링을 통해 전문적으로 배울 수 있는 영역이 크게 늘었습니다. 프로그래머가 되는 길은 아예 온라인으로 배우는 것이 훨씬 강력합니다. 그렇게 실력을 키웠다면 실력을 펼칠 플랫폼을 잘 활용할 줄 알아야 합니다. 그래서 SNS문명에 대한 이해도가 높아야 합니다. BTS 멤버도 모두 유튜브 문명에 익숙했던 덕분에 초기 팬덤 확보에 성공할 수 있었습니다. 어떻게 보여주어야 하는지를 알아야 한다는 것입니다.

팬덤을 만들려면 디테일이 뛰어나야 합니다. 내가 하고 싶은 것이 무엇인지를 찾을 때도 과거의 관습에 얽매일 필요가 없습니다. 과거에는 주목받지 못하던 많은 분야가 새롭게 주목받고 있습니다. 마치 음악처럼 말이죠. 이렇게 나의 미래를 디자인하는 기준이 달라져야 합니다. 어른들이 정해진 룰에 따라 아무 생각 없이 학교를 다니고 시험을 봐서 대학에 가면 무언가 막연히 해결될 거라는 생각부터 버려야 합니다. 그렇게 해서는 가장 중요한 진짜 '실력'을 만들 수 없습니다. 학교에서 배우는 것도 중요하지만 적어도 30%는 내 미래를 탐색하는 데 써야 합니다. 내 관심을 채우는 공부도 해야 합니다. 내가 원하는 분야의 롤 모델도 정해야 합니다.

출발점과 지향점이 있어야 방향성을 갖고 나아갈 수 있습니다. 그래야 시간과 노력의 축적을 통해 실력을 키울 수 있습니다. 내 생각과 의지가 그만큼 중요해진 것입니다. 나의 노력 여하에 따라 실력을 키울 수 있는 환경이 주어져 있고 그것이 나의 미래를 결정하는 승부처가 되는 사회, 바로 우리가 마주한 포노 사피엔스 사회입니다. 내 마음을 견고하게 다지고 진정한 실력을 키우는 일이 혁명 시대를 사는 가장 중요한 기반이라는 사실을 명심해야 합니다.

PHONO INSIGHT 7

BTS, ARMY 그리고 빅히트

BTS의 성공 신화를 추적해보면 포노 사피엔스 시대 글로벌 문명 특징이 그대로 드러납니다. 동시에 BTS는 이 시대 젊은 세대들에게 어떤 분야를 선택했든 성공의 비결과 방식이 무엇인지 읽어낼 수 있는 아주 좋은 교과서가 됩니다. 그래서 이들의 성공 스토리를 상세히 정리해보았습니다.

BTS는 공식적으로 2013년 6월 13일에 데뷔했습니다. 당시 BTS를 만든 빅히트엔터테인먼트는 YG, SM, JYP 같은 거대 기업에 비교조차 할 수 없는 작은 중소기획사였습니다. 당연히 돈도 없고 네트워크도 약해서 신인 아이돌 그룹을 많은 방송무대에 내보낼 수도 없었고 광고마케팅도 할 수 없었습니다. 그래서 데뷔 후에도 BTS는 방송가에서는 별 존재감이 없었습니다. 그들은 다른 무대를 선택합니다. 바로 유튜브를 비롯한 SNS 활동으로 팬들을 만나기 시작하죠.

7명의 멤버 모두가 1990년대생으로 SNS 문화에 익숙한 세대여서 능숙하게 방송을 만들면서 자신들을 소개하기 시작합니다. 매일매일 자신들의 일상과 연습하는 모습, 장난치고 노는 모습, 팬들과 대화하는 시간 등 유튜브 문화에 어울리는 콘텐츠를 끊임없이 올리기 시작합니다. 물론 아티스트로서의 실력을 쌓는 일에 최선을 다하면서 말이죠. 그리고 서서히 팬덤이 형성되기 시작했습니다.

팬덤을 만드는 건 킬러 콘텐츠입니다. 이들에게는 팬들과 소통하는 능력뿐 아니라 아티스트로서 음악과 춤의 재능이 뛰어났습니다. 방시혁 대표가 그렇게 멤버를 뽑았기 때문이죠. 방시혁 대표는 서울대 미학과를 나온 수재이면서, 동시에 유명한 프로듀서 출신입니다. JYP에서 오래 일하면서 '총 맞은 것처럼', '내 귀에 캔디' 등 뛰어난 곡들을 만들어낸 실력자이기도 합니다.

그는 실력이 가장 중요하다는 것을 알았을 뿐 아니라 실력을 알아보는 눈을 갖고 있었습니다. 가장 먼저 방시혁에게 스카우트된 멤버는 리더 RM(랩 몬스터)입니다. 2010년 RM의 데모 테잎을 들은 방 대표는 그 즉시 자리를 차고 일어나 RM을 찾아갔고 바로 계약을 체결했다고 합니다.

BTS 댄스 리더는 제이홉입니다. 제이홉은 BTS에 들어오기 전 언더그라운드 댄서로 활동하며 숱한 댄스경연대회에서 우승을 싹쓸이한 실력파입니다. 지금은 랩은 물론 작사, 작곡까지 하는 아티스트로 멋지게 성장했습니다.

BTS의 비주얼을 맡고 있는 진은 세계 최고 미남으로 선정될 만큼 뛰어난 외모의 소유자입니다. 진은 사실 배우가 꿈이었지만, BTS의 멤버가 된 이후 하루 10시간씩 뼈를 깎는 훈련으로 노래와 춤을 익혀 최고의 반열에 오른 노력파입니다. 그 고난의 여정이 SNS에, 그리고 팬들의 가슴에 고스란히 남아 있죠.

래퍼인 슈가는 13세부터 프로듀싱 공부를 하며 음악의 꿈을 키운 천재 아티스트입니다. 고등학교 시절부터 많은 곡을 만들고 래퍼로서 이름을 떨친 재원입니다. 오직 자기 힘으로 성공하겠다며 프로듀싱 공부도 아르바이트를 하면서 자기 돈으로 벌어 도전했습니다. 자신의 음악 실력을 스스로 키운 스타입니다. 아티스트가 되려면 본질이 중요하다는 것을 알고 있었다는 거죠.

BTS의 리드보컬을 맡고 있는 지민은 세계적인 미성의 보유자로 꼽히곤 합니다. 그런데 지민의 전공은 댄스입니다. 중2 때부터 팝핀을 시작했고 당당하게 부산예술고등학교 무용과에 전체 수석으로 입학했습니다. 이후 한국종합예술고등학교로 옮겨 현대무용까지 배워 댄스 마스터로 거듭났습니다. 그리고 엄청난 노력을 통해 BTS의 리드보컬로 성장했죠.

가장 마지막으로 합류한 뷔는 서브보컬과 비주얼을 맡고 있는 멤버입니다. 역시 작사, 작곡까지 하는 재능이 넘치는 아티스트입니다. 엄청난 노력으로 자신의 역량을 키운 멤버로도 유명합니다. 그 노력이 유튜브를 통해 고스란히 드러나 있으니 그 시간을 함께한 팬들은 그를 사랑할 수밖에 없습니다.

막내 정국은 1997년생입니다. 뛰어난 외모에 엄청난 춤실력을 보여주는 정국은 무엇이든 빠르게 배우는 능력자로 유명합니다. 데뷔 전 댄스가 취약하다고 판단해 한 달간 미국 전지훈련을 다녀왔는데 그 이후 제이홉, 지민과 함께 BTS를 대표하는 춤꾼이 되었다고 합니다. 정국의 파워 댄스도 피, 땀, 눈물로 만들어졌다는 거죠.

방시혁 대표는 어떻게 이 멤버들을 구성했을까요? 첫째는 실력입니다. 현재의 재능도 중요하지만 더 발전하고 싶어하는 열정을 더해야 진정한 실력을 볼 수 있습니다. 사실 BTS가 데뷔하자 대부분 전문가가 아이돌로 성공은 어렵다고 했습니다. 일단 멤버가 모두 한국인인 데다 교포가 한 명도 없다는 것이 문제였습니다.

이미 그 당시는 일본, 중국, 동남아시장을 겨냥해 외국인이나 교포 멤버는 필수라는 것이 공식이었습니다. 7명 멤버는 각각 과천, 일산, 대구(2), 부산(2), 광주 출신입니다. 방 대표는 아무것도 안 보고 실력만 보았다는 거죠. 실제로 세계 투어를 뛰는 지금도 영어로 인터뷰가 가능한 멤버는 리더 RM뿐인데요, RM조차 영어는 '프렌즈'라는 미국드라마를 보며 배웠다고 합니다.

그들이 데뷔 후부터 지금까지 SNS에 올린 영상들을 보면 얼마나 많은 피, 땀, 눈물을 흘리며 지금의 BTS가 되기 위해 열정을 쏟았는지 고스란히 남아 있습니다. 그리고 그들이 남긴 영상은 그들이 만든 음악과 함께 팬덤을 불러일으키는 스토리가 되었습니다.

킬러 콘텐츠로 팬덤을 만들어내려면 꼭 필요한 것이 진정성 있는 스토리입니다. BTS는 그들의 음악에 그들 삶의 스토리를 일관성 있게 담아 팬들과 함께 나누며 성장했습니다. 다른 그룹에서는 찾아볼 수 없는 끈끈한 팬과의 관계를 그렇게 만들었습니다.

노래에 담긴 스토리도 진정성과 연관이 있습니다. 2013년 데뷔 앨범인 '2 COOL 4 SKOOL'은 그들의 청소년 시절이자 무명 시절이던 학교생활 이야기를 그대로 담았습니다. '꿈'이 무엇인지, 그래서 하고 싶은 일과 해야 하는 일의 갈등을 그리면서 그들 스스로 고민을 가사에 담아 팬들과 나누기 시작합니다.

사실 노래는 큰 히트를 기록하지 못합니다. 놀라운 댄스 실력은 인정받았지만 가사 내용이 진부하고 트렌드를 타지 못했다는 평을 받았죠. 그래도 그들은 오로지 자신들의 삶을 담은 이야기로만 노래를 만들었습니다. 그것은 방시혁 대표의 고집이기도 했습니다. 진정성이 팬덤을 만드는 생명줄인 것을 그는 이미 알고 있었던 듯합니다.

늘어나는 SNS 콘텐츠들과 함께 BTS의 팬덤도 성장하기 시작합니다. 2014년 공식 창립한 팬덤그룹 'ARMY'는 BTS를 세계적인 보이밴드로 키운 최고의 공로자입니다. 모든 아이돌 그룹이 팬덤 그룹이 있지만 ARMY는 이제 고유명사로 불릴 만큼 독특한 지위를 차지하고 있습니다. BTS가 SNS를 무대로 활동을 시작한 만큼 ARMY도 주로 SNS를 통해 활동합니다. 처음 BTS를 접한 10대 ARMY들은 그들의 일상을 통째로 함께하면서 자신의 삶을 대변하는 노래에 깊이 빠져듭니다. 그리고 진정한 팬이 되기 시작합니다.

2015년 BTS를 도약시키는 2집 앨범 화양연화가 등장합니다. '쩔어(Dope)', '불타오르네(Fire)' 같은 히트곡들이 유튜브 조회 수 1억 뷰를 가볍게 넘기며 세계적인 인기를 끌기 시작합니다. 특이한 것은 국내보다 미국과 남미에서 거대한 팬덤이 먼저 형성되었다는 것입니다.

방황하는 시간 속에서도 나를 찾으려 죽을 힘을 다해 노력한다는 가사 내용은 1집의 연장선에 있습니다. 그 스토리와 충격적일 만큼 강렬한 군무가 음악과 어우러져 세계 청소년들의 마음을 사로잡은 것입니다. 대표곡인 '쩔어(Dope)'의 가사를 보면 그들이 얼마나 열심히 노력했는지 그대로 드러납니다.

> OK 우린 머리부터 발끝까지 전부 다 쩌 쩔어
> 하루의 절반을 작업에 쩌 쩔어
> 작업실에 쩔어 살어 청춘은 썩어 가도
> 덕분에 모로 가도 달리는 성공가도
> 소녀들아 더 크게 소리 질러 쩌 쩌렁

그들이 하루 10시간씩 연습실에서 땀에 쩔어 연습하던 모습을 영상을 통해 지켜보던 ARMY들은 열광했습니다. 그리고 그 땀이 만들어낸 멋진 춤과 노래를 전 세계로 퍼나르기 시작했죠. 팬덤이 폭발하기 시작한 겁니다. 그동안의 아이돌들은 신비로운 우상 같은 존재로 군림해왔습니다. 팬덤도 우상에 대한 충성이 기본이었습니다.

그런데 BTS는 친구로 시작했습니다. 데뷔 때부터 활발히 팬들과 소통하며 힘든 모습, 어수룩한 모습, 노는 모습, 고민하는 모습을 모두 공유했습니다. 그리고 그들은 엄청난 노력을 통해 최고의 아티스트로 발전하는 모습을 그대로 보여주었습니다.

2016년 앨범 'WINGS'가 나오면서 팬덤은 가히 폭발적으로 증가했습니다. 그리고 2017년이 되자 AMA^{American Music Award} 소셜 아티스트 부문에서 당당히 1위 자리에 올랐습니다. 사실 이때까지도 국내에서는 BTS의 존재감이 그리 크지 않았습니다. 팬덤은 오히려 해외에서 더욱 강력했고, 특히 과거의 K-pop과는 달리 북미와 남미에서의 인기가 엄청났습니다. 한글로 만들어진 아이돌 음악이 미국과 영국 등 주류 음악시장에서 거대한 팬덤을 일으키는 초유의 사건이 벌어진 것입니다.

2017년 후반기 BTS는 'Love Yourself'라는 타이틀을 달고 청소년들의 사랑, 우정, 방황, 자아에 대한 고민과 메시지를 담은 곡들을 쏟아내며 팬들을 더욱 열광시켰습니다. 이때부터 미국의 메이저 방송 프로그램에서 출연 요청이 쏟아지기 시작합니다. 빌보드 '뮤직 어워드 소셜 아티스트' 부문에서도 1위를 차지하며 명실상부한 세계 1위 보이밴드가 되었습니다.

특이한 점은 그 모든 시상식과 방송에서 오로지 "ARMY에게 감사합니다. ARMY 덕분입니다"라는 멘트만 반복했다는 것입니다. "방시혁 대표님 감사합니다." 한 번쯤 할 만한데 안 합니다. BTS는 누가 자기들을 최고의 스타로 만들어주었는지 정확히 알고 있었습니다. 심지어 빌보드 시상식 이후 세계적인 스타들이 모여 파티를 즐기고 있었는데, BTS는 호텔로 돌아와 온라인 방송으로 ARMY와 함께 축하파티를 즐겼습니다. 이런 진정성이 더욱 팬들을 열광하게 만든 것이죠.

세계 최고의 보이밴드가 된 이후에도 BTS는 결코 달라지지 않았습니다. 그리고 2018년 유명한 'UN 연설'을 하게 됩니다. 연설에 나선 리더 RM은 세계 청소년들을 향해 이렇게 이야기합니다.

> "나부터 사랑해야 합니다. 누구나 그럴 가치가 있습니다. 아무것도 아니었고 방황하는 소년에 불과했던 우리가 BTS가 될 수 있었던 것은 단지 스스로를 믿고 꿈을 향해 나아갔기 때문입니다. 여러분도 스스로를 사랑하십시오."

이 메시지는 전 세계 청소년들을 감동시켰습니다. BTS가 성장한 기록은 SNS에 고스란히 남아 있습니다. 팬이라면 그들이 얼마나 많은 고민과 방황을 거쳤고 피, 땀, 눈물로 버텨왔는지 잘 알고 있습니다. 그래서 진정성 가득한 공감은 전 세계로 SNS를 타고 번졌고, 청소년들뿐 아니라 그들의 부모님까지 팬으로 만들게 되었습니다. BTS는 'LOVE MYSELF' 캠페인을 펼치며 지금도 어려운 청소년들을 위한 선한 운동을 계속하고 있습니다. 그들은 항상 이렇게 이야기합니다.

"우리가 이 자리에 서게 된 것은 힘들 때 우리 곁을 지켜준 ARMY 덕분입니다. 이제 ARMY가 힘들 때 우리가 그 곁을 지켜주겠습니다."

데뷔 때부터 계속되어온 일관적인 메시지가 그들의 성장과 함께 더욱 견고해졌습니다. 2019년 발매한 새로운 앨범의 타이틀은 'Map of the soul: Persona'입니다. 그 어렵다는 칼 융의 심리학 책 제목이기도 합니다. 이제 20대로 성장한 그들은 세계의 팬들과 함께 자기 영혼의 지도를 그려가기 시작합니다. 노래 가사는 모두 ARMY를 위한 내용으로 가득합니다. 이 앨범은 국제음반산업협회가 발표한 2019년 최고의 앨범 3위에 오릅니다.

BTS의 인기는 2020년에도 여전히 파죽지세입니다. 새로운 앨범 'Map of the soul: 7'은 출시되자마자 세계 5대 음악시장 1위를 차지했고, 아이튠즈 기준 93개국에서 다운로드 1위에 올랐습니다. 단순한 바람이 아니라 탄탄한 실력에 기반한 새로운 아티스트의 탄생이, 음악시장에 새로운 세력교체가 시작되었다는 세계 언론들의 찬사가 줄줄이 이어지고 있습니다.

음악 산업 전체로 보자면 BTS는 파괴의 신입니다. 방송과 음악 유통회사, 대형 기획사가 거대한 자본을 기반으로 장악해왔던 음악 소비시장에 대혼란을 가져온 것이죠. 이제 BTS를 키워낸 빅히트는 거대 기획사로 성장했고 BTS의 경제 효과는 매년 5조 이상이 된다고 분석하고 있습니다.

BTS는 포노 사피엔스 문명의 상징입니다. SNS를 통해 활동하고 팬덤 ARMY의 힘으로 성장했습니다. 디지털 플랫폼에 형성된 팬덤의 크기가 곧 새로운 가치의 크기라는 포노 사피엔스 문명의 특징을 보여준 전형적인 사례입니다. 그들의 성공 비결은 킬러 콘텐츠입니다. 지금껏 경험해보지 못한 칼군무와 퍼포먼스 그리고 높은 음악성까지 더해져 사람들의 마음을 사로잡았죠.

하지만 금세 사라지기 쉬운 퍼포먼스의 매력만으로는 지속 가능한 팬덤을 만들 수 없습니다. BTS는 그들의 음악과 삶 전체에 스토리를 담아 팬들과 함께 공유했습니다. 힘들었던 모습부터 영광스러운 순간까지 그 모든 스토리를 팬과 함께하며 공감대를 전 세계로 확장합니다. 그리고 함께 미래를 향해 힘차게 나아가자고 이야기합니다. 이것이 음악시장을 통째로 바꾸어버린 BTS가 7년간 만들어낸 킬러 콘텐츠의 비결입니다.

음악시장 파괴의 신 BTS의 성공 비결을 정리해보겠습니다. 우선 인류의 공간이 디지털 플랫폼으로 이동했음을 인지했습니다. 그래서 SNS를 통해 소통의 창을 열었습니다. SNS에서 형성된 팬덤은 광고보다 좋은 경험을 통해 이루어집니다.

그것을 만드는 것은 오로지 '실력'입니다. 내가 만든 제품이나 서비스를 경험한 고객이 자발적인 '좋아요'를 만들어낼 때 성공의 길이 열리기 시작합니다. 실력이 없으면 좋은 경험을 만들 수 없습니다. 실력은 피, 땀, 눈물로 만드는 것입니다.

다음은 팬덤의 지속성입니다. 좋은 경험이 번지기 위해서는 매력적인 스토리를 입어야 합니다. 스토리를 좋아하는 것은 인류의 본성입니다. 기업도, 제품도 좋은 스토리를 입어야 하는 이유입니다. 그리고 무엇보다 중요한 것이 스토리에 담긴 진정성입니다. 오로지 고객을 위한다는 변하지 않는 진정성이 팬덤을 지속시켜주는 힘이 됩니다.

BTS의 팬덤은 이렇게 형성되었고 그들은 곧 기업과 같은 가치가 되었습니다. 자크 아탈리가 이야기했듯이, 음악시장의 변화는 곧 모든 시장으로 확산됩니다. 우리가 지금 BTS에게서 배워야 하는 이유입니다.

Fandom

가장 큰 권력의 지지를 받다

CODE
8

팬덤

애플의 아이폰이 빠르게 확산된 가장 큰 이유는 아이폰 사용자의 놀라운 경험이 디지털 플랫폼을 타고 퍼지면서 엄청난 팬덤을 형성했기 때문입니다.

애플의 팬덤은 전문 용어가 생길 정도입니다. 우리는 '애플빠'라고 부르고 미국에서는 애플 팬보이^{fanboy}라고 합니다. 상식과 논리를 뛰어넘어 종교적 신념에 가까운 열정으로 애플의 제품을 좋아하는 사람들을 애플빠라고 합니다.

과거에도 특정 브랜드나 제품에 대한 애정이나 자부심이 없던 것은 아니었지만 최근의 팬덤 현상은 매우 광범위하고 강력합니다. 바로 SNS가 만든 포노 사피엔스 문명의 특징입니다. 사람들은 끼리끼리 모여 서로를 응원하고 함께 즐기며 새로운 스토리를 만들어 퍼뜨립니다. 팬덤은 디지털 플랫폼을 기반으로 그 힘을 더욱 탄탄히 키우면서 하나의 문화 현상이 된 것이죠.

Fandom

진화는
인류의 DNA에 각인된
본능이다

현재의 인류가 지구상에서 번성하게 된 가장 큰 이유 중 하나가 바로 언어를 기반으로 한 커뮤니케이션 능력입니다. 유발 하라리는 그의 저서 《사피엔스》를 통해 호모 사피엔스의 오늘이 있게 한 첫 번째 혁명을 '인지 혁명'이라고 분석합니다.

인지 혁명이란 약 7만~3만 년 전 사이에 사피엔스종에서 일어난 새로운 사고방식과 의사소통 방식을 의미합니다. 인류는 언어라는 새로운 소통 방식을 통해 협력하며 보다 복잡한 구조의 생각을 할 수 있게 되었고, 이로 인해 새로운 사냥 방법과 종족의 보호수단을 만들어낼 수 있었다고 주장합니다. 특히 다른 종과의 가장 큰 차이점으로 상상력을 꼽았습니다. 실제로 존재하지 않는 것에 대한 이야기를 통해 하나의 목표를 가진 사회를 형성하는 힘을 만든 것입니다. 신화, 전설, 종

팬덤 **281**

교, 신 같은 추상적인 개념을 만든 인류는 이를 통해 거대한 무리가 함께 모여 사는 부족사회를 구성하게 되고 추후 국가개념으로까지 확대하게 됩니다.

결국 지금의 현대 인류를 만든 인지 혁명은 보다 복잡한 생각을 가능하게 만든 지적 능력을 갖게 된 것과, 언어를 통한 협업 능력을 발전시킨 게 원동력이 되었다는 것이 그의 분석입니다. 매우 공감되는 이야기입니다. 인류는 그 이후 상상력을 바탕으로 끊임없이 추상화된 개념을 발전시켰고 종교, 국가, 사회, 정치, 경제, 화폐 등 인간 사회의 기본적인 구성요소들은 모두 이러한 추상적 개념을 기반으로 형성되어 있습니다.

이러한 역사를 거치며 발전해온 호모 사피엔스에게 여전히 가장 중요한 능력은 지적 능력과 협업 능력, 그리고 그것을 기반으로 펼쳐내는 상상력이라고 할 수 있습니다. 특히 우리 인류가 이런 힘을 바탕으로 지난 500여 년간 이루어낸 과학기술의 혁명은 이전의 인류와 현재의 인류를 극명하게 다른 세계로 만들었으며 폭발적인 인구증가를 가능하게 했습니다.

17세기 이후 일어난 과학기술 혁명 시대를 우리는 1, 2, 3차 산업혁명이라 정의하고 지금의 디지털 문명 시대로의 전환을 제4차 산업혁명이라고 부릅니다. 1, 2, 3차 산업혁명기는 뚜렷한 기술적인 변화가 사회변화를 이끌어낸 경우들입니다. 그런데 역사를 돌이켜보면 기술의 혁신이 만들어낸 지적 능력과 협업 능력의 개선, 그리고 그 힘을 통해 다양한 상상을 현실로 만들어낸 인류 집단은 그때마다 거대한 인류

사회의 변화를 일으켜왔습니다. 1차 산업혁명으로 힘을 얻은 유럽국가들은 전 세계를 식민지화하며 기존 인류의 생활과 질서를 모두 바꾸어버렸습니다. 그때 우리는 혁명의 대응에 실패해 35년간이나 나라를 잃고 엄청난 고통과 희생을 치러야 했습니다.

2차 산업혁명은 대량 생산을 통해 인류의 삶에 커다란 변화를 만들어냈을 뿐 아니라 대량 학살의 거대 전쟁을 가져오기도 했습니다. 이들은 발전하는 과학기술을 기반으로 지적 능력을 개선하고 협업을 통해 건축, 교통, 주거, 미디어 산업 등 혁명적 사회변화를 만들었으며 이에 따라 상상의 능력도 크게 발전해 심지어 달에 가는 꿈을 현실로 만들기도 했습니다.

3차 산업혁명은 인터넷이라는 새로운 정보기술의 등장으로 인류의 디지털 문명으로의 전환을 만들어냈습니다. 디지털 문명으로의 전환은 지적 능력의 획기적 개선과 커뮤니케이션 능력의 혁신을 인류에게 제공하기 시작했습니다. 검색이라는 기술을 통해 지적 능력의 혁신을 이루고 이메일과 SNS라는 새로운 커뮤니케이션 수단을 통해 인류는 엄청난 속도의 변화를 이루어내기 시작했습니다. 이전까지는 자본을 축적한 소수에게만 부여되던 지식의 학습과 폭넓은 인간관계 형성 기회는 폭발적으로 확대되었고, 이로 인해 상상력도 무서운 속도로 달라졌습니다.

여기에 기름을 부은 것이 바로 스마트폰입니다. 책상 위 PC에 매여있던 디지털 플랫폼은 신체의 일부가 되어 24시간 인간과 함께하며 지적 능력과 커뮤니케이션 능력을 이전의 생활과는 비교할 수 없을 만큼 업그레이드 해버렸습니다. 그리고 2020년, 이제 스마트폰 사용자는 50억에 달합니다. 50억 인구가 검색 가능한 지식이라면 거의 실시간으로 알아낼 수 있고, 또 거의 실시간으로 서로 소통할 수 있는 사회가 된 것입니다. 인류가 새로운 문명 변화에 적응하는 속도도 빨라졌습니다.

그 결과 불과 10년 만에 50억 인류 삶의 터전이 디지털 플랫폼으로 이동했습니다. 그리고 삶의 터전이 바뀌자 인류의 상상력을 만들어내는 생각의 근본도 통째로 달라졌습니다. 그 상상력은 엄청난 자본의 투자와 맞물려 산업 생태계 전체를 디지털 문명으로 교체 중입니다. 바야흐로 스마트폰을 신체의 일부로 사용하는 인류, 포노 사피엔스의 시대가 열린 것입니다. 보편적 인류의 가장 중요한 능력에 일어난 거대한 변화가 인류의 DNA에 각인된 진화 본능을 따라 4차 산업혁명이라는 새로운 시대 속으로 인류를 이끌고 있습니다.

Fandom

새로운 소비 채널,
팬덤이 세상을 삼킨다

앞서 언급했듯이 디지털 문명을 이끄는 대표적 기업을 GAFA라
고 부릅니다. 구글, 애플, 페이스북, 아마존의 각 첫 글자를 따서 붙
인 이름입니다. 어느새 인류는 생각하고, 소통하고, 소비하는 모든 삶
의 근간을 디지털 플랫폼으로 이동하였고 그 상징이 된 기업들이 바
로 GAFA입니다. 여기에 마이크로소프트는 '애저'라는 클라우드 서
비스를 통해 비즈니스 공간의 디지털 플랫폼 대표가 되면서 당당하게
GAFA 그룹에 합류합니다.

이렇게 마이크로소프트를 더한 GAMFA는 세계 최고의 기업 반열
에 올랐습니다. 5개 기업의 시가총액 합계는 2020년 1월 1일 5,700조
원을 기록하더니 코로나19 사태가 터지고 6개월이 지나자 8,000조 원
을 훌쩍 넘었습니다(2020년 8월 1일 기준). 특히 애플, 마이크로소프트, 아

마존, 구글은 역사상 처음으로 시가총액 1조 달러 클럽에 차례로 가입하며 디지털 플랫폼 기업의 위용을 입증했습니다. GAMFA는 에프터 코로나 시대에 더욱 성장할 것으로 예상한다는 투자 자본의 판단이 그대로 반영된 결과입니다.

이들의 성공 비결은 무엇일까요? 책 10권으로 써도 모자랄 만큼 다양합니다. 이것을 분석한 경영서만 해도 수백 권이 넘습니다. 수많은 성공 요인 중에서 제가 주목한 것은 이들이 만들어낸 소비자의 자발적 '팬덤'입니다. 애플의 아이폰이 빠르게 확산된 가장 큰 이유는 아이폰 사용자의 놀라운 경험이 디지털 플랫폼을 타고 퍼지면서 팬덤을 형성했기 때문입니다.

특히 게임을 가득 담은 앱 스토어의 역할이 강력했습니다. 애플의 팬덤은 전문 용어가 생길 정도입니다. 우리는 '애플빠'라고 부르고 미국에서는 애플 팬보이fanboy라고 합니다. 원래 팬덤이라는 단어는 광기fanatic라는 의미를 담고 있습니다. 상식과 논리를 뛰어넘어 종교적 신념에 가까운 열정으로 애플의 제품을 좋아하는 사람들을 '애플빠'라고 합니다.

과거에도 특정 브랜드나 제품에 대한 애정이나 자부심이 없던 것은 아니었지만 최근의 팬덤 현상은 매우 광범위하고 또 강력합니다. 바로 SNS가 만든 포노 사피엔스 문명의 특징입니다. 사람들은 끼리끼리 모여 서로를 응원하고 함께 즐기며 새로운 스토리를 만들어 퍼뜨립니다. 팬덤은 디지털 플랫폼을 기반으로 그 힘을 더욱 탄탄히 키우면서 하나의 문화 현상이 된 것이죠. 이런 현상은 다른 기업들도 마찬가지입니다.

구글도 사용자 경험을 통해 팬덤을 형성하며 성장한 대표적인 기업입니다. 야후가 차지하고 있던 검색시장을 새로운 서비스로 장악하기 시작하면서 메일(Gmail)과 웹브라우저(Chrome)까지 차지하고 명실상부한 인류의 최고 인기 플랫폼이 되었습니다. 마이크로소프트의 '인터넷 익스플로러'는 한때 웹브라우저 시장의 95%를 차지할 정도로 독점적이었는데, 이제는 구글 크롬이 시장 점유율 70%에 이르면서 세계 최고의 플랫폼이 되었습니다.

특히 구글이 사업 초기에 인수한 유튜브는 무서운 속도로 성장하며 구글의 주 수입원이 되었습니다. 2019년 처음 발표한 유튜브의 매출은 무려 18조 원입니다. 유튜브도 팬덤을 통해 확산된 대표 플랫폼입니다. 사용자 경험이 팬덤을 확산시키며 이제는 20억 명(월 사용자 기준)이 사용하는 인류의 대표적 미디어 매체가 되었습니다. 페이스북의 사용자 수는 세계 1위입니다. 전 세계 22억 명(월 사용자 기준)의 사용자가 열광하며 자기 자신의 이야기와 생각을 매일매일 담아내고 서로 소통의 채널로 활용합니다.

돈을 버는 구조로 보자면, 아마존이 가장 강력합니다. 연회비 119달러를 내는 충성 고객, 프라임 서비스 가입자 수가 무려 1억 5,000만 명을 넘었습니다. 무료가 아닌 유료 서비스라는 특수성을 감안하면 엄청난 팬덤입니다.

기업의 성공을 좌우하는 요소로 과거 어느 때보다 팬덤이 중요해진 이유는 디지털 플랫폼에서 형성된 문명의 특징이 '소비자 권력 시대'이기 때문입니다. 대중매체 중심의 문명은 일방적인 정보나 미디어의 전달이 기본 방식이었습니다. 그래서 신문이나 TV를 통해 기업의 새로운 제품을 소개하거나 광고하는 것이 가장 보편적인 소통 방법이었죠. SNS 문명은 소비자 스스로가 주도권을 갖고 참여하고 소통하는 것이 기본적인 특징입니다. 모두가 자기 의견을 올리고 방송도 하고 또 그 내용을 바탕으로 서로 소통합니다. 이런 문명에 익숙해지면 일방적인 대중매체가 전하는 정보보다 직접 경험해본 개인의 리뷰를 더욱 신뢰하게 됩니다. 그래서 디지털 플랫폼에서는 자본에 의한 광고 효과보다 실제 경험한 소비자의 리뷰에 대한 신뢰가 더 큰 광고 효과를 갖게 됩니다.

그뿐만 아니라 특정 상품 카테고리에 대한 리뷰를 전문성 있고 일관성 있게 하는 유튜버는 연예인보다 훨씬 더 강력한 신뢰를 얻게 됩니다. 실제로 2018년 '대학내일연구소'의 조사에 따르면 15~34세의 소비자들은 다양한 상품군의 소비에 있어서 유튜버에 대한 신뢰가 73%에 달하는 반면, 광고에 출연하는 연예인에 대한 신뢰는 27%에 그친 것으로 나타났습니다.

정보 습득의 공간과 방식이 동시에 바뀌면서 일어나는 자연스러운 심리 변화 현상입니다. 이렇게 되면 소비의 행태도 당연히 바뀌게 됩니다. 과거 광고를 보고 구매 결정을 하던 패턴에서 벗어나 검색을 통해 제품에 대한 리뷰를 탐색하고 좋은 경험이 많이 올라와 있는 상품을 고르게 됩니다. 최근에는 특정 유튜버를 신뢰하게 되면 그들이 소개하는 상품을 믿고 구매하는 방식으로까지 발전하고 있습니다. 일종의 팬덤 기반의 소비가 늘고 있는 것이죠.

이 방식이 '인플루언서 마켓'이라는 새로운 유통시장입니다. 이런 방식의 판매를 '미디어커머스'라고 부릅니다. 미디어커머스는 불과 몇 년 사이 급성장하면서 이제는 아주 대표적인 소비 방식의 하나로 자리 잡았습니다. 시장의 데이터를 해석하면 이렇게 정리할 수 있습니다. 음악시장에서 BTS의 팬클럽 ARMY를 통해 강력한 영향력을 입증했던 팬덤 파워는 유튜브를 통해 미디어시장의 파괴적 변화를 만들어내는 '파워 유튜버'를 키워냈고, 이제는 유통으로 확산되면서 '미디어커머스'라는 새로운 소비채널까지 키워내는 중입니다. 자크 아탈리의 예상대로 음악 소비의 변화가 모든 소비 분야로 확산되고 있는 양상입니다.

Fandom

소비의 생성부터 소멸까지, '자기 선택'이 개입한다

디지털 플랫폼에서의 팬덤은 소비자의 경험에 의해 확산됩니다. 자기가 사용해본 경험을 리뷰로 올리던 방식에서 한 걸음 더 나아가 적극적으로 추천하고 링크를 친구에게 전달해 소개하는 행동까지 하게 됩니다.

링크를 통해 순식간에 연결되는 SNS 문명의 특성으로 인해 번져나가는 속도도 엄청납니다. 경험이 특별할수록 팬덤은 더욱 강력해지고 강력한 팬덤은 곧 엄청난 구매력으로 이어집니다. 디지털 플랫폼에서의 기업 가치는 데이터로 확인하는 소비자 팬덤의 크기라고 할 만큼 그 영향력은 막대합니다.

지난 5년간 팬덤을 만들어 유통시장에서 성공한 인플루언서나 기업의 사례는 셀 수 없을 정도로 많습니다. 가장 앞서가는 시장은 중국의 온라인 라이브 방송에 기반한 미디어커머스 마켓입니다. 중국의 디지털시장을 상징하는 알리바바의 광군제와 왕홍 마켓의 성장 속도와 그 규모를 보면 입이 딱 벌어질 정도입니다. 2018년 34조 7,000억 원이던 광군제 매출은 다시 1년 만에 45조 원을 기록했습니다. 무려 5억 명이 참여해서 28억 건의 구매 버튼을 눌렀습니다. 2009년 처음 시작된 알리바바의 광군제 세일 행사는 첫해 86억 원의 매출을 기록했지만, 불과 10년 만에 1일 45조 원 매출을 기록하는 세계 최고 쇼핑 축제로 자리 잡았습니다.

중국의 미디어커머스 왕홍의 경제 규모도 놀라운 속도로 성장합니다. 중국에서는 개인 방송을 하며 물건을 파는 직업을 왕홍이라고 부르며 이미 중국 내 중요한 소비시장으로 부상했습니다. 2019년 중국경제연구원 발표에 따르면 왕홍의 경제 규모는 330조 원, 매출은 100조 원을 크게 뛰어넘는 것으로 예상했습니다. 2020년의 예상 매출액은 무려 193조 원에 이를 것으로 전망하고 있습니다. 새로운 벤처기업들과 왕홍들이 연합해 수십만 개의 일자리를 유통 분야에서 만들어내고 있는 것입니다.

실제로 중국 소비자들은 빠르게 왕홍시장으로 몰려가고 있습니다. 중국 최고의 왕홍 중 한 명인 '장다이'는 개인 영향력을 바탕으로 유통회사 '루한 홀딩스'를 설립하고 2018년 총매출 5,000억 원을 넘기더니 2019년 모든 벤처의 꿈이라는 나스닥에 상장시켜 유통업계를 경악시킨 바 있습니다. 이제 중국시장에 진출하는 기업에 왕홍 마켓과 중국판 블랙프라이데이인 광군제는 반드시 공략해야 할 소비시장이 되었습니다. 왕홍과 광군제를 성공시킨 메커니즘도 바로 팬덤 현상입니다.

디지털 플랫폼에서 생활하는 인류는 매일매일 자기의 선택을 통해 모든 정보를 취득합니다. 뉴스를 보고, 음악을 듣고, 방송을 보는 모든 과정에 '자기 선택'이 개입하는 시대가 시작된 것입니다. 그리고 당연하게도 이 습관은 소비 행동에도 전이됩니다. 처음에는 사고 싶은 물건이 생기면 검색해서 찾았습니다. 그래서 오픈마켓 형식의 쇼핑몰들이 각광을 받았습니다. 물론 그곳에 올라와 있는 소비자들의 댓글 리뷰가 중요한 영향을 끼쳤습니다. 소비자의 자발적 참여가 시장 성공의 핵심 요소인 시대였습니다.

그런데 방송의 새로운 스타, 유튜버들이 등장하면서 미디어 소비 체계가 바뀝니다. 유튜브 최고의 스타들이 엄청난 영향력을 발휘하면서 미디어 소비에 팬덤이 형성됩니다. 그리고 이 변화는 유통에도 빠르게 확산됩니다. 인스타그램과 트위터, 유튜브에서 일상을 보내는 사람들에게 자기가 좋아하는 스타가 생기게 되고 그들이 사용하거나 소개하는 제품들에 당연히 큰 관심을 갖게 됩니다. 그래서 온라인 소비의 패턴도 팬덤에 기반한 미디어커머스 형태로 급격하게 바뀌게 됩니다.

2020년 1월을 기준으로 디지털 플랫폼에 축적된 데이터를 보면 왕홍의 팬덤은 어마어마합니다. 최고의 팬덤을 가진 사람은 중국 왕홍 마켓을 창조한 왕홍 '파피장'입니다. 중국인들의 디지털 플랫폼인 '더우인'에 3,091만 명, '웨이보'에 3,272만 명의 팔로워를 거느린, 그야말로 슈퍼 왕홍입니다. 이미 2016년에 자신의 1인 방송에 내보낼 광고를 경매에 붙여 무려 37억 원에 낙찰시키면서 그 위력을 세계에 과시한 최고의 왕홍이죠. 그 뒤를 이은 대표 인물이 바로 '장다이'입니다. 개인 방송에 그치지 않고 100명이 넘는 왕홍을 모아 유통회사 루한 홀딩스를 설립한 후, 나스닥까지 상장시키면서 왕홍 마켓 도약의 발판을 만든 대표 인물입니다. 장다이의 웨이보 팔로워는 1,167만 명입니다.

이들 1세대 왕홍들이 차려놓은 밥상에 다양한 메뉴를 더하는 새로운 왕홍들이 대거 등장합니다. 대표적 인물이 1992년생 '리자치'입니다. 플랫폼별 팔로워 수는 더우인 3,700만 명, 웨이보 960만 명, 샤오홍슈 770만 명으로 어마어마한 팬덤을 자랑합니다. 중국의 '버링허우 세대(중국에서 1980년대에 출생한 세대)'가 시작한 디지털 소비문명이 '주링허우 세대(중국에서 1990년대에 출생한 세대)'에서 더욱 강력하게 작동하고 있음을 보여주는 데이터입니다. 리자치는 뷰티 분야의 독보적인 왕홍으로 성장했습니다.

뷰티 분야에서 쌍벽을 이루는 또 한 명의 대표 왕홍이 '웨이야'입니다. 웨이야는 우리나라 기업들과 다양한 콜라보를 해서 유명한 왕홍이기도 합니다. 2019년 3월, 웨이야가 우리나라에 와서 70여 개의 한국 브랜드가 참여한 한국화장품 특별판매 방송을 했습니다. 무려 85만 개의 상품을 선구매해서 컨테이너 박스에 쌓아두고 방송을 시작했는데, 485만 명이 동시에 접속해 1초에 2만 개씩 팔아치우면서 업계를 경악시켰죠.

알리바바는 중국 최대 쇼핑몰인 타오바오^{taobao}에 방송을 통해 물건을 판매할 수 있도록 라이브 쇼핑 콘텐츠 '쯔보'를 선보였습니다. 말하자면 TV에서 SNS로 옮겨간 소비자들을 위해 TV홈쇼핑을 대신할 SNS 기반의 유통방송을 만든 것이죠. 당연히 스타는 소비자들이 키우도록 자유경쟁의 플랫폼을 유지합니다. 인기 유튜버가 성장하듯이 같은 방식으로 왕훙들이 성장하면서 거대한 유통의 새 물결을 만들어낸 것입니다. 중국의 1980년대생들인 버링허우, 1990년대생들인 주링허우 세대들은 이제 70% 이상이 이 새로운 방송을 보면서 구매하는 것으로 알려져 있습니다.

이들의 소비 변화를 주목해야 하는 이유는 바로 우리들의 정해진 미래이기 때문입니다. PC 기반의 인터넷 시대에는 우리가 늘 앞서갔지만 스마트폰 시대가 열리면서 중국이 한발 앞서 포노 사피엔스 문명으로 이동했습니다. 그리고 지난 10년간 중국은 아예 문명 자체를 포노 사피엔스 표준 문명으로 만들었습니다.

Fandom

소비자 권력 시대, 실질적인 '힘'이 분출되는 곳

이제는 우리가 배워야 할 때입니다. 그래야 미래를 제대로 준비할 수 있습니다. 특히 중국 시장을 개척해야 하는 우리 입장에서는 정말 열심히 파악하고 학습해야 합니다. 중국은 제조의 나라가 아니라 포노 사피엔스 문명에서 앞서가는 국가임을 명심해야 합니다. 물론 중국이 모든 면에서 앞서가는 선진국은 아니지만, 일반 국민의 생활은 어느 다른 국가에 비해서도 빠르게 포노 사피엔스 문명으로 전진 또 전진 중입니다.

거기에 우리가 배워야 할 신문명의 교훈이 가득합니다. 그들이 포노 사피엔스 문명의 트렌드를 우리보다 앞서 보여주기 때문입니다. 최근 우리나라에서 미디어커머스가 확대되는 현상도 중국의 트렌드를 쫓아가는 양상이라고 볼 수 있습니다.

우리가 앞서가는 플랫폼 비즈니스를 열심히 배우고 따라 해야 하는 이유는 이들의 성공이 소비자 권력에 의해 좌우되기 때문입니다. 포노 사피엔스 소비자의 심리는 국가나 문화에 따른 차이가 별로 없습니다. 유튜브 생태계를 한번 검토해보겠습니다. 가장 인기 있는 콘텐츠는 음악, 게임, 먹방, ASMR 등 어느 국가나 비교적 비슷합니다. 유사한 콘텐츠를 맛있게 소화하는 창조적인 유튜버들이 파워 유튜버로 성장합니다. 그리고 파워 유튜버를 키우는 것은 소비자들의 선택입니다. 결론적으로 권력은 소비자가 행사하고 있다는 것이죠.

사실 유튜브, 인스타그램, 페이스북, 트위터 등 모든 플랫폼은 소비자의 폭발적 선택에 의해 성장했습니다. 그리고 그 플랫폼마다 엄청난 인기를 누리는 스타들이 있습니다. 그들을 키운 힘도 명백하게 소비자의 자발적인 팬덤입니다. 포노 사피엔스는 거대 플랫폼을 키운 동시에 이를 이용해 스스로 권력자의 자리에 올랐습니다.

포노 사피엔스는 이제 사회 엘리트들이 구성한 권위적인 '○○위원회'가 정해준 룰에 따라 행동하는 것을 좋아하지 않습니다. 그들은 스스로 선택하고, 판단하고, 또 철퇴를 가하기도 합니다. 플랫폼을 기반으로 하여 자신의 힘으로 시장의 성장을 이끌어갑니다. 스스로 권력자가 되었다는 것을 깨닫게 된 것이죠.

이렇게 새로운 삶의 방식을 통해 대중은 '대중매체'에 의해 조종되는 '무리'가 아니라, 스스로 자신의 개성과 선택권을 표현하고 심지어 대중매체까지 움직이게 하는 실체적 '권력자'임을 드러냈습니다. 권력의 이동, 이것이 포노 사피엔스 문명의 가장 큰 특징입니다.

소비자 권력 시대의 실체적 힘은 '팬덤'을 통해 형성됩니다. 소비자의 선택을 받아 팬덤을 키우는 것이 가장 중요한 기업 성장의 동력이 되었다는 뜻입니다. 이 새로운 질서는 음악시장을 출발점으로 미디어 시장으로 번지더니 이제는 유통까지 확산되었습니다. 룰도 모든 시장에서 동일합니다. ARMY의 팬덤으로 BTS가 세계 최고의 아티스트가 되었고, '구독'과 '좋아요'가 엄청난 수입을 보장하는 파워 유투버를 탄생시켰습니다. 이러한 수많은 인플루언서들이 수백조 원의 매출을 올리는 인류의 새로운 소비 방식을 창조했습니다. 그 모든 현상의 중심에 권력자가 된 소비자의 선택 '팬덤'이 존재합니다. 자크 아탈리가 지목했듯이, 음악에서 출발한 이 혁명의 불길은 이제 모든 시장의 생태계로 번져가는 중입니다.

우리가 바라보아야 할 것은 디지털 기술이 아닙니다. 디지털 플랫폼이라는 거대한 판 위에서 움직이는 소비행동의 변화와 새로운 질서입니다. 거기에 해답이 있습니다. 우리가 가장 먼저 해야 할 일은 새로운 시대에 맞는 내 마음의 표준을 바로 잡는 일입니다. 새로운 문명의 근간에 흐르는 새로운 질서와 팬덤을 이해하면 '애프터 코로나 시대'를 극복할 길이 열릴 것입니다.

PHONO INSIGHT 8

스타일난다

오직 실력으로 패션과 뷰티업계를 놀라게 한 인물이 있습니다. 바로 '스타일난다'의 창업자 김소희 대표입니다. 전문대학에 다니던 22세의 청년 김소희는 동대문 쇼핑몰에서 구입한 제품을 인터넷에 올려 판매해보면서 사업 가능성을 확인하고 바로 창업에 도전합니다. 1세대 온라인 쇼핑몰 창업자로서 그녀는 아무도 해보지 않은 새로운 방식, 인플루언서 마켓의 길을 엽니다. 김소희 대표는 '내가 가는 길이 곧 길이 된다. 옷이 아니라 문화를, 코스메딕이 아니라 매력을 만든다'라는 슬로건 아래 SNS를 기반으로 사업을 확장합니다.

2005년 창업한 그녀는 국내 성공에 힘입어 2009년 자체 화장품 3CE(쓰리씨이)를 론칭하면서 '난다' 스타일을 확장했습니다. 그리고 2014년부터 일본과 중국에서 팬덤이 폭발하면서 큰 성공을 거두게 되었죠. 스타일난다는 동대문 브랜드가 디지털 플랫폼을 타고 글로벌시장으로까지 빠르게 성장할 수 있다는 것을 보여준 첫 사례입니다. 2017년 매출 1,675억 원을 기록하며 대한민국 뷰티 산업계를 깜짝 놀라게 하더니 2018년 무려

6,000억 원의 거액을 받고 회사를 로레알에 매각했습니다. 불과 13년 만에 동대문 브랜드가 이룬 성과입니다.

2013년 제2의 스타일난다로 불리는 '임블리'가 탄생합니다. 임블리는 인스타그램에 70만 명 이상의 팔로워를 거느렸던 임지현 씨가 강력한 팬덤을 기반으로 오픈한 패션·뷰티 쇼핑몰입니다. 임블리는 엄청난 속도로 성장하며 2018년 매출 1,700억 원을 돌파했습니다.

그런데 승승장구하던 쇼핑몰에 그 유명한 '호박즙 사건'이 터졌습니다. 한 고객이 임블리 쇼핑몰에서 구입한 호박즙에서 곰팡이를 발견하고 환불을 요구했는데, 전체 상품에 대한 환불 대신 곰팡이가 발견된 하나만 해주겠다고 대응하면서 문제가 발생한 것이죠. 곧 다른 고객들도 불만을 제기하면서 그동안 쌓였던 고객들의 불만이 폭주하기 시작했고 연쇄반응을 일으키며 다른 문제로까지 번지기 시작했습니다.

판매하던 화장품 속에 유해 성분이 있다는 문제가 제기되고, 명품을 카피한 제품을 판매한다는 의혹도 불거집니다. 또 납품하는 동대문 업체들에게 갑질한다는 논란까지 번지면서 여러 단체들과의 고소 고발까지 겹쳐 회사가 큰 어려움에 처하게 되었습니다. 결국 임지현 씨는 회사 임원직에서 물러나고 인플루언서 활동에만 전념하면서 재기를 위해 노력 중입니다. 회사 매출은 당연히 곤두박질쳤고요.

이 두 사람이 디지털 플랫폼에서 팬덤을 만든 것은 '실력'이었습니다. 좋은 제품을 경험한 고객들이 좋은 리뷰를 달아주면서 점점 더 많은 매출을 올릴 수 있었죠. 잘나가던 두 기업이 다른 길을 가게 된 것은 '오로지 고객을 위한다'라는 경영철학에 있어 '진정성'의 차이였습니다.

김소희 대표는 고객의 불만에 대해 최선을 다해 대응했을 뿐 아니라 좋은 품질의 유지를 위해 납품업체에 대해서도 불만이 없도록 항상 깔끔하게 대금 지불을 완료했다고 합니다. 회사 규모가 커지자 더이상 가족 경영이 어렵다고 판단해 빨리 매각을 결정한 것도 고객에게는 좋은 선택이었습니다.

임블리 쇼핑몰의 고객에 대한 대응 방식은 다른 쇼핑몰에 비해 결코 크게 나쁜 것은 아니었습니다. 어찌 보면 억울할 수도 있습니다. 그런데 이 작은 불성실한 고객 대응이 문제가 된 것은 그들이 그냥 구매 고객이 아니라 인플루언서를 믿고 구매한 '팬덤 고객'이었다는 것입니다. 팬덤에 기반한 소비는 인플루언서에 대한 신뢰를 바탕으로 일어나고, 그래서 그 신뢰가 손상되면 일반 소비에 비해 더 큰 문제로 악화될 수 있습니다.

이러한 현상은 이미 많은 플랫폼에서 우리가 경험한 일이죠. 그래서 지속적인 진정성과 고객 중심의 경영이 매우 중요하고 디지털 플랫폼에서의 성공은 고객에 대한 매우 세심한 배려가 필요합니다. 특히 직원들이 스스로 자부심을 가져야 합니다. 그래야 진정성이 유지됩니다. 제품의 생산부터 배송까지 참여하는 모든 이들이 팬덤을 만들 수도, 또 팬덤을 깨뜨릴 수도 있다는 사실을 명심해야 합니다.

　디지털 플랫폼에서 성공하는 비결은 '팬덤'을 만드는 '실력'입니다. 그리고 이 실력이라는 단어는 여러 가지 능력을 포함하고 있습니다. 제품을 만들어 고객에게 전달하는 모든 과정에서 팬덤이 유지되도록 하는 일은 종합 예술과 같습니다. 좋은 제품을 값싸게 만들 수 있어야 하고, 소비자가 좋아하는 것에 대한 감각도 뛰어나야 합니다. 그 과정에 참여하는 모든 사람의 불만이 최소화될 수 있도록 해야 하고 무엇보다 고객의 대응에 최선을 다해야 합니다. 그래서 쉽지 않은 일입니다. 몇 년 만에 수천억 원 매출의 기업으로 키울 수 있는 잠재력이 무궁무진한 시장이지만, 순식간에 몰락할 수도 있는 어려운 시장입니다.

　스타일난다의 성공 비결은 무엇보다 뛰어난 스타일링과 디자인 실력입니다. 고객의 취향을 제대로 저격하는 힘이죠. 또 그렇게 만든 킬러 콘텐츠를 디지털 플랫폼을 통해 유통하면서 거대한 팬덤을 만드는 데 성공한 것입니다.

　마지막으로 '오로지 고객'이라는 김소희 대표의 진정성입니다. 팬덤을 잠시 속일 수는 있지만 포장된 미소로 팬덤을 지속할 수는 없습니다. 모든 것은 결국 드러납니다. 그것이 포노 사피엔스 문명의 특징이기도 합니다.

Authenticity

누구나 볼 수 있는
투명한 시대를 살고 있다

CODE
9

진정성

진정성은 '내가 정의하는 나의 모습'입니다. 그 진정성에 공감하는 사람들의 숫자가 구독자 수가 되고 좋아요 수가 되는 것입니다.

숫자를 높이기 위해서 나의 진정성에 위배되는 자극과 가식을 더하고 싶은 유혹은 언제나 따르기 마련입니다. 사람들을 모으기 위한 아이디어와 자극적인 가식은 종이 한 장 차이입니다. 그래서 쉽게 유혹되기도 합니다. 그 차이는 오직 자신만이 아는 것이니까요.

그런데 가식이 반복되면 사람들도 그 미묘한 차이를 눈치채기 시작합니다. 포노 사피엔스 문명은 비밀이 없는 사회라고 해도 과언이 아닙니다. 그래서 꼭 바람직한 사회라고 할 수는 없습니다만 그래도 그게 현실입니다. 방송으로는 정의를 이야기하면서 실제로는 부정한 짓을 저지르는 많은 사람이 축출되는 것도 이런 이유입니다.

과거 어느 때보다 내 마음속 진정성이 중요한 시대가 되었다는 뜻입니다.

Authenticity

유명 쇼핑몰의 몰락,
그들에게 없던 한 가지

디지털 플랫폼 시대에는 실력이 성공을 결정하는 가늠자입니다. 그래서 전문성도 갖추어야 하고 문제해결 능력도 키워야 합니다. 동시에 실력을 발휘할 디지털 플랫폼에 대해서도 익숙해야 합니다. 디지털 플랫폼 활용에 있어서 가장 중요한 성공의 키워드는 무엇일까요? 지금까지 포노 사피엔스 문명에서 성공한 사람이나 기업의 성장 비결은 놀랍게도 진정성이 가장 공통되는 기반이었습니다.

우리는 명백하게 소비자 권력 시대에 살고 있습니다. 그래서 소비자가 무엇을 원하는지 분명히 알아야 합니다. 성공한 유튜버들이 보여주는 킬러 콘텐츠의 핵심은 진정성입니다. SNS에서 가장 중요한 성공의 요소로 언급되는 것이 바로 콘텐츠의 진정성Authenticity입니다.

유튜브 문명이 시작되면서 초기에 인기를 끌던 영상들은 대부분 자극적이고 선정적인 영상들이었습니다. 욕설 방송이나 이상한 것을 먹는 방송도 인기를 끌었었죠. 그런데 이들은 결코 오래가지 못했습니다. 유튜브가 대표 미디어 플랫폼으로 성장하면서 많은 구독자를 끌어들이고 인기를 얻은 유튜버들은 자기 콘텐츠에 진정성을 담은 크리에이터들이었습니다. 물론 콘텐츠 자체가 매력적이어야 팬덤이 형성됩니다. 즉 실력은 필수입니다. 그러나 일관적인 진정성이 지속되지 않으면 소비자들은 금방 알아채고 떠나버립니다.

예를 들어 상품이나 서비스를 전문적으로 평가하는 유튜버는 과학적으로, 객관적으로 또 공정하게 리뷰를 하면서 인기를 끌게 됩니다. 인기를 얻게 되면 곧 유혹이 다가옵니다. 그래서 특정 기업으로부터 지원을 받아 광고를 위해 소비자를 속이는 위선적인 방송을 합니다. 사실 TV광고도 그런 것이니 쉽게 끌리게 됩니다.

그런데 SNS에서는 소비자들이 경험을 통해 금세 알아챕니다. 그리고 그 한 번의 가식적 방송이 치명적인 상처를 남기고 그동안 쌓아왔던 신뢰와 팬덤, 모든 것을 잃게 됩니다. 실제로 많은 유튜버들이 이러한 유혹에 빠져 돌아오지 못하는 실패의 길로 빠지게 됩니다. TV광고에서는 단점보다 장점을 부각하는 과대 광고가 일상적인 일입니다. 소비자도 광고니까 그러려니 하고 당연시하기도 합니다.

그런데 유튜버에 대한 기대는 그 기준이 다릅니다. 자발적 선택에 의한 신뢰가 출발점인 만큼 충성도도 매우 높지만, 반면 그 신뢰가 무너졌을 때의 배신감 또한 상상 이상으로 강력합니다. 그래서 소비자를 사로잡는 가장 기본적이면서도 강력한 무기는 진정성이라고 이야기하는 것입니다. 이 진정성은 오래 지속될수록 그 힘이 더욱 강력해집니다. 반면 한 번의 실수로도 치명적인 결과를 초래합니다.

앞서 살펴보았던 임블리 쇼핑몰의 곰팡이 호박즙 사태 역시, 디지털 플랫폼에서 일관성 있는 진정성을 유지하는 것이 기업경영에 있어서 얼마나 중요한지를 각인시켜준 대표적인 사례로 꼽힙니다.

이외에도 갑질 문제, 사내 성추행 문제 등 제품의 품질과는 무관한 기업의 진정성에 관한 이슈는 기업의 흥망성쇠를 결정하는 매우 중요한 요소로 부각되고 있습니다. 이로 인해 기업들이 사회적 책임[CSR]에 대한 새로운 정의가 필요하다는 지적까지 나오고 있습니다. 그만큼 소비자 권력 시대에 일관성 있는 진정성을 유지하는 것은 매우 어렵지만 또 필수적인 요소가 되어버렸습니다.

회사는 법인입니다. 즉 법적인 인격체라고 정의된 존재입니다. 따라서 인류의 표준이 바뀌면 법인의 표준도 바뀌어야 합니다. 포노 사피엔스라는 새로운 인류 문명의 표준을 법인에 적용하려면 그동안 간과해왔던 많은 일을 세밀하게 살피면서 기준을 다시 정립해야 합니다.

그중에 가장 중요한 것이 바로 진정성입니다. 이것은 대표이사나 임원들만의 문제가 아니라 조직원 전체, 그리고 조직을 운영하는 시스템 자체에 기본적으로 스며 있어야 하는 대전제입니다. 소비자 모두가 공감할 수 있는 합리적 조직 문화, 소비자 모두의 행복을 만들어낼 수 있는 제품이나 서비스의 개발, 진정성을 기반으로 하는 마케팅과 영업 전략 등이 일관성 있게 적용되어야 합니다. 오로지 이윤을 추구해왔던 기존의 기업 문화와는 크게 다를 수밖에 없습니다.

여전히 기업의 이윤추구는 중요합니다. 그러나 소비자가 공감할 수 있는 진정성을 기반으로 이루어지는 이윤추구가 필요한 시대입니다. 그래서 기업의 디지털 트랜스포메이션은 IT기술의 접목이 아니라 경영 철학이 바뀔 때 비로소 시작됩니다. 디지털 플랫폼에 각인된 데이터는 명백한 소비자 권력 시대를 보여주고 있습니다. 이제는 우리가, 그리고 기업이 혁명적 시대 변화에 환골탈태의 모습으로 응답할 차례입니다. 소비자가 왕이라고 진정성 있게 대응해야 합니다.

보고 있지 않아도
누군가는 보고 있다

그렇다면 진정성의 실체는 무엇일까요? 국어사전에는 '진실하고 참된 성질'이라고 나와 있습니다. 알 듯 말 듯 매우 모호한 표현입니다. 영어로는 'authenticity', 매우 철학적인 함의를 담은 단어입니다. 좀더 깊이 있게 정리하자면 '자기 자신에게 진실한 태도'라고 할 수 있습니다.

그 반대되는 개념이 스노비즘snobism입니다. 반대되는 개념이 무엇인지 알면 진정성이 무엇인지를 보다 잘 정의할 수 있습니다. 지식백과사전에 스노비즘을 검색해보겠습니다.

스노비즘	🔍

스노비즘이란 고상한 체하는 속물 근성, 또는 출신이나 학식을 공개적으로 자랑하는 일을 가리킴. 이런 류의 사람을 가르키는 스노브(snob)가 어원이다.

쉽게 이야기하자면 은근히 잘난 체하면서 상대보다 우월하다는 것을 보여주고 싶어하는 조금 속물적인 마음이라는 것입니다. 진정성이 그 반대의 개념이라면 내 마음속에서 진심으로 좋아서 일관되게 하는 일이라고 생각할 수 있습니다. SNS 문명에서는 이 진정성과 스노비즘이 묘하게 교차되어 잘 나타납니다.

인스타그램이나 페이스북이 만든 가장 큰 사회적 문제로 지적된 것이 바로 스노비즘입니다. 대부분 멋진 레스토랑에서 식사하는 모습, 비싼 가방이나 시계를 드러내는 사진, 모두가 활짝 웃으며 행복해하는 모습 등 자랑할 만한 모습만 올라옵니다. 은근히 내가 얼마나 행복하고 멋지게 사는지 우월함을 보여주려는 시도가 역력합니다. 사진을 보는 사람들은 상대적 박탈감을 느끼게 되고 그래서 SNS를 많이 하는 사람일수록 우울증에 걸릴 확률이 높다는 연구결과까지 발표된 바 있습니다. 사진 한 장으로 내가 멋지고 행복하게 살고 있다는 것을 과시하고 싶은 마음은 인간의 기본적 속성이라고 할 수 있습니다.

이 모든 것을 스노비즘이라고 안 좋게 볼 필요는 없습니다. 어쩌면 그런 현상을 비난하면서 속물이라고 몰아세우는 행위도 '나는 지적으로 우월하다'는 것을 보여주기 위한 또 하나의 스노비즘이라고 할 수 있으니까요. 그래서 진정성과 스노비즘이 정확히 무엇이라고 정의하기는 어렵습니다. 어쩌면 내 마음에 대한 진실된 태도일까요? 그 답은 오직 마음속에만 있는 것인데 그 마음조차도 항상 이리저리 흔들리니까요.

그래서 진정성을 이해하고 그것을 실천하는 일은 마음에서부터 우러나고 훈련되어야 합니다. 진정성이 중요한 대표적인 직업이 유튜버입니다. 요즘은 유튜버로 돈을 벌고 싶어하는 사람들이 정말 많습니다. 내가 유튜버를 하고 싶다면 우선 내 마음의 '진정성'을 체크해야 합니다. 유튜버는 내가 정말 좋아하는 일인지, 내가 만들려는 콘텐츠는 앞으로 10년을 매달릴 만큼 즐거운 일인지, 그리고 그것이 내가 살아온 모습과 일관성을 유지하고 있는지 아주 깊이 생각해보아야 합니다.

혹시 돈이라는 목적을 위해 내가 진실하게 원하는 것을 하지 않는 중이라면 중간에 실패할 가능성이 매우 높습니다. 그래서 진정성 있는 유튜버가 되는 것은 쉬운 일이 아닙니다. 더구나 그 콘텐츠가 사람의 마음을 끌어들이는 '실력'까지 입고 있어야 합니다. 실력은 무한한 노력을 통해 얻을 수 있는 것이니 그 지루한 과정도 즐거워야 합니다.

진정성은 하나로 정의된 모습이 아닙니다. 유튜버가 엄청나게 다양한 분야에서 다양한 방식으로 활약을 하는 것처럼 진정성도 정해진 틀은 없습니다. 진정성은 내가 정의하는 나의 모습입니다. 그 진정성에 공감하는 사람들의 숫자가 구독자 수가 되고 좋아요 수가 되는 것입니다. 숫자를 높이기 위해서 나의 진정성에 위배된 자극과 가식을 더하고 싶은 유혹은 언제나 따르기 마련입니다.

사람들을 모으기 위한 아이디어와 자극적인 가식은 종이 한 장 차이입니다. 그래서 쉽게 유혹되기도 합니다. 그 차이는 오직 자신만이 아는 것이니까요.

그런데 가식이 반복되면 사람들도 그 미묘한 차이를 눈치채기 시작합니다. 더 무서운 것은 내 마음의 진정성이 허물어지기 시작하는 겁니다. 포노 사피엔스 문명은 비밀이 없는 사회라고 해도 과언이 아닙니다. 그래서 꼭 바람직한 사회라고 할 수는 없습니다만 그래도 그것이 현실입니다. 방송으로는 정의를 이야기하면서 실제로는 부정한 짓을 저지르는 많은 사람이 축출되는 것도 이런 이유입니다. 그래서 유튜버가 되기로 마음먹었다면 내 마음에 '진정성'을 강력하게 구축하는 일이 무엇보다 중요합니다. 모든 생활에 있어서 일관성을 유지해야 하기 때문입니다. 과거 어느 때보다 내 마음속 진정성이 중요한 시대가 되었다는 뜻입니다.

진정성이 모든 것이라는
믿음이 나를 구원한다

얼마 전 제 강의를 들은 스무 살 청년으로부터 이런 질문을 받았습니다.

"저는 무엇을 해야 할지 모르겠어요. 프로그램 같은 것을 배울 엄두도 나지 않고, 그렇다고 유튜버가 될 재능이 있는 것 같지도 않고요. 어떤 일을 해야 할지 모르겠어요. 저는 무엇부터 시작해야 할까요?"

저는 "좋아하는 것이 무엇인지를 찾아보세요."라고 대답했습니다. 너무 뻔하다고요? 물론 다른 말을 덧붙였죠. "지금까지의 세상이 아니라 포노 사피엔스 문명을 기준으로."라고 말입니다.

우리 부모들은 늘 이렇게 이야기해왔습니다. 일단 공부만 잘하면 다 할 수 있다고. 물론 요즘은 좀 다르다고 해도 기본적으로 아이가 공부를 잘하고 다른 데 관심을 가졌으면 하는 부모님 마음은 크게 변하지 않았습니다. 공부가 우선인 것이 당연하다고 여기며 자라게 된 아이들은 자기가 무엇을 좋아하는지, 진짜 그것이 재밌고 가슴이 뛰는지 탐색하고 경험할 시간이 부족합니다. 학생의 본분은 공부이니 일단 공부를 잘하는 것에 우선순위를 두고 생활하기 때문입니다. 그렇게 고등학교를 졸업하고 스무 살이 됩니다. 사실 이런 상황은 대학생이 되어서도 마찬가지입니다. 그래서 진짜 자기 일을 준비해야 할 때나 일을 가지게 되었을 때가 되어서야 방황하기 쉽습니다.

"내가 정말 이걸 하기 위해 그 어려운 취업 준비를 몇 년 동안 했단 말인가?"

"왜 해야 하지?"

"이게 아니면 난 뭘 할 수 있지?"

자기가 좋아하는 일을 찾는 과정이 진정성을 마음에 쌓는 출발점입니다. 그리고 인생을 살아가는 데 가장 중요한 자산이 됩니다. 새로운 문명에 마음의 기준을 맞추고 내가 진정으로 좋아하는 일이 무엇인지 찾아보시죠. 메타인지의 그라운드가 달라지고 상상력이 달라지면 막연히 내가 꿈만 꾸던 일도 내 삶을 풍성하게 해주는 현실이 될 수 있습니다.

정해진 시스템으로 사회가 유지되던 시대에는 아무 생각 없이 학교를 다니고 스펙을 쌓으면 어떤 조직의 일원이 될 수 있었습니다. 그리고 그 조직에서 일을 배우며 사회구성원으로 성장할 수 있었습니다. '자기가 하고 싶은 일'이 있더라도 그 다양한 '하고 싶은 일'로 성공하기 어려웠기 때문에 꿈 따로, 일 따로가 당연한 현상이었습니다. 그런데 이제 달라졌습니다. 너무나 다양한 일자리와 다양한 산업 생태계가 형성되었습니다. 그 규모도 엄청나게 커졌습니다. 꿈이 현실과 만날 수 있는 가능성이 그만큼 넓어졌다는 뜻입니다.

이 모든 요소가 포노 사피엔스 시대에 성공을 만드는 키워드입니다. 하고 싶은 일에 대해 엄청난 열정을 품고 깊이 있는 '실력'을 갖추어야 합니다. 그리고 포노 사피엔스들이 어떻게 생활 방식을 바꾸어갈지에 대해 늘 고민하고 그 해법을 찾아야 합니다. 그리고 그 방식은 모두가 열광할 만큼 편리해야 합니다. 그래서 오랫동안 사람에 대한 깊은 관심을 가진 사람만이 이 문제를 잘 풀어낼 수 있습니다. 오랜 시간 동안 일관되게 노력을 유지하려면 좋아하는 일이어야 하고 그 마음에도 진정성이 담겨 있어야 합니다.

꼭 프로그래밍에 관심 있는 사람만 성공하는 시대는 아닙니다. 엄마들이 눈살을 찌푸리는 게임 생태계도 한번 체크해보겠습니다. 1996년생인 세계 최고의 프로게이머 이상혁 선수는 연봉 50억 원을 훌쩍 넘어버렸고 2020년 2월에는 소속팀 T1과 재계약하면서 지분까지 참여하게 됩니다. 중국과 미국에서 100억 이상의 연봉을 제시했기 때문입니다. 중국에서는 손흥민, 방탄소년단과 함께 우리나라를 알린 3대장으로 불리고 있습니다. Z세대 최고의 영웅이죠.

이렇게 많은 수입과 인기를 누릴 수 있게 된 것은 프로게이머만이 아닙니다. 게임방송과 광고, 이벤트 분야에서 다양한 직업군이 형성됩니다. 게임방송 유튜버로 성공한 사람들은 셀 수도 없습니다. 1억 명의 구독자를 돌파한 세계 최고의 유튜버 퓨디파이도 주 종목이 게임방송입니다. 이제 게임은 문명의 한 축이 되었고 그에 따라 시장도 엄청난 속도로 성장 중입니다. 그래서 일자리도 많아졌고 수입도 좋아졌습니다. 게임을 좋아하면 프로게이머나 게임 개발자만 될 수 있는 것이 아니라 PD도, 카메라맨도, MC도, 광고전문가도, 게임캐스터도, 유튜버도 될 수 있습니다. 경쟁은 치열하지만 성공한 사람들이 누리는 수입과 명성도 대단합니다. 최고의 자리에 오른다면 대기업 최고의 자리나 사장이 되는 것에 비해 전혀 모자람이 없습니다.

공부에만 길이 있는 것이 아닙니다. 이제 게임도, 웹툰도, 춤도, 음악도, 사진도, 농사도, 미용도 어느 것이나 자기가 좋아하는 것을 잘하면 성공할 수 있는 생태계가 생겼습니다. 따라 하고 싶은 롤 모델도 쉽게 찾아볼 수 있습니다. 그래서 자기가 하고 싶은 일을 찾는 일, 그 일을 하면서 내 마음에 진정성을 세워가는 일이 그 어느 때보다 중요해진 것입니다. 하고 싶은 일이 정해져야 방향성이 생기고 그 일에 오래도록 매진해야 실력과 함께 진정성의 모습이 갖추어집니다. 내가 진정으로 하고 싶은 일은 무엇인가요? 그리고 그 모습은 내 마음속에서 얼마나 진실된 것인가요? 또 얼마나 많은 사람이 진심으로 공감하고 좋아할 수 있는 모습일까요?

오직 나만이 알 수 있고 나만이 정의할 수 있는 진정성, 포노 사피엔스 시대를 준비하는 우리들의 마음에 세워야 할 가장 중요한 기초 자산입니다.

PHONO INSIGHT 9

JYP

최근 한 방송에서 원더걸스 출신 가수 '유빈'이 연예기획사를 차리며, 프로듀서로서의 새 출발을 하는 모습이 보였습니다. 그녀는 8명의 직원을 이끄는 한 회사의 대표로서 무겁고도 설레는 마음에 자신의 과거 프로듀서이자 대표님이었던 박진영에게 전화를 걸었습니다. 그는 반갑게 "유빈아!" 하며 전화를 받더니 "저 오늘 사무실 새로 이사했어요."라는 유빈의 말에, 다른 말도 아닌 "뭐 보낼줄까?"라는 다정하고도 든든한 멘트를 건네 시청자들의 마음을 훈훈하게 했죠.

그리고 이제 막 대표로 날갯짓을 시작하는 유빈을 진심으로 걱정하고 조언도 아끼지 않았습니다. "우리 유빈이, 8명 월급 어떻게 주나.", "대표라는 건, 직원이 8명이면 8명 모두가 너에게 서운한 일이 생기는 거야." 등 자신이 대표였기에 미리 겪었던 마음의 경험들을 유빈에게 전했습니다.

유튜브에 짧은 동영상으로 올라온 이 장면에는 정말 많은 사람들의 댓글이 달렸고, 대부분의 이야기들은 '너무 훈훈하다', '박진영은 아티스트를 진심으로 위하는 프로듀서이자 대표다',

'박진영의 조언 하나하나에 유빈을 아끼는 진정성이 느껴진다' 같은 말들이었습니다. 최근 불미스러운 일로 검찰을 들락날락거리는 타 기획사 대표와 비교되면서, 그의 호감도와 위상은 더욱 높아졌습니다.

사람들은 그의 어떤 모습에 이토록 열광했던 걸까요? 박진영은 갑자기 훌륭한 프로듀서로 우리 앞에 나타난 것이 아닙니다. 지금까지 걸출한 아티스트들을 계속 배출해왔고, 명실상부 대한민국 최고의 프로듀서였습니다. 그런데 지금까지와는 또 다른 견고한 팬층이 생기고 '박진영'이라는 대명사 하나로 모든 신뢰가 생겨버리는 이런 현상은 대체 어디에서 오는 걸까요?

그의 말과 행동에 묻어나는 진정성이었습니다. 진정성이라는 것은 삶 전체에서 묻어나는 향기와도 같습니다. 그래서 인생의 일관성을 갖고 진정성을 유지하려면 제일 중요한 것이 많은 '생각'입니다. 포노 사피엔스의 약점 중 하나가 바로 생각보다는 검색을 중시한다는 것이죠. 그래서 사실 생각의 훈련을 의도적으로 많이 해야 합니다. 단편적인 정보는 현상을 전달하지만 이면에 있는 본질의 변화까지는 알려주지 않으니까요. 그걸 읽어내려면 평소 생각을 깊이 하는 습관이 필요합니다. 데이터가 아무리 중요해지는 시대라고 해도 그것의 의미를 읽어내지 못한다면 진정한 실력을 갖추기 어렵게 됩니다.

최근 박진영이 보여주는 삶에 대한 태도를 보면 '인생을 관통

하는 진정성'에 큰 무게를 두는 것으로 보입니다. 그는 'JYP엔
터테인먼트'가 추구하는 가치에 대해 '진실, 성실, 겸허'라고 힘
주어 이야기합니다. 유교 사상과도 일맥상통하는 인류의 가장
보편적인 가치가 포노 사피엔스 시대 아티스트에게 가장 필요
한 덕목이라고 이야기하는 것입니다. 인생의 의미에 대한 오랜
생각 끝에 그가 내린 결론이고 저의 생각과도 정확하게 일치합
니다.

아홉 가지 포노 사피엔스 코드에서 가장 중요한 하나만을 고
르라고 한다면, 저는 조금의 주저함도 없이 바로 '진정성'이라
고 이야기할 것입니다. 지난 책 《포노 사피엔스》에서도 언급했
지만, 이 시대를 슬기롭게 살아가는 데 가장 중요한 것은 '인의
예지'라고 생각합니다.

> 따뜻한 마음을 가슴에 품고(인),
> 당당하게 의로운 마음으로 무장하고(의),
> 모든 이에게 예를 갖추되(예),
> 늘 생각하고 공부하며 지혜롭게(지) 살아가는 것.

이것이 포노 사피엔스 시대를 살아가는 모두에게 전하고 싶
은 가장 간절한 메시지입니다. 인간은 나약한 존재라 완벽할 수
는 없습니다. 누구나 실수도 하고, 실패도 하고, 힘든 시기를 보

내기도 합니다. 문제는 그런 좌충우돌이 연속인 인생에서 생각의 끈을 놓지 않는 것이 중요합니다.

박진영은 20세 때부터 유명 가수가 되어 험난한 연예계 생활을 시작했습니다. 어릴 때 가수로 경험하는 팬덤은 마약과 같아서 이후의 삶이 순탄하기 참 어렵습니다. 박진영도 그런 굴곡의 삶을 살게 되었습니다. 그런데 30년의 세월을 잘 이겨내고, 40대 후반에 이른 지금은 본받을 만한 멋진 인생이라 불러도 좋을 만큼 잘 사는 모습을 모두에게 보여주고 있습니다.

그는 20대 초반을 최고의 아티스트로 보낸 후, 2000년대로 들어서며 프로듀서로의 발걸음을 내딛었습니다. 그리고 'GOD', '박지윤'에 이어 '비'를 키워냈습니다. 이들을 프로듀싱하며 축적한 실력을 바탕으로 2000년대 후반 본격적인 아이돌 그룹 열풍을 만들어내기 시작했습니다. 2007년 데뷔한 원더걸스는 발표하는 곡마다 국민가요가 되며 가요계를 군림했습니다. 2PM이라는 메가히트 보이밴드도 이때 탄생시킵니다.

프로듀서로 성공하면, 사업가로 선로를 바꿀 만도 한데 가수로서의 꿈도 끊임없이 이어가며 곡을 발표했습니다. 자신은 엔터테인먼트 산업 비즈니스맨이 아니라 아티스트이자 크리에이터로 살고 싶다는 열정의 표현이었죠. 2016년에는 자신의 인생을 망라한 이야기를 담아 '살아 있네'라는 앨범을 내기도 합니다. 자신이 '딴따라'로 사는 것을 진정성 있게 사랑하고 있다는 걸 노래로 팬들에게 알린 것입니다.

2015년 다국적 걸 그룹 트와이스를 데뷔시키며 또 한번 세계적인 걸 그룹 크리에이터의 명성을 이어갔습니다. 트와이스의 멤버는 한국인 5명, 일본인 3명, 대만인 1명으로 아시아인 전체의 사랑을 듬뿍 받으며 2010년대 후반 아시아 최고의 걸 그룹으로 성장했습니다.

박진영은 여기에 만족하지 않습니다. 2019년 2월, JYP에 축적된 걸그룹 성공의 노하우를 바탕으로 이번에는 아시아에서 가장 큰 일본시장에 진출합니다. 소니뮤직과 합작으로 오직 일본인으로 구성된 걸 그룹 런칭 프로젝트 'NiJi'를 시작합니다. 무려 1만 명이 넘게 지원한 Niji 프로젝트에서 최종 9명이 선발되어 'NijiU'라는 그룹이 데뷔하였고, 데뷔곡 'Make you happy'는 일본 음악 차트를 싹쓸이하며 돌풍을 일으키고 있습니다.

일본에서 가장 크게 주목받은 것은 박진영이 Niji 프로젝트를 진행하면서 아이돌 후보자들에게 가수가 되기 위해 필요한 조건들을 가르친 내용이었습니다. 그의 발언 하나하나가 일본에서 화제가 되었고 많은 팬덤을 형성하며 '모찌고리(떡을 좋아하는 고릴라)'라는 애칭까지 얻게 되었습니다. 그의 메시지는 가수가 되려면 인성부터 길러야 한다는 평소의 생각이 그대로 반영되어 있습니다.

그가 이야기한 진실은 이 시대 팬덤을 만드는 가장 중요한 본질을 관통하고 있습니다.

"진실하다는 것은 무언가 숨기고 조심할 필요가 없다는 뜻입니다. 가수가 되면 카메라 앞에서 조심해야 한다가 아니라, 있는 그대로의 나의 삶이 드러난다고 해도 부끄러울 것이 없어야 하는 겁니다."

"성실하다는 것은 자기와의 싸움입니다. 매일 해야 하는 것을 하는 것이죠. 그것이 쌓여 꿈을 이루게 됩니다."

"겸허란 행동의 겸허함이 아니라 마음의 겸허함입니다. 자신의 단점을 진심으로 깨닫고 다른 이의 단점을 보기보다 장점을 보고 배우려는 마음입니다."

박진영이 추구하는 이러한 인성에 대한 신념은 모두 유교 사상에 근간을 두고 있습니다. 이 코멘트를 들은 일본 사람들이 매료된 것도 어쩌면 당연한 일입니다.

그는 대형 기획사 중 소속사 연예인들의 인성 관리에 가장 신경 쓰는 프로듀서로 알려져 있습니다. 팬덤이 얼마나 진정성에 민감한지 그는 오래전부터 알고 있었던 겁니다. 박진영은 인간의 삶, 역사, 철학에 대해 공부를 많이 하는 것으로 유명합니다. 그의 오랜 사유가 이 시대 아티스트들에게 가장 필요한 덕목이 무엇인지를 정확하게 짚어낼 수 있는 힘의 원천이 아니었을까 생각해봅니다.

포노 사피엔스 문명은 여전히 슬기로운^{sapiens} 인류의 문명입니다. 스마트폰을 기반으로 더욱 지혜로워지는 인류는 팬덤을 만들 때에도 인성과 실력을 모두 중시합니다. 사람의 마음을 움직인다는 것은 종합예술과 같습니다. 자본만 투입하면 인지도를 높일 수 있었던 방송 광고 만능 시대 상식으로는 결코 팬덤을 만들어낼 수 없습니다. 소비자와 진심으로 교감하고 그 실력이 좋은 경험을 만들어낼 때 비로소 팬덤이 형성됩니다. 그리고 그 가치는 상상할 수 없을 만큼 폭발적이고 거대합니다. 그만큼 만들기도 어려운 것이죠.

심호흡 크게 하고 나의 인생을 한번 돌아봅니다. 나는 얼마나 진실하게 나의 꿈을 이루기 위해 일관성 있는 삶을 살아왔는지, 나는 꿈을 이룰 실력을 갖추기 위해 얼마나 매일매일을 성실하게 살아왔는지, 나는 나의 부족함을 진정으로 겸허히 받아들이며 새로운 것들로부터 배우려고 얼마나 애써왔는지 다시금 돌아봅니다. 나의 부족함에 부끄러움만 가득 차오릅니다.

우리는 애초에 완벽할 수 없는 존재입니다. 그래서 과거를 생각하면 아픈 게 참 많습니다. 그래도 꿈은 멈출 수가 없어서 매일 매일 새로운 생각으로 다시 무장하고 또 하루를 맞아 새로운 한발을 내딛습니다. 더 나아질 미래를 위해서. 정해진 미래, 포노 사피엔스 시대는 생각보다 너무나 빨리 우리 사회로 찾아와 버렸습니다. 이제 내 마음의 표준을 바꿀 차례입니다.

JYP가 이야기하는 진실, 성실, 겸허를 마음에 새기는 것이 하나의 좋은 출발이라고 말씀드리고 싶네요. 그의 비닐바지를 따라 입을 수는 없겠지만 그의 일관된 삶과 일에 대한 마음은 꼭 따라가보시기 바랍니다. 단점보다는 장점을 보고 배우려 애쓰는 마음이 혁명의 시대를 슬기롭게 이겨내는 첫걸음이 됩니다. 명심하십시오. 나의 마음이 나의 미래를 이끌어갑니다.

CHANGE
9

'데이터'는 지금이 기회라고 말하고 있다

꽤 오랫동안 시장의 트렌드 변화에 대해 이야기하다 보니 제법 많은 데이터를 축적하게 되었습니다. 그래서 그것을 정리하고 세상 사람들에게 한편의 이야기처럼 들려주고자 쓴 책이 바로 지난해 출간한 《포노 사피엔스》입니다. 그리고 한 편의 이야기를 여기 더합니다.

저는 이야기꾼입니다. 세상에서 바뀌고 있는, 세상을 바꾸고 있는 데이터들을 한데 모아 어떤 변화의 바람이 불고 있는지, 폭풍의 강도는 어느 정도인지 고민하면서 혁명이 우리들의 삶에 어떤 모습으로 찾아왔는지 부지런히 이야기로 엮어왔습니다.

《포노 사피엔스》 출간 이후에도 제 이야기를 듣고 싶어하는 분들을 찾아다니며 어린 학생부터 나이 드신 분들까지 정말 많은 사람을 만날 수 있었습니다. 특히 코로나19가 인류를 덮치면서 언택트 생활에 대한 필요성이 높아지고 자연스럽게 포노 사피엔스 문명에 대한 관심도 높아져 저의 신문명 이야기는 더욱 빠르게 퍼져나갔습니다.

동시에 이 위기를 어떻게 극복할지에 대한 사회 각 계층의 고민도 깊어졌습니다. 재택근무도 재택수업도 강제로 하고, 랜선 금융, 랜선 쇼핑도 강제로 하게 되면서 지금까지의 방법으로는 애프터 코로나 시대를 살아내기 어려울 것 같다는 막연한 두려움도 갖게 되었습니다.

저는 코로나 확산 이후, 이 어려운 시대를 극복하기 위해서는 무엇보다 이 문명을 바라보는 시각 자체를 바꾸어야 한다는 생각을 분명히 하게 되었습니다. 그래서 디지털 트랜스포메이션과 팬데믹 쇼크라는 전대미문의 '더블 쇼크'를 극복하기 위해 '생각의 표준을 포노 사피엔스 문명 기준으로 바꾸어라'는 이야기를 시작했습니다. 이를 주제로 포스트 코로나 시대의 데이터를 모아 강의 콘텐츠를 만들고 유튜브를 통해, 원격 강의를 통해, 때로는 오프라인 강연을 통해 이야기꾼의 역할을 다해왔습니다.

대중과의 만남을 통해 사람들이 무엇을 원하고 있는지도 깊이 공감했습니다. 학생은 학생대로, 직장인은 직장인대로, 또 나이 드신 분은 나이 드신 분대로 두려움의 크기는 달랐지만 새로운 시대, 또 새로운 도전에 대한 갈망은 어느 때보다 크다는 것도 확인할 수 있었습니다.

이 책은 애프터 코로나 시대를 준비하는 분들에게 어떻게 포노 사피엔스 문명을 바라보게 할 것인지를 고민하며 엮은 이야기책입니다. 그래서 내 마음, 내 생각, 나의 상상력을 어떻게 바꾸어야 하는지를 시작으로 이 시대를 슬기롭게 살아가기 위한 다양한 덕목들을 함께 담았습니다. 성공 사례와 이를 입증하는 데이터도 가능한 한 다양하게 담았습니다. 고민이 깊은 사람들에게 시대 변화의 본질을 보다 쉽게 전달하고, 함께 극복해나가자는 마음으로 써내려갔죠.

그래서 이 책은 심화된 분석적 정의보다는 '메시지'의 전달에 더 많은 무게를 두었습니다. 이야기꾼답게 제 마음도 많이 담았습니다. 지금 힘들게 살아가는 분들에게는 아픈 소리가 될 수 있습니다만, 10년 안에 다가올 정해진 미래를 이제는 준비하고 맞이하자고 힘주어 이야기했습니다. 곳곳에 바꾸지 않으면 멸종할 수 있다는 쓴소리도 잊지 않았습니다. 그래도 이 엄청난 위기를 우리나라가 잘 극복할 것이라는 긍정적 확신은 여전합니다.

저는 이 책을 쓰면서 인간의 학명인 '사피엔스'의 뜻에 더욱 깊이 공감하게 되었습니다. 인간의 학명은 'Homo Sapiens Sapiens', 슬기롭고 슬기로운 인간이란 뜻입니다. 우리가 지구상 모든 생명체와의 경쟁을 이겨내고 이렇게 번성하게 된 것은 슬기로웠기 때문이라는 의미를 담고 있습니다.

'포노 사피엔스'라는 용어 역시 슬기로운 인류를 뜻합니다. 스마트폰이 신체의 일부가 되면 도박이나 게임에 빠져 중독될 수도 있고, 쓸데없는 시간 낭비도 하기 쉽습니다. 하지만 이를 슬기롭게 쓴다면 그 혁신성 또한 무한대로 증폭되죠. 애플, 마이크로소프트, 아마존, 구글,

페이스북 같은 기업들은 '슬기로운 포노 문명'의 가능성이 얼마나 큰지를 보여줍니다.

이 책은 스마트폰을 신체의 일부로 갖게 된 슬기로운 인류의 이야기를 담고 있습니다. 포노 사피엔스도 여전히 슬기로운 인류, 사피엔스입니다.

분명 인류는 이 엄청난 위기도 슬기롭게 극복해나갈 수 있습니다. 인류 역사가 그 슬기로운 극복의 기록이니까요. 그중에서도 대한민국은 뛰어난 힘을 지녔습니다. IMF 금융위기 때와 마찬가지로, 슬기로운 국민들은 위기일 때일수록 발휘되는 특유의 행동력과 차분함으로 잘 극복하고 있습니다.

이 위기는 오히려 우리에게 엄청난 기회가 될 수도 있습니다. 수많은 데이터가 그렇게 이야기합니다. 문제는 내 생각의 표준을 어떻게 바꾸느냐 하는 것입니다. 내 생각이 바뀌어야 우리 직장이 바뀌고, 사회가 바뀌고, 미래가 바뀝니다. 문제는 그 많은 것 중 가장 어려운 것이 '생각을 바꾸는 일'이라는 겁니다.

이 책이 애프터 코로나 시대를 준비하는 모든 이에게, 내 생각의 표준을 어떻게 바꾸어야 하는지에 대해 고민하는 모든 분에게 슬기로운 지침서가 되길 간절히 바랍니다. 나로부터 시작되는 혁명이 곧 나와 인류 전체의 미래를 바꿀 수 있다는 믿음을 가지고 말이죠. 우리 모두 슬기로운 포노 문명으로 함께 나아갑시다.

최재붕 문명을 읽는 공학자

성균관대 서비스융합디자인학과/기계공학부 교수, 비즈모델 디자이너

4차 산업혁명과 인류 문명사적 변화 속에서 비즈니스의 미래를 탐색하는 공학자. 비즈니스 모델 디자인과 기계공학의 융합, 인문학, 동물행동학, 심리학과 기계공학의 융합 등 학문 간 경계를 뛰어넘는 활약을 이어가고 있는 명실상부 국내 최고 4차 산업혁명 권위자이다. 성균관대 기계공학과와 동대학원을 졸업하고, 캐나다 워털루대학교에서 기계공학 석사와 박사 학위를 마쳤다. 베스트셀러《포노 사피엔스》를 통해 '문명을 읽는 공학자'로 널리 알려졌다.

2014년부터 기업, 정부기관, 교육기관 등을 대상으로 '4차 산업혁명과 포노 사피엔스'에 관한 강연을 1,300회 이상 해오면서 새로운 인류 문명이 일으키고 있는 혁명적 변화와 실상 그리고 새로운 문명에 당면한 혁신 방안을 제시해오고 있다.

저서로는《포노 사피엔스》,《코로나 사피엔스》(공저),《차이나는 클라스 과학문화미래 편》(공저) 등이 있다.

페이스북 https://www.facebook.com/boong33
인스타그램 https://www.instagram.com/jaeboong/

CHANGE 9

2020년 8월 20일 초판 1쇄 | 2020년 9월 18일 21쇄 발행

지은이 · 최재붕
펴낸이 · 김상현, 최세현 | 경영고문 · 박시형

책임편집 · 조아라 | 디자인 · design霖 김희림
마케팅 · 임지윤, 양근모, 권금숙, 양봉호, 조히라, 유미정 | 디지털콘텐츠 · 김명래
경영지원 · 김현우, 문경국 | 해외기획 · 우정민, 배혜림 | 국내기획 · 박현조

펴낸곳 · ㈜쌤앤파커스 | 출판신고 · 2006년 9월 25일 제406-2006-000210호
주소 · 서울시 마포구 월드컵북로 396 누리꿈스퀘어 비즈니스타워 18층
전화 · 02-6712-9800 | 팩스 · 02-6712-9810 | 이메일 · info@smpk.kr

ⓒ 최재붕 (저작권자와 맺은 특약에 따라 검인을 생략합니다)
ISBN 979-11-6534-209-8 (03320)

쌤앤파커스(Sam&Parkers)는 독자 여러분의 책에 관한 아이디어와 원고 투고를 설레는 마음으로 기다리고 있습니다. 책으로 엮기를 원하는 아이디어가 있으신 분은 이메일 book@smpk.kr로 간단한 개요와 취지, 연락처 등을 보내주세요. 머뭇거리지 말고 문을 두드리세요. 길이 열립니다.